《中华人民共和国行政处罚法》
业务知识考试培训
习题集

本书编写组 编

内容简介

本书全面系统梳理了2021年修订的《中华人民共和国行政处罚法》条款变化、重难点知识，精编了章节配套习题和综合测试题，对所有习题的政策依据、解题思路进行了详尽的解析和说明。本书内容全面翔实、知识梳理精炼、题量丰富、难易均衡，可以作为各级行政机关执法人员学习行政处罚法，开展行政处罚法培训、岗位练兵活动的辅导书和有益参考。

图书在版编目(CIP)数据

《中华人民共和国行政处罚法》业务知识考试培训习题集／本书编写组编．—上海：立信会计出版社，2022.7

ISBN 978-7-5429-7118-0

Ⅰ.①中… Ⅱ.①本… Ⅲ.①行政处罚法—中国—资格考试—习题集 Ⅳ.①D922.11-44

中国版本图书馆CIP数据核字(2022)第118380号

策划编辑　张巧玲
责任编辑　张巧玲

《中华人民共和国行政处罚法》业务知识考试培训习题集

出版发行	立信会计出版社
地　　址	上海市中山西路2230号　邮政编码　200235
电　　话	(021)64411389　传　真　(021)64411325
网　　址	www.lixinaph.com　电子邮箱　lixinaph2019@126.com
网上书店	http://lixin.jd.com　http://lxkjcbs.tmall.com
经　　销	各地新华书店
印　　刷	固安华明印业有限公司
开　　本	710毫米×1000毫米　1/16
印　　张	23.25
字　　数	290千字
版　　次	2022年7月第1版
印　　次	2022年7月第1次
书　　号	ISBN 978-7-5429-7118-0/D
定　　价	89.00元

如有印订差错，请与本社联系调换

编写说明

《中华人民共和国行政处罚法》(简称《行政处罚法》)于1996年3月17日由第八届全国人民代表大会第四次会议通过,历经2009年、2017年两次修正,在2021年又进行了全面的修订,自2021年7月15日起施行。2021年11月15日,《国务院关于进一步贯彻实施〈中华人民共和国行政处罚法〉的通知》(国发〔2021〕26号)要求,行政机关工作人员特别是领导干部要带头认真学习行政处罚法,深刻领会其精神实质和内在要求,做到依法行政并自觉接受监督。各地区、各部门要将行政处罚法纳入行政执法培训内容,作为行政执法人员的必修课,使行政执法人员全面理解和准确掌握行政处罚法的规定,依法全面正确履行行政处罚职能。为帮助行政机关工作人员全面理解和准确掌握《行政处罚法》的内容,提高学习效率和成效,我们组织有关人员编写了本书。

本书系统全面地梳理了2021年全新修订的《行政处罚法》条款变化、重点难点知识,采用"本章导读＋学习指引＋本章练习＋答案解析"的模式,总结各章条文修订变化要点,梳理各章重点难点知识,精编章节配套习题和综合测试题,对所有习题对应的政策依据、解题思路进行了详尽的解析和说明。本书以2021年修订的《行政处罚法》为主要依据,兼顾《罚款决定与罚款收缴分离实施办法》(国务院令第235号)、《违反行政事业性收费和罚没收入收支两条线管理规定行政处分暂行规定》(国务院令第281号)、《行政执法机关移送涉嫌犯罪案件的规定》(国务院令310号发布,2020年修订)、《罚没财物管理办法》(财税〔2020〕54号)等配套法规规定相关内容。同时,本书也适当涉及了《中华人民共和国治安管理处罚法》《公安机关办理行政案件程序规定》(2020年修改)、《道路交通安全违法行为处理程序规定》(公安部令第157号)、《中华人民共和国海关行政处罚实施条例》(国务院令第420号)、《最高人民法院关于海关行政处罚案件诉讼管辖问题的解释》(法释〔2002〕4号)、《中华人民共和国海关办理行政处罚案件程序规定》、《金融违法行为处罚办法》(国务院令第260号)、《价格违法行为行政处罚规定》(2010年修订)、《财政违法行为处罚处分条例》(国务院令第427号发布,2011年修订)、《农业行政处罚程序规定》(农业农村部令2021年第4号)、《市场监督管理行政处罚程序规定》(国家市场监督管理总局令第2号公布,2021年修订)、《商务行政处罚程序规定》(商务部令2012年第6号)、《医疗保障行政处罚程序暂行规定》(国家医疗保障局令第4号)、《旅游行政处罚办法》(国家旅游局令第38号)、《中国银保监会行政处罚办法》(中国银行保险监督管理委员会令2020年第8号)、《证券期货违法行为行政处罚办法》(中国证券监督管理委员会令第186号)、《自然资源行政处罚办法》(国土资源部令第60号公布,2020年修正)、《交通运输行政执法程序规定》、《民用航空行政处罚实施办法》、《中华人民共和国海上海事行政处罚规定》(中华人民共和国交通运输部令2021年第27号)、《税务稽查案件办理程序规定》(国家税务总局令第52号)、《生产安全事故罚款处罚规定(试行)》(国家安全生产监督管理总局令第13号公布,2015年修正)、《煤矿安全监察行政处罚办法》(国家安全生产监督管理局国家煤矿安全监察局令第4号公布,2015年修正)、《安全生产违法行为行政处罚办法》(国家安全生产监督管理总局令第15号公布,2015年修正)等相关领域行政处罚法律、法规、规章及有关规定的部分关键条款。

本书内容全面翔实、知识梳理精练,题量丰富、难易均衡、覆盖全面,可以作为各级行政机关执法人员学习行政处罚法,开展行政执法培训、岗位练兵比武活动的辅导书和有益参考。参与本书编写组的人员既有长期从事党政干部教育培训的专业培训教师，也有专门从事行政法研究教学的高校教师。本书力求内容准确、贴近实务，若有疏漏，敬请读者批评指正。

编　者

2022 年 7 月

目 录

第一章　总则 ··· 1
本章导读 ··· 1
学习指引 ··· 1
　一、立法宗旨与依据 ·· 1
　二、行政处罚的定义 ·· 2
　三、行政处罚法适用范围 ······································ 2
　四、行政处罚的基本原则 ······································ 2
　五、行政处罚相对人的权利 ··································· 3
　六、行政处罚与民事、刑事责任衔接 ······················· 3
本章练习 ··· 3
答案解析 ·· 10

第二章　行政处罚的种类和设定 ······················· 21
本章导读 ··· 21
学习指引 ··· 21
　一、行政处罚的种类 ·· 21
　二、行政处罚的设定 ·· 22
　三、立法后评估 ··· 23
本章练习 ··· 23
答案解析 ··· 31

第三章　行政处罚的实施机关 …… 44

　　本章导读 …… 44

　　学习指引 …… 44

　　　　一、法定主体 …… 44

　　　　二、相对集中行政处罚权机关 …… 45

　　　　三、法律、法规授权组织 …… 45

　　　　四、受委托组织 …… 45

　　本章练习 …… 46

　　答案解析 …… 53

第四章　行政处罚的管辖和适用 …… 63

　　本章导读 …… 63

　　学习指引 …… 64

　　　　一、行政处罚管辖 …… 64

　　　　二、责令改正与违法所得 …… 65

　　　　三、行政处罚裁量 …… 65

　　　　四、行政处罚适用 …… 67

　　本章练习 …… 68

　　答案解析 …… 84

第五章　行政处罚的决定 …… 109

　　本章导读 …… 109

　　学习指引 …… 110

　　　　一、一般规定 …… 110

　　　　二、简易程序 …… 112

　　　　三、普通程序 …… 112

　　　　四、听证程序 …… 115

　　本章练习 …… 116

答案解析 ·· 132

第六章　行政处罚的执行 ·································· 157
　　本章导读 ·· 157
　　学习指引 ·· 157
　　　一、主动履行与罚款收缴 ···························· 157
　　　二、逾期不履行处罚决定的强制执行 ············· 159
　　　三、行政处罚监督 ···································· 159
　　本章练习 ·· 160
　　答案解析 ·· 171

第七章　法律责任 ·· 187
　　本章导读 ·· 187
　　学习指引 ·· 187
　　　一、违法事实行政处罚的法律责任 ················ 187
　　　二、违法收缴、返还、截留、私分罚没款物 ····· 188
　　　三、对当事人造成损害、损失的法律责任 ······· 188
　　　四、不移交刑事案件、玩忽职守的法律责任 ···· 189
　　本章练习 ·· 189
　　答案解析 ·· 198

第八章　附则 ·· 212
　　本章导读 ·· 212
　　学习指引 ·· 212
　　　一、涉外法律适用 ···································· 212
　　　二、时间规定 ·· 212
　　　三、施行日期 ·· 213
　　本章练习 ·· 213

答案解析 ·· 215

综合测试题（一） ·· 218

综合测试题（二） ·· 232

综合测试题（三） ·· 247

综合测试题参考答案及解析 ································ 261
　　综合测试（一）参考答案及解析 ···················· 261
　　综合测试（二）参考答案及解析 ···················· 280
　　综合测试（三）参考答案及解析 ···················· 298

附录 ··· 316
　　《行政处罚法》新旧条文对照与修订说明 ········· 316
　　关于《中华人民共和国行政处罚法（修订草案）》的说明 ········ 350
　　国务院关于进一步贯彻实施《中华人民共和国行政处罚法》
　　　的通知 ·· 355

第一章 总 则

本章导读

本章是《行政处罚法》的总则,共8条,规定了《行政处罚法》的立法宗旨、立法依据、适用范围,行政处罚的定义、基本原则、相对人的权利,行民衔接、行刑衔接等内容。本次修订新增行政处罚的定义作为第二条,明确了行政处罚的内涵和外延,为实务中认定行政处罚提供了判断依据和标准。原第三条第二款"没有法定依据或者不遵守法定程序的,行政处罚无效。"删除,重新修改后单独作为第三十八条。

学习指引

一、立法宗旨与依据

(一)立法宗旨	1. 规范行政处罚的设定和实施。 2. 保障和监督行政机关有效实施行政管理。 3. 维护公共利益和社会秩序。 4. 保护公民、法人或者其他组织的合法权益。
(二)立法依据	《中华人民共和国宪法》

二、行政处罚的定义

行政处罚是指行政机关依法对违反行政管理秩序的公民、法人或者其他组织,以减损权益或者增加义务的方式予以惩戒的行为	
(一)实施主体	行政机关
(二)处罚对象	违反行政管理秩序的公民、法人或者其他组织
(三)处罚方式	减损权益、增加义务

三、行政处罚法适用范围

行政处罚的设定和实施,适用《行政处罚法》。公民、法人或者其他组织违反行政管理秩序的行为,应当给予行政处罚的,依照《行政处罚法》由法律、法规、规章规定,并由行政机关依照《行政处罚法》规定的程序实施。

四、行政处罚的基本原则

(一)处罚法定原则	处罚法定包括主体法定、依据法定、职权法定、种类法定、对象法定、程序法定、幅度法定等。
(二)公正、公开原则	行政处罚遵循公正、公开的原则。对违法行为给予行政处罚的规定必须公布;未经公布的,不得作为行政处罚的依据。
(三)过罚相当原则	设定和实施行政处罚必须以事实为依据,与违法行为的事实、性质、情节以及社会危害程度相当。
(四)处罚与教育相结合原则	实施行政处罚,纠正违法行为,应当坚持处罚与教育相结合,教育公民、法人或者其他组织自觉守法。

五、行政处罚相对人的权利

（一）陈述权、申辩权	公民、法人或者其他组织对行政机关所给予的行政处罚,享有陈述权、申辩权。
（二）申请行政复议、提起行政诉讼权	对行政处罚不服的,有权依法申请行政复议或者提起行政诉讼。
（三）要求行政赔偿权	公民、法人或者其他组织因行政机关违法给予行政处罚受到损害的,有权依法提出赔偿要求。

六、行政处罚与民事、刑事责任衔接

公民、法人或者其他组织因违法行为受到行政处罚,其违法行为对他人造成损害的,应当依法承担民事责任。违法行为构成犯罪,应当依法追究刑事责任的,不得以行政处罚代替刑事处罚。

本章练习

一、单选题

1. 我国《行政处罚法》制定于（　　）。
   A. 1993 年　　B. 1994 年　　C. 1995 年　　D. 1996 年
2. 我国《行政处罚法》的制定依据是（　　）。
   A.《中华人民共和国宪法》
   B.《中华人民共和国立法法》
   C.《中华人民共和国国务院组织法》
   D.《中华人民共和国行政诉讼法》

3. "减损权益或者增加义务"体现了行政处罚的（　　）。

   A. 行政性　　　B. 惩戒性　　　C. 法定性　　　D. 强制性

4. 行政处罚的核心特征是（　　）。

   A. 行政性　　　B. 惩戒性　　　C. 处分性　　　D. 外部性

5. 法谚有云："未公布之法律，无遵守之义务。"在《行政处罚法》中，能够体现这一精神的原则是（　　）。

   A. 公开原则　　B. 公平原则　　C. 公正原则　　D. 法定原则

6. "让执法既有力度又有温度"，在行政处罚领域最能体现该要求的原则是（　　）

   A. 处罚与教育相结合原则　　　　B. 公平、公开原则

   C. 过罚相当原则　　　　　　　　D. 处罚法定原则

7. 公民甲因违法行为受到行政处罚，其违法行为还对公民乙造成了损害。下列说法正确的是（　　）。

   A. 甲应当依法承担民事责任　　　B. 甲应当依法承担刑事责任

   C. 乙可以申请行政复议　　　　　D. 乙可以申请国家赔偿

8. 甲公司因违法行为受到行政处罚并被追究刑事责任，其违法行为同时对乙公司造成了损害，因甲公司财产不足以全部支付行政罚款和民事赔偿，下列说法正确的是（　　）。

   A. 应当优先承担行政责任　　　　B. 应当优先支付民事赔偿

   C. 应当优先承担刑事责任　　　　D. 应当按合理比例分别偿付

9. 关于行政违法行为构成犯罪的责任追究，下列说法正确的是（　　）。

   A. 只能追究刑事责任

   B. 已启动刑事责任追究的不得同时给予行政处罚

   C. 受行政处罚后可以追究刑事责任

   D. 受行政处罚后不再追究刑事责任

10. 行政机关在行政管理过程中，为制止违法行为、防止证据损毁、避免

危害发生、控制危险扩大等情形,依法对公民、法人或者其他组织的财物实施暂时性控制行为,属于( )。

A. 行政强制措施　　　　　　B. 行政强制执行

C. 行政处罚行为　　　　　　D. 行政处理行为

11. 行政机关因违法实施行政处罚对公民、法人和其他组织合法权益造成损害,受害人依法要求赔偿的,赔偿义务机关为( )。

A. 实施行政处罚的行政机关

B. 实施行政处罚的上级机关

C. 国家

D. 实施行政处罚的行政机关同级财政部门

12. 公民、法人或者其他组织对行政处罚不服的,申请行政复议的期限一般为( )。

A. 30日内　　B. 60日内　　C. 3个月内　　D. 6个月内

13. 公民、法人或者其他组织对行政处罚不服的,向人民法院提起行政诉讼的期限一般为( )。

A. 30日内　　B. 60日内　　C. 3个月内　　D. 6个月内

14. 某合伙企业对行政机关作出的行政处罚不服,拟申请行政复议,下列说法正确的是( )。

A. 应当以核准登记的企业为申请人

B. 应当由执行合伙事务的合伙人为申请人

C. 应当以全体合伙人共同作为申请人

D. 由全体合伙人共同推选代表作为申请人

15. 甲公司对县市场监管局作出的行政处罚不服,向县人民政府申请行政复议,县人民政府经复议维持原处罚决定。甲公司不服向人民法院提起诉讼的,被告为( )。

A. 县市场监管局

B. 县人民政府

C. 县市场监管局或县人民政府

D. 县市场监管局和县人民政府

二、多选题

1. 《行政处罚法》的立法宗旨包括（　　）。

    A. 规范行政处罚的设定和实施

    B. 保障和监督行政机关有效实施行政管理

    C. 维护公共利益和社会秩序

    D. 保护公民、法人或者其他组织的合法权益

2. 2021年修订《行政处罚法》的指导思想包括（　　）。

    A. 坚持以习近平新时代中国特色社会主义思想为指导

    B. 深入贯彻党的十九大和十九届二中、三中、四中全会精神

    C. 全面贯彻习近平总书记全面依法治国新理念新思想新战略

    D. 适应推进全面依法治国的需要

3. 下列属于行政处罚行为的属性的有（　　）。

    A. 制裁性　　B. 外部性　　C. 法定性　　D. 处分性

4. 关于行政处罚，下列说法错误的有（　　）。

    A. 行政处罚具有侵益性

    B. 行政处罚法定，不允许自由裁量

    C. 行政处罚具有物理性

    D. 行政处罚优先于刑事责任

5. 公正是法律的基本原则。下列属于行政处罚公正原则要求的有（　　）。

    A. 从实际处罚，作出行政处罚决定，必须有事实和法律依据

    B. 平等对待，不偏私、不歧视

C. 过罚相当,处罚与其违法行为性质、情节及危害程度相当

D. 接受监督,行政处罚依据必须公开

6. 下列可以作为行政处罚对象的有( )。

   A. 民营企业依法设立的分支机构

   B. 全额拨款的事业单位

   C. 限制行为能力人

   D. 国有企业成立的全资子公司

7. 在行政机关作出行政处罚决定前,当事人享有的权利包括( )。

   A. 陈述权

   B. 申辩权

   C. 申请行政复议和提起行政诉讼权

   D. 请求行政赔偿权

8. "法无明文规定不处罚",关于处罚法定原则的内涵,除处罚设定法定、处罚程序法定外,还包括( )。

   A. 处罚实施主体法定   B. 处罚职权法定

   C. 处罚对象法定   D. 处罚种类与幅度法定

9. 比例原则,也称为禁止过度原则,要求手段与目的之间应该存在一定的比例,不能为达目的而不择手段,甚至把手段异化为目的。下列属于比例原则精神及内涵的有( )。

   A. 妥当性   B. 必要性   C. 均衡原则   D. 合法原则

10. 某市税务局稽查局对甲公司偷税行为作出行政处罚,甲公司不服,拟申请行政复议。下列说法正确的有( )。

    A. 应当以市税务局为被申请人

    B. 甲公司可以委托1~2名代理人参加行政复议

    C. 行政复议申请期限自行政处罚决定书送达之日起计算

    D. 甲公司可以口头申请行政复议

三、判断题

1. 行政处罚法是一部规范政府行为的重要法律。（ ）

2. 行政处罚法是行政处罚领域的通用规范,为单行法律、法规设定行政处罚和行政机关实施行政处罚提供了实体和程序等方面的基本遵循。（ ）

3. 行政处罚是行政机关有效实施行政管理,保障法律、法规贯彻施行的重要手段。（ ）

4. 行政处罚的目的,重在矫正和预防,罚款只是手段,不是目的,行政机关不得为了处罚而处罚。（ ）

5. 其他法律、法规、规章,不得作出与《行政处罚法》规定相抵触、不一致的规定。（ ）

6. 2021年修订前的《行政处罚法》只是罗列了部分行政处罚类型,没有对行政处罚的概念作出规定。（ ）

7. 行政处罚是指行政机关依法对违反行政管理秩序的公民、法人或者其他组织,以减损权益或者增加义务的方式予以惩戒的行为。
（ ）

8. 在执法实践中,如果行政机关实施的行政行为未列入《行政处罚法》第九条规定的行政处罚类型,则该行政行为就不属于行政处罚。
（ ）

9. 行政处罚法定原则意味着,对当事人违反行政管理秩序的行为,行政机关必须依照《行政处罚法》规定的行政处罚种类作出行政处罚决定。（ ）

10. 比例原则是行政强制应当遵守的原则,在行政处罚中不适用。
（ ）

11. 对一般违法案件,行政机关认为存在犯罪的合理嫌疑的,应当移送

公安机关,由公安机关采取措施进一步获取证据以判断是否达到刑事案件立案追诉标准。（　）

12. 对现行法律、法规、规章中的行政管理措施是否属于行政处罚有争议的,行政机关应当提请全国人大常委会解释答复。（　）

13. 公民、法人或者其他组织因行政机关违法给予行政处罚受到损害的,有权依法提出赔偿要求。受到损害的公民死亡、法人或其他组织终止的,请求赔偿权消灭。（　）

14. 行政处罚法定原则,是指行政处罚主体及其职权、处罚程序、处罚对象、违法行为、主观过错、应否处罚、罚种、幅度及如何设定或者规定处罚等内容,均由法律明文规定。这里的法律,包括法律、法规、规章等有权设定或规定行政处罚的成文法。（　）

15. 不是所有的行政机关都具有行政处罚权,行政机关以外的其他国家机关也不享有行政处罚权。（　）

四、简答题

1. 2021年1月22日,第十三届全国人民代表大会常务委员会第二十五次会议通过了修订后的《行政处罚法》,此次修订具有哪些特点？

2. 《行政处罚法》第五条规定,行政处罚遵循公正、公开的原则。试述行政处罚公正原则的内涵。

答案解析

一、单选题

1. D

    解析：我国《行政处罚法》于1996年3月17日第八届全国人民代表大会第四次会议通过，因此，D选项符合题意。

2. A

    解析：根据《行政处罚法》第一条："为了规范行政处罚的设定和实施，保障和监督行政机关有效实施行政管理，维护公共利益和社会秩序，保护公民、法人或者其他组织的合法权益，根据宪法，制定本法。"A选项符合题意。

3. B

    解析：减损权益或者增加义务是行政处罚惩戒性的具体体现，是制裁的核心。所以，B选项符合题意。

4. B

    解析：根据《行政处罚法》第二条："行政处罚是指行政机关依法对违反行政管理秩序的公民、法人或者其他组织，以减损权益或者增加义务的方式予以惩戒的行为。"对违法行为矫正是行政处罚最重要的目的之一，惩戒性是其核心特征。所以，B选项符合题意。

5. A

    解析：《行政处罚法》第五条第一款规定，行政处罚遵循公正、公开的原则。第三款规定对违法行为给予行政处罚的规定必须公布；未经公布的，不得作为行政处罚的依据。这是关于行政处罚公开原则的规定，与"未公布之法律，无遵守之义务"所表达的精神一致。所以，A选项符合题意。

6. A

   解析：《行政处罚法》第六条规定，实施行政处罚，纠正违法行为，应当坚持处罚与教育相结合，教育公民、法人或者其他组织自觉守法。执法有温度，在行政处罚中主要体现为教育公民、法人或者其他组织自觉守法。执法有力度，体现了行政处罚的惩戒性。因此，A选项最符合题意。

7. A

   解析：《行政处罚法》第八条第一款规定，公民、法人或者其他组织因违法行为受到行政处罚，其违法行为对他人造成损害的，应当依法承担民事责任。违法行为构成犯罪，应当依法追究刑事责任的，不得以行政处罚代替刑事处罚。所以，A选项说法正确。

8. B

   解析：根据《中华人民共和国民法典》（以下简称《民法典》）第一百八十七条："民事主体因同一行为应当承担民事责任、行政责任和刑事责任的，承担行政责任或者刑事责任不影响承担民事责任；民事主体的财产不足以支付的，优先用于承担民事责任。"只有B选项说法符合题意。

9. C

   解析：行政违法行为构成犯罪的，区分不同情况，可以行政处理后移送追究刑事责任，也可能直接移送追究刑事责任，而不再给予行政处罚，A选项错误。启动刑事责任追究后，一般暂不予以行政处罚，但并不是绝对的，如道路交通违法行为。发生重大交通事故构成犯罪没有逃逸的，除依法追究刑事责任外，由公安机关交通管理部门依照道路交通法的规定吊销机动车驾驶证，这就是在追究刑事责任同时给予行政处罚的例子。因此，B选项不正确。受行政处罚后,构成犯罪的案件仍然应当移送追究刑事责任,不得以罚代刑,因此,D选项不正确。所以,只有C选项符合题意。

10. A

解析:根据《中华人民共和国行政强制法》(以下简称《行政强制法》)第二条规定,行政强制措施,是指行政机关在行政管理过程中,为制止违法行为、防止证据损毁、避免危害发生、控制危险扩大等情形,依法对公民的人身自由实施暂时性限制,或者对公民、法人或者其他组织的财物实施暂时性控制的行为。所以,A选项符合题意。

11. A

解析:根据《中华人民共和国国家赔偿法》(以下简称《国家赔偿法》)第七条:"行政机关及其工作人员行使行政职权侵犯公民、法人和其他组织的合法权益造成损害的,该行政机关为赔偿义务机关。"A选项符合题意。

12. B

解析:根据《中华人民共和国行政复议法》(以下简称《行政复议法》)第九条:"公民、法人或者其他组织认为具体行政行为侵犯其合法权益的,可以自知道该具体行政行为之日起六十日内提出行政复议申请;但是法律规定的申请期限超过六十日的除外。因不可抗力或者其他正当理由耽误法定申请期限的,申请期限自障碍消除之日起继续计算。"B选项符合题意。

13. D

解析:根据《中华人民共和国行政诉讼法》(以下简称《行政诉讼法》)第四十六条第一款:"公民、法人或者其他组织直接向人民法院提起诉讼的,应当自知道或者应当知道作出行政行为之日起六个月内提出。法律另有规定的除外。"D选项符合题意。

14. A

解析：根据《中华人民共和国行政复议法实施条例》(以下简称《行政复议法实施条例》)第六条："合伙企业申请行政复议的,应当以核准登记的企业为申请人,由执行合伙事务的合伙人代表该企业参加行政复议;其他合伙组织申请行政复议的,由合伙人共同申请行政复议。前款规定以外的不具备法人资格的其他组织申请行政复议的,由该组织的主要负责人代表该组织参加行政复议;没有主要负责人的,由共同推选的其他成员代表该组织参加行政复议。"只有A选项正确,符合题意。

15. D

解析：根据《行政诉讼法》第二十六条规定,经复议的案件,复议机关决定维持原行政行为的,作出原行政行为的行政机关和复议机关是共同被告;复议机关改变原行政行为的,复议机关是被告。因此,D选项符合题意。

二、多选题

1. ABCD

解析：根据《行政处罚法》第一条："为了规范行政处罚的设定和实施,保障和监督行政机关有效实施行政管理,维护公共利益和社会秩序,保护公民、法人或者其他组织的合法权益,根据宪法,制定本法。"A、B、C、D选项均符合题意。

2. ABCD

解析：《关于〈中华人民共和国行政处罚法(修订草案)〉的说明》中明确：修改工作坚持以习近平新时代中国特色社会主义思想为指导,深入贯彻党的十九大和十九届二中、三中、四中全会精神,全面贯彻习近平总书记全面依法治国新理念新思想新战略,适应推进全面依法治国的需要,落实完善行政执法体制、严格规范公正文明执法的改革要求,推进国家治理体系和治理能力现代化。因此,A、B、C、D四个选项均符合题意。

3. ABCD

   解析:制裁性、外部性、法定性、处分性均属于行政处罚行为的属性,A、B、C、D四个选项均符合题意。

4. BCD

   解析:行政处罚是典型的负担处分,具有侵益性,A选项说法正确;行政处罚幅度法定,允许自由裁量,B选项表述错误;物理性是行政强制的特点,行政处罚不具有物理性,C选项说法错误;刑事责任优先于行政责任,D选项说法错误。因此,B、C、D选项符合题意。

5. ABC

   解析:D选项属于公开原则的要求。A、B、C选项符合题意。

6. ABCD

   解析:根据《行政处罚法》第四条规定,公民、法人或者其他组织违反行政管理秩序的行为,应当给予行政处罚的,依照《行政处罚法》由法律、法规、规章规定,并由行政机关依照《行政处罚法》规定的程序实施。因此,A、B、C、D选项均符合题意。

7. ABCD

   解析:根据《行政处罚法》第七条规定,公民、法人或者其他组织对行政机关所给予的行政处罚,享有陈述权、申辩权;对行政处罚不服的,有权依法申请行政复议或者提起行政诉讼。公民、法人或者其他组织因行政机关违法给予行政处罚受到损害的,有权依法提出赔偿要求。因此,A、B、C、D选项均符合题意。

8. ABCD

   解析:处罚法定原则,是指处罚主体及职权、处罚程序、处罚对象、违法行为、主观过错、处罚种类与幅度、处罚设定等内容均由法律、法规、规章等有权设定或由规定的制定法明文规定。所以，A、B、C、D 四个选项均符合题意。

9. ABC

    解析：比例原则属于合理行政的范畴，合法原则不是比例原则的内容，D 选项不符合题意。A、B、C 选项符合题意。

10. BCD

    解析：税务局稽查局虽属于税务局的派出机构，但有法律、行政法规授权，可以以自己的名义作出行政处罚，成为行政复议的被申请人，A 选项错误。B、C、D 选项正确。

三、判断题

1. 正确

    解析：《国务院关于进一步贯彻实施〈中华人民共和国行政处罚法〉的通知》（国发〔2021〕26 号）明确指出，行政处罚法是规范政府行为的一部重要法律。题目说法正确。

2. 正确

    解析：全国人大常委会法制工作委员会副主任许安标在《关于〈中华人民共和国行政处罚法（修订草案）〉的说明》中指出，从行政处罚法是行政处罚领域的通用规范出发，认真总结实践经验，发展和完善行政处罚的实体和程序规则，为单行法律、法规设定行政处罚和行政机关实施行政处罚提供基本遵循。所以，题目说法正确。

3. 正确

    解析：全国人大常委会法制工作委员会副主任许安标在《关于〈中华人民共和国行政处罚法（修订草案）〉的说明》中指出，行政处罚是行政机关有效实施行政管理，保障法律、法规贯彻施行的重要手段。

所以,题目说法正确。

4. 正确

    解析:《国务院关于进一步贯彻实施〈中华人民共和国行政处罚法〉的通知》(国发〔2021〕26号)强调,行政机关要坚持执法为民,通过行政处罚预防、纠正和惩戒违反行政管理秩序的行为,维护公共利益和社会秩序,保护公民、法人或者其他组织的合法权益,不得违法实施行政处罚,不得为了处罚而处罚,坚决杜绝逐利执法,严禁下达罚没指标。因此,题目说法正确。

5. 错误

    解析:《行政处罚法》授权法律、行政法规、规章作特别的规定的,特别规定可以就该事项作出与《行政处罚法》不一致的规定。因此,题目说法错误。

6. 正确

    解析:2021年修订的《行政处罚法》新增第二条,明确了行政处罚的定义。

7. 正确

    解析:根据《行政处罚法》第二条规定,行政处罚是指行政机关依法对违反行政管理秩序的公民、法人或者其他组织,以减损权益或者增加义务的方式予以惩戒的行为。题目说法正确。

8. 错误

    解析:没有被列入《行政处罚法》第九条规定的行政处罚类型,不一定不属于行政处罚行为,可以根据《行政处罚法》第二条规定的定义加以判断。题目说法错误。

9. 错误

    解析:《行政处罚法》第四条规定,公民、法人或者其他组织违反行政管理秩序的行为,应当给予行政处罚的,依照《行政处罚法》由法律、法规、规章规定,并由行政机关依照《行政处罚法》规定的程序实施。《行政处罚法》是行政处罚的基本法、程序法。行政机关作出行政处罚决定的处罚种类,应当有单行法的另行授权。因此,题目说法错误。

10. 错误

解析：《行政处罚法》第五条第二款规定,设定和实施行政处罚必须以事实为依据,与违法行为的事实、性质、情节以及社会危害程度相当。该款规定体现了比例原则在行政处罚中的应用,所以,题目说法错误。

11. 错误

解析：题目所述情形仅限于知识产权领域的违法案件。根据《行政处罚法》规定,违法行为构成犯罪,应当依法追究刑事责任的,不得以行政处罚代替刑事处罚。但《国务院关于修改〈行政执法机关移送涉嫌犯罪案件的规定〉的决定》(2020年修改)第三条规定,行政执法机关在依法查处违法行为过程中,发现违法事实涉及的金额、违法事实的情节、违法事实造成的后果等,根据刑法关于破坏社会主义市场经济秩序罪、妨害社会管理秩序罪等罪的规定和最高人民法院、最高人民检察院关于破坏社会主义市场经济秩序罪、妨害社会管理秩序罪等罪的司法解释以及最高人民检察院、公安部关于经济犯罪案件的追诉标准等规定,涉嫌构成犯罪,依法需要追究刑事责任的,必须依照本规定向公安机关移送。知识产权领域的违法案件,行政执法机关根据调查收集的证据和查明的案件事实,认为存在犯罪的合理嫌疑,需要公安机关采取措施进一步获取证据以判断是否达到刑事案件立案追诉标准的,应当向公安机关移送。所以,题目说法错误。

12. 错误

解析：《国务院关于进一步贯彻实施〈中华人民共和国行政处罚法〉的通知》(国发〔2021〕26号)中明确,对现行法律、法规、规章中的行政管理措施是否属于行政处罚有争议的,要依法及时予以解释答复或者提请有权机关解释答复。因此,题目说法错误。

13. 错误

解析:根据《国家赔偿法》第六条:"受害的公民、法人和其他组织有权要求赔偿。受害的公民死亡,其继承人和其他有扶养关系的亲属有权要求赔偿。受害的法人或者其他组织终止的,其权利承受人有权要求赔偿。"受害的公民死亡、受害的法人或其他组织终止的,请求赔偿权不会消灭,其继承人或权利承受人有权要求赔偿。

14. 正确

解析:行政处罚法定原则中的"法"一般是指广义的法律。所以,题目说法正确。

15. 正确

解析:《行政处罚法》第十七条规定,行政处罚由具有行政处罚权的行政机关在法定职权范围内实施。有的行政机关并没有法律行政处罚权,不得实施行政处罚。行政机关以外的其他国家机关,如国家监察委员会、人民法院、人民检察院等国家机关,依法享有司法制裁权,不属于行政处罚权。所以,题目说法正确。

四、简答题

1. 答案要点:

   2021年《行政处罚法》修改工作应把握以下几点:一是贯彻落实党中央重大决策部署,立法主动适应改革需要,体现和巩固行政执法领域中取得的重大改革成果。二是坚持问题导向,适应实践需要,扩大地方的行政处罚设定权限,加大重点领域行政处罚力度。三是坚持权由法定的法治原则,增加综合行政执法,赋予乡镇街道行政处罚权,完善行政处罚程序,严格行政执法责任,更好地保障严格规范公正文明执法。四是把握通用性，从行政处罚法是行政处罚领域的通用规范出发，认真总结实践经验，发展和完善行政处罚的实体和程序规则，为单行法律、法规设定行政处罚和行政机关实施行政处罚提供基本遵循。

2. 答案要点：

行政处罚公正原则是指行政机关必须平等地、无偏私地行使行政处罚及相关权力，包括实体公正和程序公正两方面。

一、行政处罚实体公正。

（一）公正地分配行政主体与行政相对人的权利和义务。行政主体在行政处罚中处于管理者的地位，代表国家行使行政权力，是行政权力的支配者，容易侵犯相对人合法权益；而行政相对人则处于被管理者的地位，是行政权力的受支配者，容易受到行政权力的侵犯。为防止行政主体对相对人行使不公正的权力，首先应对双方的权利和义务的分配量予以有差别、不相同的设定，使行政相对人一方具有更多的保障自身利益不受行政主体非法侵犯的权利，而对行政主体则应赋予更多的为公益、为公民服务的义务，从而体现一种有差别的、但却是平等公正的正义分配。

（二）公正地对待一切事件和行政管理相对人。公正原则不承认任何人有法律之外或法律之上的特权，即实施行政处罚时，不应考虑行政相对人的地位高低、权势大小、"关系"深浅、"反弹力"强弱等，而应对一切相同的情况和对象采取同样的、平等的对待和处理；对一切不相同的情况和对象采取不相同的对待和处理。

二、行政处罚程序公正。

程序公正是行政结果公正的必要前提和保证，它要求行政机关行使行政权力或作出行政行为，在过程上必须依照法定程序进行，即行政机关实施行政处罚必须采取一定的方式，具有一定的形式，履行一定的手续,遵循一定的步骤和在一定的时限内完成。程序公正的主要内容包括:回避、二人以上执法、全过程记录、告知、陈述申辩、听证、法制审核、在期限内作出处罚决定等。

第二章　行政处罚的种类和设定

> **本章导读**
>
> 本章是关于行政处罚的种类和设定的规定，共 8 条。2021 年《行政处罚法》的有关修订主要体现在以下几个方面：一是增加了行政处罚的种类，从 8 种增加到 13 种，增加了通报批评、降低资质等级、限制开展生产经营活动、责令关闭和限制从业 5 种；二是规定了行政法规、地方性法规补充设定行政处罚的权限和程序要求；三是新增了行政处罚立法后评估制度。

学习指引

一、行政处罚的种类

序号	种类	性质
1	警告	申诫罚
2	通报批评	
3	罚款	财产罚
4	没收违法所得	
5	没收非法财物	

(续表)

序号	种类	性质
6	暂扣许可证件	资格罚
7	降低资质等级	
8	吊销许可证件	
9	限制开展生产经营活动	行为罚
10	责令停产停业	
11	责令关闭	
12	限制从业	
13	行政拘留	人身罚
14	法律、行政法规规定的其他行政处罚	

二、行政处罚的设定

项目	创制设定	作出具体规定	补充设定
法律	各种行政处罚	—	—
行政法规	除限制人身自由以外	√	√
地方性法规	除限制人身自由、吊销营业执照以外	√	√
国务院部门规章	仅限于警告、通报批评、一定数额罚款	√	×
地方政府规章		√	×
其他规范性文件	×	—	—

三、立法后评估制度

（一）评估主体	国务院部门、省、自治区、直辖市人民政府及其有关部门
（二）评估内容	行政处罚的实施情况和必要性
（三）评估方式	定期组织开展
（四）评估后处理	对不适当的行政处罚事项及种类、罚款数额等，提出修改或者废止的建议

本章练习

一、单选题

1. 行政机关作出的"限制开展生产经营活动"的决定，属于（　　）
   A. 申诫罚　　　　　　　　B. 行政强制措施
   C. 行为罚　　　　　　　　D. 人身罚

2. 下列属于行政处罚种类的是（　　）。
   A. 加处罚款　　　　　　　B. 暂扣许可证件
   C. 冻结银行存款　　　　　D. 查封经营场所

3. 《行政处罚法》规定的"警告"属于（　　）。
   A. 行为罚　　B. 资格罚　　C. 声誉罚　　D. 申诫罚

4. 下列行政行为中，属于行政处罚的是（　　）。
   A. 责令赔偿　　　　　　　B. 责令恢复原状
   C. 责令停止违法行为　　　D. 责令停产停业

5. 只能由法律设定的行政处罚种类是（　　）。
   A. 限制人身自由　　　　　B. 没收违法所得

C. 吊销营业执照　　　　　　D. 没收非法财物

6. 根据《行政处罚法》规定，开展行政处罚立法后评估的方式是（　　）。

   A. 定期组织　　　　　　　　B. 不定期组织

   C. 集中开展　　　　　　　　D. 分散开展

7. 甲公司逾期不履行税务机关依法作出的《税务处理决定书》，税务机关书面通知其开户银行扣缴了相应的税款及滞纳金。该行为属于（　　）。

   A. 行政处罚行为　　　　　　B. 行政强制执行

   C. 税收保全措施　　　　　　D. 行政强制措施

8. 《中华人民共和国税收征收管理法》（以下简称《税收征收管理法》）第六十六条规定，对骗取国家出口退税款的，税务机关可以在规定期间内停止为其办理出口退税。上述规定中的"停止为其办理出口退税"属于（　　）。

   A. 行政处理　　B. 行政强制　　C. 税收保全　　D. 行政处罚

9. 个体工商户陈某，在未发生经营业务的情况下，为他人虚开增值税普通发票2份，金额合计8 000元，收取开票手续费500元。税务机关没收陈某违法所得500元，并罚款40 000元人民币的处罚。关于税务机关作出的行政处罚，下列说法正确的是（　　）。

   A. 行政处罚错误，只能实施没收违法所得的处罚

   B. 行政处罚错误，只能实施罚款40 000元的处罚

   C. 行政处罚错误，只能在没收违法所得与罚款中选择一种实施处罚

   D. 行政处罚正确，没有违反一事不二罚的原则

10. 关于限制人身自由的行政处罚的设定，下列说法正确的是（　　）。

    A. 只能由法律、行政法规设定

B. 只能由法律设定

C. 行政法规可以根据全国人大的授权设定

D. 为实施法律，地方性法规可以补充设定

11. 尚未制定法律、行政法规的，国务院部门规章对违反行政管理秩序的行为，可以设定警告、通报批评或者一定数额罚款的行政处罚。其中，有权规定"一定数额罚款"限额的是（   ）。

　　A. 制定规章的国务院部门　　　B. 国务院

　　C. 全国人大常委会　　　　　　D. 国务院法制办

12. 尚未制定法律、法规的，地方政府规章对违反行政管理秩序的行为，可以设定警告、通报批评或者一定数额罚款的行政处罚。其中，有权规定"一定数额罚款"限额的是（   ）。

　　A. 省（自治区、直辖市）人大常委会

　　B. 省（自治区、直辖市）人民政府

　　C. 制定规章的人民政府

　　D. 制定规章的人民政府同级人民代表大会

13. 下列属于法律相对保留事项的是（   ）。

　　A. 对非国有财产的征收、征用　　B. 限制人身自由的处罚

　　C. 司法制度　　　　　　　　　　D. 犯罪和刑罚

14. 下列不属于部门规章制定主体的是（   ）。

　　A. 国家知识产权局、国家邮政局　B. 中国人民银行、审计署

　　C. 海关总署、国家税务总局　　　D. 国家医疗保障局、国家统计局

15. 根据《行政处罚法》规定，当事人到期不缴纳罚款的，行政机关可每日按罚款数额的3%加处罚款。这里的"加处罚款"属于（   ）。

　　A. 行政处罚行为　　　　　　　B. 行政强制措施

　　C. 行政强制执行　　　　　　　D. 行政处理行为

二、多选题

1. 下列属于行政处罚法规定的处罚种类的有（　　）。
   A. 警告　　　　B. 通报批评　　C. 开除　　　　D. 责令改正

2. 下列属于行政处罚的有（　　）。
   A. 暂扣许可证件　　　　　　　B. 降低资质等级
   C. 吊销许可证件　　　　　　　D. 责令停产停业

3. 根据《行政处罚法》的规定，下列属于行政处罚种类的有（　　）。
   A. 没收违法所得　　　　　　　B. 没收非法财物
   C. 没收财产　　　　　　　　　D. 扣押财产

4. 2021年新修订的《行政处罚法》增加了行政处罚的种类。下列属于增加的行政处罚种类的有（　　）。
   A. 通报批评　　　　　　　　　B. 降低资质等级
   C. 限制开展生产经营活动　　　D. 责令关闭、限制从业

5. 尚未制定法律、行政法规的，国务院部门规章对违反行政管理秩序的行为，可以设定的行政处罚种类包括（　　）。
   A. 警告　　　　　　　　　　　B. 通报批评
   C. 降低资质等级　　　　　　　D. 一定数额罚款

6. 下列可以设立吊销营业执照行政处罚的有（　　）。
   A. 法律　　　　　　　　　　　B. 行政法规
   C. 地方性法规　　　　　　　　D. 国务院部门规章

7. 下列行政处罚种类中，属于"资格罚"的有（　　）。
   A. 暂扣许可证件　　　　　　　B. 吊销营业执照
   C. 限制开展生产经营活动　　　D. 降低资质等级

8. 《中华人民共和国城乡规划法》（以下简称《城乡规划法》）第六十四条规定："未取得建设工程规划许可证或者未按照建设工程规划许

可证的规定进行建设的,由县级以上地方人民政府城乡规划主管部门责令停止建设;尚可采取改正措施消除对规划实施的影响的,限期改正,处建设工程造价百分之五以上百分之十以下的罚款;无法采取改正措施消除影响的,限期拆除,不能拆除的,没收实物或者违法收入,可以并处建设工程造价百分之十以下的罚款。"上述规定中,属于行政处罚行为的有(　　)。

  A. 限期改正   B. 限期拆除

  C. 处以罚款   D. 没收实物或者违法收入

9. 根据2021年新修订的《行政处罚法》的规定,上位法对违法行为未作出行政处罚规定的情况下,为实施上位法,可以补充设定行政处罚的有(　　)。

  A. 行政法规   B. 地方性法规

  C. 国务院部门规章   D. 地方政府规章

10. 根据《行政处罚法》的规定,应当定期组织评估行政处罚的实施情况和必要性的主体包括(　　)。

  A. 全国人大常委会   B. 国务院部门

  C. 省、自治区、直辖市人民政府   D. 省级人民政府的相关部门

11. 根据2021年新修订的《行政处罚法》的规定,行政法规、地方性法规补充设定行政处罚的程序包括(　　)。

  A. 经制定机关授权   B. 广泛听取意见

  C. 向制定机关书面说明   D. 报送备案说明情况

12. 银保监会及其派出机构作出的下列决定中,属于行政处罚的有(　　)。

  A. 取消、撤销任职资格

  B. 限制保险业机构业务范围

  C. 责令保险业机构停止接受新业务

D. 责令撤换外国保险机构驻华代表机构的首席代表

13. 下列属于对道路交通安全违法行为作出的行政处罚的有（　　）。

   A. 警告　　　　　　　　B. 扣留非机动车

   C. 暂扣或者吊销机动车驾驶证　D. 拘留

14. 县安全生产监督管理部门对生产经营单位作出的下列行政行为中，属于行政处罚的有（　　）。

   A. 没收非法开采的煤炭产品、采掘设备

   B. 责令停止建设

   C. 责令停止施工

   D. 暂停或者撤销有关执业资格

15. 尚未制定法律、行政法规，因行政管理迫切需要依法先以部门规章设定罚款的，根据国务院有关规定，下列关于设定罚款限额的说法正确的有（　　）。

   A. 一般最高不得超过5万元

   B. 一般最高不得超过10万元

   C. 涉及公民生命健康安全、金融安全且有危害后果的，最高不得超过10万元

   D. 涉及公民生命健康安全、金融安全且有危害后果的，最高不得超过20万元

三、判断题

1. 规范性文件一律不得设定行政许可、行政处罚、行政强制等事项，不得减损公民、法人和其他组织合法权益或者增加其义务。（　　）

2. 国务院通过制定行政法规可以设定各种行政处罚。（　　）

3. 限制人身自由的行政处罚只能由法律、行政法规设定。（　　）

4. 行政法规拟补充设定行政处罚的，可以根据需要通过听证会、论证

会等形式征求有关方面的意见。（　　）

5. 地方性法规可以设定除限制人身自由、吊销营业执照以外的各类行政处罚。（　　）

6. 法律、行政法规对违法行为已经作出行政处罚规定，地方性法规可以在法律、行政法规规定的给予行政处罚的行为、种类和幅度基础上作出特别规定。（　　）

7. 尚未制定法律、法规的，地方政府规章对违反行政管理秩序的行为，设定一定数额罚款的行政处罚，罚款的限额由国务院规定。（　　）

8. 国务院发布的规范性文件可以设定除限制人身自由、吊销营业执照以外的行政处罚。（　　）

9. 除《行政处罚法》第九条已明确列举的行政处罚种类外，其他法律、行政法规不得设立新的行政处罚种类。（　　）

10. 尚未制定法律、法规的，地方政府规章对违反行政管理秩序的行为，只能设定警告或一定数额罚款的行政处罚。（　　）

11. 国务院部门规章只能在法律、行政法规规定的给予行政处罚的行为、种类和幅度的范围内作出具体规定，不能设定新的行政处罚。
（　　）

12. 《行政处罚法》第十条规定，法律可以设定各种行政处罚。这里的"法律"，仅指狭义的法律。（　　）

13. 根据《中华人民共和国立法法》（以下简称《立法法》）的规定，对公民限制人身自由的处罚只能由法律规定，尚未制定法律的，全国人民代表大会及其常务委员会有权作出决定，授权国务院先行制定行政法规予以规定。（　　）

14. 根据2021年新修订的《行政处罚法》规定，降低资质等级、限制开展生产经营活动、限制从业、责令改正均属于行政处罚的种类。
（　　）

15. 在无法律授权的情况下,地方性法规不得设定行政处罚。（　）

16. 国务院直属部门可以制定规章,在法律、行政法规规定的给予行政处罚的行为、种类和幅度的范围内作出具体规定。（　）

17. 国务院部门和省、自治区、直辖市人民政府及其有关部门可以根据实际需要,随时组织评估行政处罚的实施情况和必要性,对不适当的行政处罚事项及种类、罚款数额等,提出修改或者废止的建议。
（　）

18. 《行政处罚法》规定的行政处罚种类,只能单独适用,不得叠加或组合适用。（　）

19. 对违反道路交通安全法律、法规关于机动车停放、临时停车规定的,公安机关交通管理部门可以指出违法行为,并予以口头警告,令其立即驶离。（　）

20. 对机动车驾驶人违章停车且拒绝立即驶离,公安机关交通管理部门可以将该机动车拖移至不妨碍交通的地点或者公安机关交通管理部门指定的地点停放,拖车费用由当事人承担。（　）

四、简答题

1. 2021年新修订的《行政处罚法》新增了哪些行政处罚的种类?

2. 试论我国行政处罚的设定权。

答案解析

一、单选题

1. C

   解析：2021年新修订的《行政处罚法》将"限制开展生产经营活动"列入行政处罚的种类，不是行政强制措施，因此B选项错误。行为罚也称能力罚，是对违法行为人所采取的限制或者剥夺其特定行为能力的处罚形式。"限制开展生产经营活动"属于行为罚。故C选项符合题意。

2. B

   解析：A选项，加处罚款属于行政强制执行的方式。C、D选项的暂扣、冻结均属行政强制措施。因此，B选项符合题意。

3. D

   解析：警告和通报批评属于申诫罚。D选项符合题意。

4. D

   解析：《行政处罚法》第九条规定，行政处罚的种类：（1）警告、通报批评；（2）罚款、没收违法所得、没收非法财物；（3）暂扣许可证件、降低资质等级、吊销许可证件；（4）限制开展生产经营活动、责令停产停业、责令关闭、限制从业；（5）行政拘留；（6）法律、行政法规规定的其他行政处罚。因此，只有D选项的责令停产停业属于行政处罚的种类。

5. A

   解析：根据《行政处罚法》第十条第二款："限制人身自由的行政处罚，只能由法律设定。"A选项符合题意。

6. A

解析：根据《行政处罚法》第十五条："国务院部门和省、自治区、直辖市人民政府及其有关部门应当定期组织评估行政处罚的实施情况和必要性，对不适当的行政处罚事项及种类、罚款数额等，应当提出修改或者废止的建议。"只有A选项符合题意。

7. B

解析：《税收征收管理法》第四十条规定，税务机关可以采取下列强制执行措施：书面通知其开户银行或者其他金融机构从其存款中扣缴税款……划扣银行存款属于行政强制执行。因此，只有B选项符合题意。

8. D

解析：《税收征收管理法》第六十六条规定，对骗取国家出口退税款的，税务机关可以在规定期间内停止为其办理出口退税。因此，停止出口退税权属于《税收征收管理法》设定的行政处罚。D选项符合题意。

9. D

解析：根据《中华人民共和国发票管理办法》(以下简称《发票管理办法》)第三十七条第一款："违反本办法第二十二条第二款的规定虚开发票的，由税务机关没收违法所得；虚开金额在1万元以下的，可以并处5万元以下的罚款；虚开金额超过1万元的，并处5万元以上50万元以下的罚款；构成犯罪的，依法追究刑事责任。"税务机关行政处罚正确。一事不二罚是指二次以上罚款的处罚，没收违法所得与罚款可以同时适用，不违反一事不二罚原则。因此，D选项说法正确。

10. B

解析：根据《行政处罚法》第十条："法律可以设定各种行政处罚。

限制人身自由的行政处罚,只能由法律设定。"只有B选项符合题意。

11. B

解析:根据《行政处罚法》第十三条第二款:"尚未制定法律、行政法规的,国务院部门规章对违反行政管理秩序的行为,可以设定警告、通报批评或者一定数额罚款的行政处罚。罚款的限额由国务院规定。"B选项符合题意。

12. A

解析:根据《行政处罚法》第十四条第二款:"尚未制定法律、法规的,地方政府规章对违反行政管理秩序的行为,可以设定警告、通报批评或者一定数额罚款的行政处罚。罚款的限额由省、自治区、直辖市人民代表大会常务委员会规定。"A选项符合题意。

13. A

解析:《立法法》第八条规定,下列事项只能制定法律:(1)国家主权的事项;(2)各级人民代表大会、人民政府、人民法院和人民检察院的产生、组织和职权;(3)民族区域自治制度、特别行政区制度、基层群众自治制度;(4)犯罪和刑罚;(5)对公民政治权利的剥夺、限制人身自由的强制措施和处罚;(6)税种的设立、税率的确定和税收征收管理等税收基本制度;(7)对非国有财产的征收、征用;(8)民事基本制度;(9)基本经济制度以及财政、海关、金融和外贸的基本制度;(10)诉讼和仲裁制度;(11)必须由全国人民代表大会及其常务委员会制定法律的其他事项。第九条规定,《立法法》第八条规定的事项尚未制定法律的,全国人民代表大会及其常务委员会有权作出决定,授权国务院可以根据实际需要,对其中的部分事项先制定行政法规,但是有关犯罪和刑罚、对公民政治权利的剥夺和限制人身自由的强制措施和处罚、司法制度等事项除外。B、C、

D选项均属于法律绝对保留事项，A选项"对非国有财产的征收、征用"属于相对保留事项，符合题意。

14. A

解析：根据《立法法》第八十条："国务院各部、委员会、中国人民银行、审计署和具有行政管理职能的直属机构，可以根据法律和国务院的行政法规、决定、命令，在本部门的权限范围内，制定规章。"部门规章只能由国务院各部、委员会、中国人民银行、审计署和具有行政管理职能的直属机构制定。B选项，中国人民银行、审计署与其他各部、委员会均属于国务院组成部门，是部门规章的制定主体。C、D选项，海关总署、国家税务总局、国家医疗保障局、国家统计局属于国务院直属机构，且具有行政管理职能，属于部门规章的制定主体。A选项，国家知识产权局、国家邮政局系国务院部委管理的国家局，国家邮政局由交通运输部管理，国家知识产权局由国家市场监督管理总局管理，不属于《立法法》第八十条规定的可以制定规章的主体，因此，A选项符合题意。

15. C

解析：加处罚款，属于执行罚，是行政强制执行机关对拒不履行不作为义务或者不可为他人代履行的作为义务的义务主体，课以新的金钱给付义务，以迫使其履行的强制执行。因此，属于行政强制执行，因此，C选项符合题意。

二、多选题

1. AB

解析：《行政处罚法》第九条规定了行政处罚的种类：（1）警告、通报批评；（2）罚款、没收违法所得、没收非法财物；（3）暂扣许可证件、降低资质等级、吊销许可证件；（4）限制开展生产经营活动、责令停产停业、责令关闭、限制从业;(5)行政拘留;(6)法律、行政法规规定的其他行政处罚。A、B选项符合题意。

2. ABCD

   解析: 根据2021年新修订的《行政处罚法》的规定,A、B、C、D选项均属于行政处罚的种类。

3. AB

   解析: C选项的没收财产属于刑罚。D选项的扣押财产属于行政强制措施,不是行政处罚。只有A、B选项符合题意。

4. ABCD

   解析: 根据《行政处罚法》第九条:"行政处罚的种类:(一)警告、通报批评;(二)罚款、没收违法所得、没收非法财物;(三)暂扣许可证件、降低资质等级、吊销许可证件;(四)限制开展生产经营活动、责令停产停业、责令关闭、限制从业;(五)行政拘留;(六)法律、行政法规规定的其他行政处罚。"通报批评、降低资质登记、限制开展生产经营活动、责令关闭、限制从业为新增处罚种类。A、B、C、D选项均符合题意。

5. ABD

   解析: 根据《行政处罚法》第十三条:"国务院部门规章可以在法律、行政法规规定的给予行政处罚的行为、种类和幅度的范围内作出具体规定。尚未制定法律、行政法规的,国务院部门规章对违反行政管理秩序的行为,可以设定警告、通报批评或者一定数额罚款的行政处罚。罚款的限额由国务院规定。"A、B、D选项符合题意。

6. AB

   解析: 根据《行政处罚法》第十二条:"地方性法规可以设定除限制人身自由、吊销营业执照以外的行政处罚。"C选项错误。根据第十三条第二款:"尚未制定法律、行政法规的,国务院部门规章对违反行政管理秩序的行为,可以设定警告、通报批评或者一定数额罚款的行政处罚。"D选项错误。

7. ABD

   解析:限制开展生产经营活动属于行为罚。所谓行为罚,是指行政机关对违反法律、法规的当事人,在一定期限内或者永久剥夺其从事某项生产经营活动权利的行政处罚。

8. CD

   解析:责令限期改正,不属于行政处罚。A选项错误。关于责令限期拆除,《国务院法制办公室对陕西省人民政府法制办公室〈关于"责令限期拆除"是否属于行政处罚行为的请示〉的复函》(国法秘研函〔2012〕665号)认为,《中华人民共和国城乡规划法》第六十四条规定的"限期拆除"、第六十八条规定的"责令限期拆除"不应当理解为行政处罚行为。因此,B选项不属于行政处罚。

9. AB

   解析:根据《行政处罚法》第十一条第三款:"法律对违法行为未作出行政处罚规定,行政法规为实施法律,可以补充设定行政处罚。"第十二条第三款:"法律、行政法规对违法行为未作出行政处罚规定,地方性法规为实施法律、行政法规,可以补充设定行政处罚。"只有行政法规、地方性法规可以补充设定行政处罚。A、B选项正确。

10. BCD

    解析:根据《行政处罚法》第十五条:"国务院部门和省、自治区、直辖市人民政府及其有关部门应当定期组织评估行政处罚的实施情况和必要性,对不适当的行政处罚事项及种类、罚款数额等,应当提出修改或者废止的建议。"B、C、D选项均符合题意。

11. BCD

    解析:根据《行政处罚法》第十一条第三款:"法律对违法行为未作

出行政处罚规定,行政法规为实施法律,可以补充设定行政处罚。拟补充设定行政处罚的,应当通过听证会、论证会等形式广泛听取意见,并向制定机关作出书面说明。行政法规报送备案时,应当说明补充设定行政处罚的情况。"补充设定行政处罚的程序包括广泛听取意见、向制定机关作出书面说明、报送备案。因此,B、C、D选项符合题意。

12. ABCD

解析: 根据《中国银保监会行政处罚办法》(中国银行保险监督管理委员会令2020年第8号)第三条:"本办法所指的行政处罚包括:(一)警告;(二)罚款;(三)没收违法所得;(四)责令停业整顿;(五)吊销金融、业务许可证;(六)取消、撤销任职资格;(七)限制保险业机构业务范围;(八)责令保险业机构停止接受新业务;(九)撤销外国银行代表处、撤销外国保险机构驻华代表机构;(十)要求撤换外国银行首席代表、责令撤换外国保险机构驻华代表机构的首席代表;(十一)禁止从事银行业工作或者禁止进入保险业;(十二)法律、行政法规规定的其他行政处罚。"A、B、C、D四个选项均符合题意。

13. ACD

解析: 根据《中华人民共和国道路交通安全法》(2021年修正,以下简称《道路交通安全法》)第八十八条:"对道路交通安全违法行为的处罚种类包括:警告、罚款、暂扣或者吊销机动车驾驶证、拘留。"A、C、D三个选项符合题意。扣留非机动车属于行政强制,不是行政处罚的种类,因此,B选项不符合题意。

14. ABCD

解析: 根据《安全生产违法行为行政处罚办法》(2015年修正)第五条:"安全生产违法行为行政处罚的种类:(一)警告;(二)罚款;

(三)没收违法所得、没收非法开采的煤炭产品、采掘设备;(四)责令停产停业整顿、责令停产停业、责令停止建设、责令停止施工;(五)暂扣或者吊销有关许可证,暂停或者撤销有关执业资格、岗位证书;(六)关闭;(七)拘留;(八)安全生产法律、行政法规规定的其他行政处罚。"A、B、C、D四个选项均符合题意。

15. BC

解析:《国务院关于进一步贯彻实施〈中华人民共和国行政处罚法〉的通知》(国发〔2021〕26号)明确:尚未制定法律、行政法规,因行政管理迫切需要依法先以部门规章设定罚款的,设定的罚款数额最高不得超过10万元,且不得超过法律、行政法规对相似违法行为的罚款数额,涉及公民生命健康安全、金融安全且有危害后果的,设定的罚款数额最高不得超过20万元;超过上述限额的,要报国务院批准。因此,B、C选项说法正确。

三、判断题

1. 正确

   解析:规范性文件不得设定行政许可、行政处罚、行政强制等事项,不得减损公民、法人和其他组织合法权益或者增加其义务。题目说法正确。

2. 错误

   解析:根据《行政处罚法》第十条:"法律可以设定各种行政处罚。限制人身自由的行政处罚,只能由法律设定。"第十一条:"行政法规可以设定除限制人身自由以外的行政处罚。"题目说法错误。

3. 错误

   解析:限制人身自由的行政处罚,只能由法律设定。题目说法错误。

4. 错误

    解析：《行政处罚法》第十一条第三款规定，法律对违法行为未作出行政处罚规定，行政法规为实施法律，可以补充设定行政处罚。拟补充设定行政处罚的，应当通过听证会、论证会等形式广泛听取意见，并向制定机关作出书面说明。行政法规报送备案时，应当说明补充设定行政处罚的情况。法条规定的是"应当"广泛听取意见，而不是"可以"。因此，题目表述错误。

5. 正确

    解析：根据《行政处罚法》第十二条："地方性法规可以设定除限制人身自由、吊销营业执照以外的行政处罚。"题目说法正确。

6. 错误

    解析：根据《行政处罚法》第十二条第二款："法律、行政法规对违法行为已经作出行政处罚规定，地方性法规需要作出具体规定的，必须在法律、行政法规规定的给予行政处罚的行为、种类和幅度的范围内规定。"题目说法错误。

7. 错误

    解析：根据《行政处罚法》第十四条第二款："尚未制定法律、法规的，地方政府规章对违反行政管理秩序的行为，可以设定警告、通报批评或者一定数额罚款的行政处罚。罚款的限额由省、自治区、直辖市人民代表大会常务委员会规定。"题目说法错误。

8. 错误

    解析：其他规范性文件均不得设定行政处罚。题目说法错误。

9. 错误

    解析：根据《行政处罚法》第九条第（六）项，允许其他法律、行政法规依法设立不属于前五项列举的行政处罚种类的行政处罚。题目说法错误。

10. 错误

　　解析：除警告、一定数额罚款外，还可以设定通报批评的行政处罚。根据《行政处罚法》第十四条第二款："尚未制定法律、法规的，地方政府规章对违反行政管理秩序的行为，可以设定警告、通报批评或者一定数额罚款的行政处罚。罚款的限额由省、自治区、直辖市人民代表大会常务委员会规定。"题目说法错误。

11. 错误

　　解析：根据《行政处罚法》第十三条："国务院部门规章可以在法律、行政法规规定的给予行政处罚的行为、种类和幅度的范围内作出具体规定。尚未制定法律、行政法规的，国务院部门规章对违反行政管理秩序的行为，可以设定警告、通报批评或者一定数额罚款的行政处罚。罚款的限额由国务院规定。"题目说法错误。

12. 正确

　　解析：这里的"法律"，是狭义的法律，即全国人大及其常委会制定的法律。题目说法正确。

13. 错误

　　解析：根据《立法法》第九条的规定，限制人身自由的处罚，属于法律绝对保留事项，只能由法律规定。因此，题目说法错误。

14. 错误

　　解析：《行政处罚法》第九条规定，行政处罚的种类：(1)警告、通报批评；(2)罚款、没收违法所得、没收非法财物；(3)暂扣许可证件、降低资质等级、吊销许可证件；(4)限制开展生产经营活动、责令停产停业、责令关闭、限制从业；(5)行政拘留；(6)法律、行政法规规定的其他行政处罚。责令改正不属于行政处罚种类。题目说法错误。

15. 错误

　　解析：根据《行政处罚法》第十二条第三款的规定，法律、行政法规对违法行为未作出行政处罚规定,地方性法规为实施法律、行政法规,可以补充设定行政处罚。拟补充设定行政处罚的,应当通过听证会、论证会等形式广泛听取意见,并向制定机关作出书面说明。地方性法规报送备案时,应当说明补充设定行政处罚的情况。所以,题目说法错误。

16. 正确

    解析: 根据《行政处罚法》第十三条第一款规定:"国务院部门规章可以在法律、行政法规规定的给予行政处罚的行为、种类和幅度的范围内作出具体规定。"因此,题目说法正确。

17. 错误

    解析:《行政处罚法》第十五条规定,国务院部门和省、自治区、直辖市人民政府及其有关部门应当定期组织评估行政处罚的实施情况和必要性,对不适当的行政处罚事项及种类、罚款数额等,应当提出修改或者废止的建议。应当"定期"组织评估,而不是随时,因此,题目说法错误。

18. 错误

    解析:《行政处罚法》规定的行政处罚种类,在具体适用时,根据法律、法规、规章的规定,既可以单独使用,也有可能组合或叠加使用。如没收违法所得,同时处以罚款。因此,题目说法错误。

19. 正确

    解析: 根据《道路交通安全法》第九十三条的规定,对违反道路交通安全法律、法规关于机动车停放、临时停车规定的,可以指出违法行为,并予以口头警告,令其立即驶离。题目说法正确。

20. 错误

    解析: 根据《道路交通安全法》第九十三条:"对违反道路交通安全法律、法规关于机动车停放、临时停车规定的,可以指出违法行为,并予以口头警告,令其立即驶离。机动车驾驶人不在现场或者虽在现场但拒绝立即驶离,妨碍其他车辆、行人通行的,处二十元以上二百元以下罚款,并可以将该机动车拖移至不妨碍交通的地点或者公安机关交通管理部门指定的地点停放。公安机关交通管理部门拖车不得向当事人收取费用,并应当及时告知当事人停放地点。因采取不正确的方法拖车造成机动车损坏的,应当依法承担补偿责任。"题目说法错误。

四、简答题

1. 答案要点:

　　新修订的《行政处罚法》第九条规定,行政处罚的种类:(1)警告、通报批评;(2)罚款、没收违法所得、没收非法财物;(3)暂扣许可证件、降低资质等级、吊销许可证件;(4)限制开展生产经营活动、责令停产停业、责令关闭、限制从业;(5)行政拘留;(6)法律、行政法规规定的其他行政处罚。其中,通报批评、降低资质等级、限制开展生产经营活动、责令关闭、限制从业属于本次修订行政的行政处罚种类。

2. 答案要点:

　　根据《行政处罚法》第十六条的规定,除法律、法规、规章外,其他规范性文件不得设定行政处罚。可见,只有法律、法规和规章可以依法设定行政处罚。具体情形包括:

　　(1)法律。法律可以设定各种行政处罚。限制人身自由的行政处罚,只能由法律设定。

　　(2)行政法规。行政法规可以设定除限制人身自由以外的行政处罚。法律对违法行为已经作出行政处罚规定,行政法规需要作出具体规定的,必须在法律规定的给予行政处罚的行为、种类和幅度的范围内规定。法律对违法行为未作出行政处罚规定,行政法规为实施法律,可以补充设定行政处罚。拟补充设定行政处罚的,应当通过听证会、论证会等形式广泛听取意见,并向制定机关作出书面说明。行政法规报送备案时,应当说明补充设定行政处罚的情况。

(3) 地方性法规。地方性法规可以设定除限制人身自由、吊销营业执照以外的行政处罚。法律、行政法规对违法行为已经作出行政处罚规定,地方性法规需要作出具体规定的,必须在法律、行政法规规定的给予行政处罚的行为、种类和幅度的范围内规定。法律、行政法规对违法行为未作出行政处罚规定,地方性法规为实施法律、行政法规,可以补充设定行政处罚。拟补充设定行政处罚的,应当通过听证会、论证会等形式广泛听取意见,并向制定机关作出书面说明。地方性法规报送备案时,应当说明补充设定行政处罚的情况。

(4) 国务院部门规章。国务院部门规章可以在法律、行政法规规定的给予行政处罚的行为、种类和幅度的范围内作出具体规定。尚未制定法律、行政法规的,国务院部门规章对违反行政管理秩序的行为,可以设定警告、通报批评或者一定数额罚款的行政处罚。罚款的限额由国务院规定。

(5) 地方政府规章。地方政府规章可以在法律、法规规定的给予行政处罚的行为、种类和幅度的范围内作出具体规定。尚未制定法律、法规的,地方政府规章对违反行政管理秩序的行为,可以设定警告、通报批评或者一定数额罚款的行政处罚。罚款的限额由省、自治区、直辖市人民代表大会常务委员会规定。

第三章　行政处罚的实施机关

> **本章导读**
>
> 本章主要规定了行政处罚的实施机关，共5条。2021年《行政处罚法》的有关修订主要体现在以下三个方面：一是明确了相对集中行使行政处罚权制度，在城市管理、市场监管、生态环境、文化市场、交通运输、应急管理、农业等领域推行建立综合行政执法制度；二是对委托实施行政处罚的，新增了委托书、委托书的内容以及应当向社会公布的要求，修改完善了受委托组织的条件；三是在限制人身自由的行政处罚权行使机关后增加了"法律规定的其他机关"。

学习指引

一、法定主体

（一）职权法定原则	1. 行政处罚由具有行政处罚权的行政机关实施。 2. 行政机关必须在法定职权内实施行政处罚。
（二）特殊行政处罚权行使	限制人身自由的行政处罚权只能由公安机关和法律规定的其他机关行使。

二、相对集中行政处罚权机关

（一）相对集中领域	城市管理、市场监管、生态环境、文化市场、交通运输、应急管理、农业等。
（二）相对集中方式	国务院或者省、自治区、直辖市人民政府可以决定一个行政机关行使有关行政机关的行政处罚权。

三、法律、法规授权组织

法律、法规授权组织实施行政处罚	1. 授权的组织必须是具有管理公共事务职能的组织。 2. 必须有法律、法规的授权，规章及其他规范性文件不得授权。 3. 授权组织只能在法定授权范围内实施行政处罚。

四、受委托组织

（一）委托处罚权限	1. 行政机关依照法律、法规、规章的规定，可以在其法定权限内书面委托符合条件的组织实施行政处罚。 2. 不得委托其他组织或者个人实施行政处罚。
（二）委托处罚要求	1. 委托书应当载明委托的具体事项、权限、期限等内容。委托行政机关和受委托组织应当将委托书向社会公布。 2. 委托行政机关对受委托组织实施行政处罚的行为应当负责监督，并对该行为的后果承担法律责任。 3. 受委托组织在委托范围内，以委托行政机关名义实施行政处罚；不得再委托其他组织或者个人实施行政处罚。

(续表)

(三) 受托组织的条件	1. 依法成立并具有管理公共事务职能。 2. 有熟悉有关法律、法规、规章和业务并取得行政执法资格的工作人员。 3. 需要进行技术检查或者技术鉴定的,应当有条件组织进行相应的技术检查或者技术鉴定。

本章练习

一、单选题

1. 下列单位中,属于法定行政处罚实施主体的是(　　)。
   A. 海关总署广东分署　　　　B. 国家税务总局深圳市税务局
   C. 某体育社会团体　　　　　D. 公安机关交通管理部门

2. 根据我国现行法律规定,除公安机关外,还可以行使限制人身自由行政处罚权的机关是(　　)。
   A. 市场监督机关　　　　　　B. 海关
   C. 国家安全机关　　　　　　D. 城管管理机关

3. 行政机关组建并赋予行政管理职能但不具有独立承担法律责任能力的机构,以自己的名义作出行政处罚,当事人不服提起诉讼的,应当(　　)。
   A. 以组建该机构的行政机关为被告
   B. 以该机构为被告
   C. 以该机构及组建行政机关为共同被告
   D. 以该组建行政机关上级主管部门为被告

4. 《税收征收管理法》第七十四条规定:"本法规定的行政处罚,罚款额在2 000元以下的,可以由税务所决定。"这里的"税务所"作为行政处罚实施主体,属于(　　)。

A. 法定行政处罚主体　　　　B. 法律、法规授权主体

C. 受委托主体　　　　　　　D. 不属于行政处罚主体

5. 行政机关依照法律、法规、规章的规定,可以在其法定权限内书面委托符合规定条件的组织实施行政处罚。下列不得作为受委托主体的是(　　)。

A. 行政机关　　B. 事业单位　　C. 行业协会　　D. 个体工商户

6. 行政机关的内设机构在没有法律、法规或者规章授权的情况下,以自己的名义作出行政处罚决定,若当事人不服提起行政诉讼,下列说法正确的是(　　)。

A. 以该行政机关为被告

B. 以该内设机构为被告

C. 以该行政机关和内设机构为共同被告

D. 应当先向该行政机关申请行政复议

7. 公安派出所对于其没有处罚权的治安案件,在调查后认为违法事实不成立的,应当(　　)。

A. 作出不予处罚决定　　　　B. 撤销案件

C. 移送有权机关管辖　　　　D. 作出违法事实不成立的结论

8. 某商业银行受中国人民银行的委托行使行政处罚权,当事人对商业银行行政处罚不服提起诉讼的,下列说法正确的是(　　)。

A. 以该商业银行为被告

B. 以委托商业银行行使行政处罚权的机构为被告

C. 以该商业银行和委托行使行政处罚权的机构为共同被告

D. 该案应属于民事诉讼案件

9. 关于行政处罚行为侵犯当事人合法权益造成损害的赔偿义务机关,

下列说法错误的是（　　）。

A. 行政机关及其工作人员行使行政职权侵犯公民、法人和其他组织的合法权益造成损害的，该行政机关为赔偿义务机关

B. 法律、法规授权的组织在行使授予的行政权力时侵犯公民、法人和其他组织的合法权益造成损害的，被授权的组织为赔偿义务机关

C. 受行政机关委托的组织或者个人在行使受委托的行政权力时侵犯公民、法人和其他组织的合法权益造成损害的，受托的组织为赔偿义务机关

D. 赔偿义务机关被撤销的，继续行使其职权的行政机关为赔偿义务机关

10. 关于行政处罚的实施机关，下列说法正确的是（　　）。

A. 行政处罚的主体只能是行政机关

B. 只要是行政机关，就有权实施行政处罚

C. 行政机关以外的其他组织也可以成为行政处罚的实施主体

D. 行政处罚主体法定，不得委托

11. 关于具有行政处罚权的行政机关，下列说法正确的是（　　）。

A. 只能在法定职权范围内实施行政处罚

B. 可以自行决定行政处罚的范围和方式

C. 必须严格依法实施行政处罚，没有自由裁量权

D. 在实施行政处罚时，可以根据客观实际变通执行法律规定

12. 关于行政处罚授权主体，下列说法正确的是（　　）。

A. 国务院部门规章可以授权行政机构实施部分行政处罚

B. 法律、法规授权的组织，只能在授权范围内实施行政处罚

C. 限制人身自由的行政处罚不得由法律授权组织实施

D. 法律、法规授权的组织应当以其主管机关的名义实施行政处罚

13. 除法律、行政法规外，下列选项中，还可以授权组织实施行政处罚的是（　　）。

    A. 地方性法规　　　　　　　　B. 部门规章

    C. 政府规章　　　　　　　　　D. 国务院发布的规范性文件

14. 下列不属于法律、法规授权实施行政处罚行政机构的是（　　）。

    A. 公安派出所　　　　　　　　B. 税务所

    C. 消防大队　　　　　　　　　D. 街道办事处

15. 《税收征收管理法》所称税务机关是指各级税务局、税务分局、税务所和按照国务院规定设立的并向社会公告的税务机构。其中，"按照国务院规定设立的并向社会公告的税务机构"是指（　　）。

    A. 省级以下税务局的稽查局　　B. 各级税务局的稽查局

    C. 市、县级税务局的稽查局　　D. 国家税务总局稽查局

二、多选题

1. 行政机关实施行政处罚应当具备的条件有（　　）。

    A. 具有行政处罚权　　　　　　B. 有法律、法规授权

    C. 受立法机关委托　　　　　　D. 在法定职权范围内

2. 根据《行政处罚法》规定，行政处罚由具有行政处罚权的行政机关在法定职权范围内实施。下列属于"行政机关"的有（　　）。

    A. 市疾控中心　　　　　　　　B. 区公安分局

    C. 街道办事处　　　　　　　　D. 税务所

3. 根据2021年新修订的《行政处罚法》规定，下列属于国家在城市管理、市场监管等领域推行建立综合行政执法制度，相对集中行政处罚权。这里规定的领域还包括（　　）。

    A. 生态环境　　　　　　　　　B. 文化市场

    C. 应急管理　　　　　　　　　D. 农业

4. 我国现行法律中,依法享有限制公民人身自由行政措施职权的有( )。

   A. 军事设施管理单位　　　　B. 海关

   C. 医疗机构　　　　　　　　D. 税务机关

5. 行政机关依照法律、法规、规章的规定,可以在其法定权限内书面委托符合规定条件的组织实施行政处罚。下列属于受委托组织必须符合的条件的有( )。

   A. 依法成立并具有管理公共事务职能

   B. 不得开展营利性生产经营活动

   C. 有熟悉有关法律、法规、规章和业务并取得行政执法资格的工作人员

   D. 需要进行技术检查或者技术鉴定的,应当有条件组织进行相应的技术检查或者技术鉴定

6. 根据《行政处罚法》的规定,行政处罚委托书必须载明的事项包括( )。

   A. 委托的具体事项　　　　　B. 委托权限

   C. 委托期限　　　　　　　　D. 受托组织的负责人信息

7. 下列可以作为委托行政处罚受委托组织的有( )。

   A. 财政所　　　　　　　　　B. 中专学校

   C. 村民委员会　　　　　　　D. 行业协会

8. 下列属于可以授权实施行政处罚的法规规范有( )。

   A. 法律　　　　　　　　　　B. 行政法规

   C. 地方性法规　　　　　　　D. 部门规章

9. 关于相对集中执法权的意义,下列说法正确的有( )。

   A. 有利于解决多头执法、职权交叉重复的问题

   B. 有利于解决行政机构膨胀的问题

C. 有利于提高行政执法效率，降低执法成本

D. 有利于建立"精简、统一、效能"的行政管理体制

10. 行政机关委托其他组织实施行政处罚，必须要有规定的依据。下列可以规定委托行政处罚依据的有（   ）。

A. 行政法规 B. 国务院规范性文件

C. 规章 D. 地方性法规

三、判断题

1. 所有的行政机关都有行政处罚权，行政机关以外的其他国家机关不享有行政处罚权。（   ）

2. 行政机关内设机构与派出机构没有行政处罚权，不能以自己的名义实施行政处罚。（   ）

3. 法律、行政法规未作出规定的，国务院可以制定规范性文件授权事业单位实施行政处罚。（   ）

4. 没有法律、法规或者规章规定，行政机关授权其内设机构、派出机构或者其他组织对外作出行政处罚决定的，应当视为委托行政处罚。（   ）

5. 委托处罚，是指有行政处罚权的行政机关，依照法律、法规或者规章的规定，将自己的行政处罚事项委托给符合法定条件的行政机关、其他组织行使，受委托组织以自己的名义对外实施行政执法权，但由委托机关承担该执法行为所产生法律后果的执法方式。（   ）

6. 行政机关委托实施行政处罚的，委托行政机关和受托组织均应当将委托书向社会公布。（   ）

7. 行政机关依法委托符合法定条件的组织实施行政处罚的，受托组织应以自己的名义作出行政处罚。（   ）

8. 委托实施行政处罚的，受托组织在委托范围内实施行政处罚，并对

行政处罚行为的后果承担法律责任。　　　　　　　　　　（　　）

9. 规章不能授权组织实施行政处罚,但可以作为委托处罚的法律依据。
　　　　　　　　　　　　　　　　　　　　　　　　　　（　　）

10. 行政机关设立的派出机构可以通过委托以委托机关的名义实施行政处罚,也可以通过授权以自己的名义作出行政处罚。（　　）

11. 委托实施行政处罚的,受委托组织可以在委托范围内,根据委托书的规定委托其他组织实施行政处罚。　　　　　　（　　）

12. 行政处罚只能由法定的行政机关或行政机构实施,不得委托其他组织和个人行使。　　　　　　　　　　　　　　　（　　）

13. 委托处罚的,行政机关只能委托依法成立并具有管理公共事务职能的组织,不得委托其他行政机关。　　　　　　　（　　）

14. 受委托组织以委托行政机关名义实施行政处罚,因此,不要求受托组织的执法人员取得行政执法资格。　　　　　　（　　）

15. 依据《行政处罚法》的规定行使相对集中行政处罚权的行政机关,可以实施法律、法规规定的与行政处罚权有关的行政强制措施。
　　　　　　　　　　　　　　　　　　　　　　　　　　（　　）

四、简答题

1. 在我国,行政处罚的实施主体有哪些?

2. 行政机关委托处罚的,应当具备哪些条件?

答案解析

一、单选题

1. B

    解析：国家税务总局深圳市税务局是行政机关，属于法定行政处罚主体。海关总署广东分署是海关总署直接领导的正厅局级派出机构，不是行政机关，因此，不是法定行政处罚实施主体。公安机关交通管理部门属于内设机构，属于法律、法规授权的主体。社会团体需要法律、法规授权才能成为行政处罚主体。B选项符合题意。

2. C

    解析：根据《中华人民共和国反间谍法》(以下简称《反间谍法》)和《中华人民共和国国家情报法》(以下简称《国家情报法》)的规定，国家安全机关可以行使限制人身自由的行政处罚权。目前"法律规定的其他机关"只有国家安全机关。C选项符合题意。

3. A

    解析：根据《最高人民法院关于适用〈中华人民共和国行政诉讼法〉的解释》(法释〔2018〕1号)第二十条第一款："行政机关组建并赋予行政管理职能但不具有独立承担法律责任能力的机构，以自己的名义作出行政行为，当事人不服提起诉讼的，应当以组建该机构的行政机关为被告。"A选项符合题意。

4. B

    解析：税务所作为税务机关的派出机构，经《税收征收管理法》授权实施行政处罚，成为授权主体。B选项符合题意。

5. D

解析：根据《行政处罚法》第二十条："行政机关依照法律、法规、规章的规定，可以在其法定权限内书面委托符合本法第二十一条规定条件的组织实施行政处罚。行政机关不得委托其他组织或者个人实施行政处罚。"D选项个体工商户属于个人，不得作为受托主体。

6. A

解析：行政机关的内设机构在没有法律、法规或者规章授权的情况下，以自己的名义作出具体行政行为，当事人不服提起行政诉讼的，应当以该行政机关为被告。A选项符合题意。

7. C

解析：根据《最高人民法院关于公安派出所就其没有处罚权的治安案件在调查后认为违法事实不成立的能否直接以公安派出所的名义作出不予处罚决定问题的答复》（〔2012〕行他字第7号）："根据《中华人民共和国治安管理处罚法》（以下简称《治安管理处罚法》）第九十一条规定，公安派出所对于在其法定授权范围内的治安案件，有权作出处罚决定或者不予处罚决定。"公安派出所只能对其法定授权范围内的案件作出行政处罚决定或不予处罚决定，没有处罚权的案件，应当移送有权机关管辖。只有C选项符合题意。

8. B

解析：根据《最高人民法院关于诉商业银行行政处罚案件的适格被告问题的答复》（〔2003〕行他字第11号）："根据《中华人民共和国中国人民银行法》第十二条和《支付结算办法》第二百三十九条的规定，商业银行受中国人民银行的委托行使行政处罚权，当事人不服商业银行行政处罚提起行政诉讼的，应当以委托商业银行行使行政处罚权的中国人民银行分支机构为被告。"只有B选项正确。

9. C

解析：根据《国家赔偿法》第七条："行政机关及其工作人员行使行政职权侵犯公民、法人和其他组织的合法权益造成损害的,该行政机关为赔偿义务机关。两个以上行政机关共同行使行政职权时侵犯公民、法人和其他组织的合法权益造成损害的,共同行使行政职权的行政机关为共同赔偿义务机关。法律、法规授权的组织在行使授予的行政权力时侵犯公民、法人和其他组织的合法权益造成损害的,被授权的组织为赔偿义务机关。受行政机关委托的组织或者个人在行使受委托的行政权力时侵犯公民、法人和其他组织的合法权益造成损害的,委托的行政机关为赔偿义务机关。赔偿义务机关被撤销的,继续行使其职权的行政机关为赔偿义务机关;没有继续行使其职权的行政机关的,撤销该赔偿义务机关的行政机关为赔偿义务机关。"A、B、D选项正确,C选项错误,赔偿义务机关应当是委托的行政机关。

10. C

解析：《行政处罚法》第十九条规定,法律、法规授权的具有管理公共事务职能的组织可以在法定授权范围内实施行政处罚。《行政处罚法》第二十条第一款规定,行政机关依照法律、法规、规章的规定,可以在其法定权限内书面委托符合《行政处罚法》第二十一条规定条件的组织实施行政处罚。行政机关不得委托其他组织或者个人实施行政处罚。C选项符合题意。

11. A

解析：《行政处罚法》第十七条规定,行政处罚由具有行政处罚权的行政机关在法定职权范围内实施。A选项符合题意。

12. B

解析：《行政处罚法》第十九条规定，法律、法规授权的具有管理公共事务职能的组织可以在法定授权范围内实施行政处罚。行政机关以外的组织经法律法规授权，以自己的名义对外管理，并承担法律后果。国务院部门规章不能授权其他组织实施行政处罚，因此，A选项错误。限制人身自由的行政处罚只能由公安机关和法律规定的其他机关行使，法律可以授权行政机关以外的其他机构实施。因此，C选项错误。被授权（委托）组织能否以自己名义对外管理，是行政授权和行政委托最主要的区别，法律、法规授权的组织可以以自己的名义实施行政处罚，因此，D选项错误。

13. A

解析：《行政处罚法》第十九条规定，法律、法规授权的具有管理公共事务职能的组织可以在法定授权范围内实施行政处罚。法规包括行政法规和地方性法规，因此，只有A选项符合题意。

14. D

解析：街道办事处属于市辖区政府、不设区的市政府设立的派出机关，属于行政机关的范畴。公安派出所、税务所、消防大队属于行政机构。因此，只有D选项符合题意。

15. A

解析：《税收征收管理法》第十四条规定，《税收征收管理法》所称税务机关是指各级税务局、税务分局、税务所和按照国务院规定设立的并向社会公告的税务机构。《中华人民共和国税收征收管理法实施细则》（以下简称《税收征收管理法实施细则》）第九条规定，《税收征收管理法》第十四条所称按照国务院规定设立的并向社会公告的税务机构，是指省级以下税务局的稽查局。因此，A选项符合题意。

二、多选题

1. AD

   解析：根据《行政处罚法》第十七条："行政处罚由具有行政处罚权的行政机关在法定职权范围内实施。"行政机关实施行政处罚，应当具有行政处罚权，且在法定职权范围内实施，不需要法律、法规授权，也不需要委托。因此，只能选A、D选项。

2. BC

   解析：根据《行政处罚法》第十七条："行政处罚由具有行政处罚权的行政机关在法定职权范围内实施。"A选项，市疾控中心属于事业单位，不是行政机关；D选项，税务所属于法律、法规授权的组织——派出机构，不属于行政机关。街道办事处是市辖区设立的派出机关，属于行政机关的范畴。因此，B、C选项符合题意。

3. ABCD

   解析：根据《行政处罚法》第十八条："国家在城市管理、市场监管、生态环境、文化市场、交通运输、应急管理、农业等领域推行建立综合行政执法制度，相对集中行政处罚权。"A、B、C、D选项均符合。

4. ABC

   解析：税务机关不具有限制人身自由行政处罚的职权。军事设施管理单位根据《中华人民共和国军事设施保护法》(以下简称《军事设施保护法》)的规定，海关根据《中华人民共和国海关法》(以下简称《海关法》)的规定，医疗机构根据《中华人民共和国传染病防治法》(以下简称《传染病防治法》)的规定，享有限制人身自由行政措施的职权。A、B、C选项符合题意。

5. ACD

   解析：根据《行政处罚法》第二十一条："受委托组织必须符合以下

条件:(一)依法成立并具有管理公共事务职能;(二)有熟悉有关法律、法规、规章和业务并取得行政执法资格的工作人员;(三)需要进行技术检查或者技术鉴定的,应当有条件组织进行相应的技术检查或者技术鉴定。"A、C、D选项符合题意。

6. ABC

   解析:根据《行政处罚法》第二十条第二款:"委托书应当载明委托的具体事项、权限、期限等内容。委托行政机关和受委托组织应当将委托书向社会公布。"A、B、C选项符合题意。

7. ABCD

   解析:根据《行政处罚法》第二十条第一款:"行政机关依照法律、法规、规章的规定,可以在其法定权限内书面委托符合本法第二十一条规定条件的组织实施行政处罚。行政机关不得委托其他组织或者个人实施行政处罚。"第二十一条:"受委托组织必须符合以下条件:(一)依法成立并具有管理公共事务职能;(二)有熟悉有关法律、法规、规章和业务并取得行政执法资格的工作人员;(三)需要进行技术检查或者技术鉴定的,应当有条件组织进行相应的技术检查或者技术鉴定。"A、B、C、D选项均可以作为委托行政处罚中的受托组织。

8. ABC

   解析:授权实施行政处罚的只能是法律、行政法规和地方性法规。A、B、C选项符合题意。

9. ABCD

   解析:相对集中执法权,有利于解决多头执法、职权交叉重复的问题,有利于解决行政机构膨胀的问题,有利于提高行政执法效率,降低执法成本,有利于建立"精简、统一、效能"的行政管理体制,A、B、C、D选项说法均符合题意。

10. ACD

   解析：根据《行政处罚法》第二十条第一款："行政机关依照法律、法规、规章的规定，可以在其法定权限内书面委托符合本法第二十一条规定条件的组织实施行政处罚。行政机关不得委托其他组织或者个人实施行政处罚。"法律、法规、规章的规定，是行政机关委托实施行政处罚的依据。A、C、D选项符合题意。

三、判断题

1. 错误

   解析：不是所有的行政机关都有行政处罚权，题目说法错误。

2. 错误

   解析：经法律、法规授权，内设机构或者派出机构可以以自己名义行使行政处罚权，所以，题目说法错误。

3. 错误

   解析：根据《行政处罚法》第十九条："法律、法规授权的具有管理公共事务职能的组织可以在法定授权范围内实施行政处罚。"只有法律、法规可以授权行政机关以外的其他组织实施行政处罚。

4. 正确

   解析：《最高人民法院关于适用〈中华人民共和国行政诉讼法〉的解释》（法释〔2018〕1号）第二十条第三款规定，"没有法律、法规或者规章规定，行政机关授权其内设机构、派出机构或者其他组织行使行政职权的，属于行政诉讼法第二十六条规定的委托。当事人不服提起诉讼的，应当以该行政机关为被告。"所以，题目说法正确。

5. 错误

   解析：委托处罚的，受委托组织以委托机关的名义对外实施行政执法权，所以，题目表述错误。

6. 正确

    解析：根据《行政处罚法》第二十条第二款："委托书应当载明委托的具体事项、权限、期限等内容。委托行政机关和受委托组织应当将委托书向社会公布。"题目说法正确。

7. 错误

    解析：根据《行政处罚法》第二十条第四款："受委托组织在委托范围内，以委托行政机关名义实施行政处罚；不得再委托其他组织或者个人实施行政处罚。"受托组织职能以委托方行政机关的名义对外执法实施行政处罚，不得以自己的名义实施，题目说法错误。

8. 错误

    解析：根据《行政处罚法》第二十条第三款："委托行政机关对受委托组织实施行政处罚的行为应当负责监督，并对该行为的后果承担法律责任。"委托行政机关对受托组织实施行政处罚行为的后果承担法律责任，题目说法错误。

9. 正确

    解析：根据《行政处罚法》第十九条："法律、法规授权的具有管理公共事务职能的组织可以在法定授权范围内实施行政处罚。"第二十条第一款："行政机关依照法律、法规、规章的规定，可以在其法定权限内书面委托符合本法第二十一条规定条件的组织实施行政处罚。行政机关不得委托其他组织或者个人实施行政处罚。"题目说法正确。

10. 正确

    解析：根据《行政处罚法》第十九条："法律、法规授权的具有管理公共事务职能的组织可以在法定授权范围内实施行政处罚。"派出机构可以作为受委托主体，也可以经由法律、法规授权成为授权行政处罚主体。题目说法正确。

11. 错误

    解析:根据《行政处罚法》第二十条第四款:"受委托组织在委托范围内,以委托行政机关名义实施行政处罚;不得再委托其他组织或者个人实施行政处罚。"受托组织不得再委托,题目说法错误。

12. 错误

    解析:《行政处罚法》第二十条第一款规定,行政机关依照法律、法规、规章的规定,可以在其法定权限内书面委托符合该法第二十一条规定条件的组织实施行政处罚。行政机关不得委托其他组织或者个人实施行政处罚。据此,行政机关可以委托符合该法第二十一条规定条件的组织实施行政处罚,题目说法错误。

13. 错误

    解析:委托处罚的,受委托组织也可以是其他行政机关,题目说法错误。

14. 错误

    解析:根据《行政处罚法》第二十一条:"受委托组织必须符合以下条件:(一)依法成立并具有管理公共事务职能;(二)有熟悉有关法律、法规、规章和业务并取得行政执法资格的工作人员;(三)需要进行技术检查或者技术鉴定的,应当有条件组织进行相应的技术检查或者技术鉴定。"受委托组织必须有熟悉有关法律、法规、规章和业务并取得行政执法资格的工作人员,题目说法错误。

15. 正确

    解析:根据《行政强制法》第十七条第二款:"依据《中华人民共和国行政处罚法》的规定行使相对集中行政处罚权的行政机关,可以实施法律、法规规定的与行政处罚权有关的行政强制措施。"题目说法正确。

四、简答题

1. 答案要点:

（1）法定主体,即具有行政处罚权的行政机关。

（2）法律法规授权的组织,即法律、法规授权的具有管理公共事务职能的各类组织,包括行政机关的内设机构、派出机构、人民团体、企事业单位等。

（3）受委托组织。行政机关依照法律、法规、规章的规定,可以在其法定权限内书面委托符合法定条件的组织实施行政处罚。

2. 答案要点:

（1）有法定依据。行政机关委托处罚,必须依照法律、法规、规章的规定进行,没有法定依据的,不得委托。

（2）在法定权限内。行政机关委托其他组织实施的行政处罚,必须在自身法定权限以内,超出法定权限的委托无效。

（3）符合法定形式。行政机关委托处罚必须采取书面委托的方式,委托书应当载明委托的具体事项、权限、期限等内容。委托行政机关和受委托组织应当将委托书向社会公布。

（4）受委托组织必须符合法定条件。受委托组织必须符合以下条件:①依法成立并具有管理公共事务职能;②有熟悉有关法律、法规、规章和业务并取得行政执法资格的工作人员;③需要进行技术检查或者技术鉴定的,应当有条件组织进行相应的技术检查或者技术鉴定。

第四章　行政处罚的管辖和适用

本章导读

本章介绍了关于行政处罚管辖与适用的规定，2021年《行政处罚法》修订变化较大，由原来的10条增加到17条。修订的内容主要有以下几个方面：一是赋予了部门规章对行政处罚管辖作特别规定的权限；二是对乡镇、街道下放了行政处罚权；三是完善了行政处罚管辖异议处理制度；四是明确了行政处罚协助制度；五是完善了行刑衔接机制；六是新增了没收或退赔违法所得的适用以及违法所得的定义；七是新增了同一违法行为违反多个法律规范的竞合情形下择一重罚的规则；八是完善了对精神病人、智力残疾人处罚裁量适用规则；九是新增了主动供述行政机关尚未掌握的违法行为作为应当从轻或者减轻处罚的情形；十是新增了"首违不罚"的适用规则；十一是新增了当事人举证无过错可不予处罚的规则；十二是明确了对不予处罚的当事人进行教育的要求；十三是明确了行政处罚裁量基准制度；十四是明确了违法行为构成犯罪人民法院判处罚金的，如果行政机关未罚款的不再给予罚款的要求；十五是修改完善了行政处罚追责时效；十六是增加了"从旧兼从轻"的法律适用规则；十七是修改完善了行政处罚无效的情形。

学习指引

一、行政处罚管辖

（一）地域管辖	行政处罚由违法行为发生地的行政机关管辖	法律、行政法规、部门规章另有规定的，从其规定。
（二）级别管辖	1. 县级以上地方人民政府具有行政处罚权的行政机关	行政处罚由县级以上地方人民政府具有行政处罚权的行政机关管辖。法律、行政法规另有规定的，从其规定。
	2. 乡镇人民政府、街道办事处	省、自治区、直辖市根据当地实际情况，可以决定将基层管理迫切需要的县级人民政府部门的行政处罚权交由能够有效承接的乡镇人民政府、街道办事处行使，并定期组织评估。
（三）管辖争议解决	1. 最先立案管辖	两个以上行政机关都有管辖权的，由最先立案的行政机关管辖。
	2. 协商管辖	对管辖发生争议的，应当协商解决。
	3. 指定管辖	（1）协商不成的，报请共同的上一级行政机关指定管辖； （2）可以直接由共同的上一级行政机关指定管辖。
（四）协助制度		（1）行政机关因实施行政处罚的需要，可以向有关机关提出协助请求。 （2）协助事项属于被请求机关职权范围内的，应当依法予以协助。

(续表)

（五）行刑衔接机制	（1）违法行为涉嫌犯罪的，行政机关应当及时将案件移送司法机关，依法追究刑事责任。 （2）对依法不需要追究刑事责任或者免予刑事处罚，但应当给予行政处罚的，司法机关应当及时将案件移送有关行政机关。 （3）行政处罚实施机关与司法机关之间应当加强协调配合，建立健全案件移送制度，加强证据材料移交、接收衔接，完善案件处理信息通报机制。

二、责令改正与违法所得

（一）责令改正	行政机关实施行政处罚时，应当责令当事人改正或者限期改正违法行为。	
（二）违法所得	违法所得是指实施违法行为所取得的款项。法律、行政法规、部门规章对违法所得的计算另有规定的，从其规定。	
	1. 依法退赔	当事人有违法所得，除依法应当退赔的外，应当予以没收。
	2. 予以没收	

三、行政处罚裁量

（一）行政裁量基准	（1）行政处罚裁量权，是指行政机关在实施行政处罚时，根据法律、法规、规章的规定，综合考虑违法行为的事实、性质、情节、社会危害性以及当事人主观过错等因素，决定是否给予性质处罚、给予行政处罚的种类和幅度的权限。 （2）行政机关可以依法制定行政处罚裁量基准，规范行使行政处罚裁量权。 （3）行政处罚裁量基准应当向社会公布。
（二）一事不二罚	对当事人的同一个违法行为，不得给予两次以上罚款的行政处罚。

(续表)

(三) 竞合择重罚		同一个违法行为违反多个法律规范应当给予罚款处罚的,按照罚款数额高的规定处罚。
(四) 不予处罚	1. 不予行政处罚的情形	(1) 不满14周岁的未成年人有违法行为的。 (2) 精神病人、智力残疾人在不能辨认或者不能控制自己行为时有违法行为的。 (3) 违法行为轻微并及时改正,没有造成危害后果的。 (4) 当事人有证据足以证明没有主观过错的。
	2. 可以不予行政处罚的情形	初次违法且危害后果轻微并及时改正的。
	3. 责令管教与进行教育	(1) 不满14周岁的未成年人有违法行为的,不予行政处罚,责令监护人加以管教。 (2) 对当事人的违法行为依法不予行政处罚的,行政机关应当对当事人进行教育。
(五) 从轻、减轻处罚	1. 应对从轻、减轻行政处罚的情形	(1) 已满14周岁不满18周岁的未成年人有违法行为的。 (2) 主动消除或者减轻违法行为危害后果的。 (3) 受他人胁迫或者诱骗实施违法行为的。 (4) 主动供述行政机关尚未掌握的违法行为的。 (5) 配合行政机关查处违法行为有立功表现的。 (6) 法律、法规、规章规定其他应当从轻或者减轻行政处罚的。
	2. 可以从轻或者减轻行政处罚的情形	尚未完全丧失辨认或者控制自己行为能力的精神病人、智力残疾人有违法行为的。

四、行政处罚适用

（一）刑罚与行政处罚折抵	1. 自由刑折抵	违法行为构成犯罪，人民法院判处拘役或者有期徒刑时，行政机关已经给予当事人行政拘留的，应当依法折抵相应刑期。
	2. 罚金刑折抵	违法行为构成犯罪，人民法院判处罚金时，行政机关已经给予当事人罚款的，应当折抵相应罚金；行政机关尚未给予当事人罚款的，不再给予罚款。
（二）行政处罚追究时效	1. 二年时效	一般违法行为在 2 年内未被发现的，不再给予行政处罚；法律另有规定的除外。
	2. 五年时效	涉及公民生命健康安全、金融安全且有危害后果的，期限为 5 年。
	3. 时效计算	（1）行政处罚追究期限，从违法行为发生之日起计算； （2）违法行为有连续或者继续状态的，从行为终了之日起计算。
（三）从旧兼从轻原则		（1）实施行政处罚，适用违法行为发生时的法律、法规、规章的规定。 （2）作出行政处罚决定时，法律、法规、规章已被修改或者废止，且新的规定处罚较轻或者不认为是违法的，适用新的规定。
（四）行政处罚无效		（1）行政处罚没有依据的。 （2）行政处罚实施主体不具有行政主体资格的。 （3）行政处罚违反法定程序构成重大且明显违法的。

本章练习

一、单选题

1. 根据《行政处罚法》规定,行政处罚案件,两个以上行政机关都有管辖权的,首先应(　　)。
   A. 协商确定管辖机关
   B. 由最先立案的行政机关管辖
   C. 由共同的上一级行政机关指定管辖
   D. 由最先发现违法行为的行政机关管辖

2. 行政执法机关接到公安机关不予立案的通知书后,认为依法应当由公安机关决定立案的,可以自接到不予立案通知书之日起一定期限内提请作出不予立案决定的公安机关复议。该期限为(　　)日内。
   A. 3　　　　B. 5　　　　C. 15　　　　D. 30

3. 交通警察执勤执法中发现的违法行为,有管辖权的部门一般为(　　)。
   A. 违法行为发生地的公安机关交通管理部门
   B. 违法行为发现地的公安机关交通管理部门
   C. 违法行为人户籍地的公安机关交通管理部门
   D. 违法行为人常住地的公安机关交通管理部门

4. 渔业行政违法行为发生在共管区、叠区的,适用的管辖原则为(　　)。
   A. 协商确定管辖　　　　B. 报请共同的上一级指定管辖
   C. 由上级直接指定管辖　　　　D. 谁查获、谁处理

5. 在商务行政处罚中,上下级商务主管部门均有权管辖的事项,应

当( )。

   A. 以上级商务主管部门管辖为主

   B. 以下级商务主管部门管辖为主

   C. 由上级商务主管部门确定管辖部门

   D. 由上下级商务主管部门共同管辖

6. 关于市场监督管理部门对网络交易平台内经营者违法行为的管辖,下列说法正确的是( )。

   A. 一般应由违法行为发现地市场监督管理部门管辖

   B. 一般应由违法行为发生地市场监督管理部门管辖

   C. 一般应由其住所地市场监督管理部门管辖

   D. 一般应由其实际经营地县级以上市场监督管理部门管辖

7. 行政机关将案件移送司法机关后,司法机关认为依法不需要追究刑事责任,但应当给予行政处罚的,司法机关应当( )。

   A. 及时将案件移送有关行政机关

   B. 直接作出行政处罚决定

   C. 将案件退回移送的行政机关

   D. 与有关行政机关联合作出行政处罚决定

8. 行政执法机关向公安机关移送涉嫌犯罪案件前,应当报经本机关正职负责人或者主持工作的负责人审批。本机关正职负责人或者主持工作的负责人作出批准或者不批准的决定的期限为( )。

   A. 24 小时内   B. 3 日内   C. 5 日内   D. 7 日内

9. 行政执法机关正职负责人或者主持工作的负责人对涉嫌犯罪案件批准移送的,行政机关向公安机关移送的时间要求为( )。

   A. 24 小时内   B. 48 小时内

   C. 3 日内   D. 5 个工作日内

10. 对行政机关移送的涉嫌犯罪案件,公安机关发现不属于本机关管辖的,下列处理方式正确的是( )。

A. 不予接受

B. 不予立案

C. 在 24 小时内转送有管辖权的机关

D. 退回移送的行政执法机关

11. 行政机关将涉嫌犯罪案件移送后,公安机关决定立案的,移交涉案物品以及有关材料的期限一般为( )。

A. 接到立案通知书之日起 3 日内

B. 接到立案通知书之日起 24 小时内

C. 自公安机关接受移送材料之日起 3 日内

D. 自公安机关接受移送材料之日起 7 日内

12. 关于违法所得,下列说法符合《行政处罚法》规定的是( )。

A. 对当事人的违法所得,行政机关应当直接予以没收

B. 违法所得一般是指实施违法行为所取得的款项扣除实施违法活动的实际支出后的剩余款项

C. 地方性法规可以对违法所得的具体计算方式作出特别规定

D. 违法所得需要退赔的,应当对退赔后的余额予以没收

13. 根据《行政处罚法》规定,对同一个违法行为违反多个法律规范应当给予罚款处罚的,应当( )。

A. 按照罚款数额高的规定处罚

B. 按照罚款数额低的规定处罚

C. 分别予以处罚

D. 按照多个违法行为的罚款数额合并处罚

14. 新修订的《行政处罚法》中首次确立了"首违不罚"的原则。下列关于"首违不罚"的表述,正确的是( )。

A. 初次违法且违法行为轻微并及时改正,没有造成危害后果的,不

予行政处罚

B. 初次违法且危害后果轻微并及时改正的,可以不予行政处罚

C. 初次违法且主动减轻违法行为危害后果的,可以不予行政处罚

D. 初次违法且违法行为轻微,主动消除危害后果的,不予行政处罚

15. 根据《行政处罚法》规定,下列情形不予处罚的是( )。

   A. 小明 15 周岁时,受他人胁迫实施了违法行为

   B. 老王系智力残疾人,在不能控制自己行为时,有违法行为

   C. 小李在醉酒后因不能控制自己行为,有违法行为

   D. 小黄 16 周岁时,受他人诱骗实施了违法行为

16. 甲公司因未按规定期限进行纳税申报,税务机关拟对其作出行政处罚决定。下列说法正确的是( )。

   A. 税务机关应当对甲公司存在主观故意举证

   B. 税务机关只要证明甲公司存在过失即可

   C. 甲公司有证据足以证明其没有主观故意的,应当减轻行政处罚

   D. 甲公司有证据足以证明其没有主观过错的,应当不予行政处罚

17. 下列说法不正确的是( )。

   A. 违法行为构成犯罪,人民法院判处有期徒刑时,行政机关已经给予当事人行政拘留的,应当依法折抵相应刑期

   B. 违法行为构成犯罪,人民法院判处罚金时,行政机关已经给予当事人罚款的,应当折抵相应罚金

   C. 违法行为构成犯罪,人民法院判处罚金后,行政机关尚未给予当事人罚款的,不再给予罚款

   D. 行政机关将涉嫌犯罪案件移送公安机关后,在人民法院作出判决前,可以对当事人作出行政处罚决定

18. 涉及公民生命健康安全、金融安全且有危害后果的违法行为,行政处罚追诉时效为( )年。

A. 2 B. 3 C. 5 D. 10

19. 关于法律适用规则,下列说法错误的是( )。

    A. 行政法规的效力高于地方性法规、规章

    B. 地方性法规的效力高于规章

    C. 经济特区法规可以根据授权对法律、行政法规、地方性法规作变通规定,在本经济特区适用

    D. 部门规章与地方政府规章之间具有同等效力,在各自的权限范围内施行

20. 行政机关作出的行政处罚决定没有依据,该行政处罚( )。

    A. 属于无效行政行为   B. 属于可撤销行政行为
    C. 属于违法行政行为   D. 属于效力待定行政行为

21. 在实施行政处罚时,涉及相关法律、行政法规或者地方性法规已修改,但其实施性规定未被明文废止的,关于法律适用的下列说法,错误的是( )。

    A. 实施性规定与修改后的法律、行政法规或者地方性法规相抵触的,不予适用

    B. 因法律、行政法规或者地方性法规的修改,相应的实施性规定丧失依据而不能单独施行的,不予适用

    C. 实施性规定与修改后的法律、行政法规或者地方性法规不相抵触的,可以适用

    D. 实施性规定属于法规、规章的,应当适用,规章以下的其他规范性文件不予适用

22. 行政机关在实施行政处罚时,发现下位法与上位法相抵触的,不得适用下位法作出处罚决定。下列不属于"下位法与上位法相抵触的"情形的是( )。

    A. 下位法违反上位法立法目的扩大上位法规定的权利范围

B. 下位法以参照、准用等方式限缩上位法规定的义务

C. 下位法增设或者限缩违反上位法规定的适用条件

D. 对特定事项上位法未作出规定,但下位法作了具体规定

23. 对利用广播、电影、电视、报纸、期刊、互联网等大众传播媒介发布违法广告的行为实施行政处罚的管辖,下列说法正确的是(　　)。

A. 一般由广告发布者所在地市场监督管理部门管辖

B. 一般由广告主所在地市场监督管理部门管辖

C. 一般由广告经营者所在地市场监督管理部门管辖

D. 一般由违法行为发现地市场监督管理部门管辖

24. 关于邮政管理部门行政处罚案件管辖,下列说法错误的是(　　)。

A. 发现查处的案件不属于本部门管辖的,应当及时将案件移送有管辖权的邮政管理部门

B. 受移送的邮政管理部门对管辖有异议的,不得再自行移送,应当报请共同的上一级邮政管理部门指定管辖

C. 发现查处的案件属于其他行政执法领域的部门管辖的,依法移送有关部门

D. 移送机关依法调查收集的证据材料,受移送的邮政管理部门不得直接作为案件的证据使用

25. 如果地方性法规与部门规章之间对同一事项的规定不一致,行政执法机关在适用时,下列说法错误的是(　　)。

A. 法律或者行政法规授权部门规章作出实施性规定的,其规定优先适用

B. 地方性法规根据法律或者行政法规的授权,根据本行政区域的实际情况作出的具体规定,应当优先适用

C. 地方性法规对属于地方性事务的事项作出的规定与部门规章不一致的,应当优先适用部门规章

D. 对于中央宏观调控的事项、需要全国统一的市场活动规则及对外贸易和外商投资等需要全国统一规定的事项作出的规定,应当优先适用部门规章

26. 行政执法实践中,经常涉及有关部门为指导法律执行或者实施行政措施而作出的具体应用解释和制定的其他规范性文件。关于这些其他规范性文件的适用,下列说法正确的是(　　)。

    A. 这些其他规范性文件不是正式的法律渊源
    B. 行政机关不得在执法文书中援引这些其他规范性文件作为依据
    C. 在行政诉讼中,人民法院不承认其效力
    D. 当事人可以直接针对这些其他规范性文件申请行政复议

27. 关于民用航空行政处罚管辖,下列说法错误的是(　　)。

    A. 对空中发生的违法行为,由违法行为首次发现后降落地所在地的民航地区管理局管辖
    B. 民航地区管理局认为行政处罚案件案情重大、情况复杂的,应当移送民航局管辖
    C. 民航局在必要时可以处理民航地区管理局管辖的行政处罚案件
    D. 民航地区管理局对管辖有争议的,由民航局指定管辖

28. 关于一事不二罚原则,下列说法正确的是(　　)。

    A. 一个行为违反多个法律规定的,应当分别处罚
    B. 只禁止重复罚款,其他行政处罚类型不在此限
    C. 同一行为人多次违法视为同一个违法行为
    D. 不同行政机关作出罚款决定,不受此限

29. 税务机关在实施行政处罚时,如果遇到《税收征收管理法实施细则》与《行政处罚法》就某一事项作了不同的规定,在适用时一般应当(　　)。

    A. 按特别法优于一般法原则适用《税收征管法实施细则》的规定

B. 按照新法优于旧法原则适用《税收征收管理法实施细则》的规定

C. 按照上位法优于下位法原则适用《行政处罚法》的规定

D. 按特别法优于一般法原则适用《税收征收管理法实施细则》的规定

30. 根据《税收征收管理法》,违反税收法律、行政法规应当给予行政处罚的行为,在规定时间内未被发现的,不再给予行政处罚。这里规定的时效为( )。

A. 两年内　　B. 三年内　　C. 五年内　　D. 十年内

二、多选题

1. 关于实施行政处罚适用法律,下列说法不正确的有( )。

   A. 根据法不溯及既往原则,一律适用违法行为发生时的法律、法规、规章的规定

   B. 根据实体从旧、程序从新原则,适用作出行政处罚决定时有效的法律、法规、规章

   C. 根据从旧兼从轻原则,如果新规定处罚较轻或者不认为是违法的,适用新规定

   D. 根据新法优于旧法原则,一律适用新的规定

2. 下列选项中,可以对行政处罚管辖作出不同于《行政处罚法》一般规定的有( )。

   A. 法律　　　　　　　　B. 行政法规
   C. 地方性法规　　　　　D. 部门规章

3. 行政处罚由违法行为发生地的行政机关管辖。下列属于违法行为发生地的有( )。

   A. 违法行为实施地　　　B. 违法所得实际取得地
   C. 违法所得藏匿地　　　D. 违法行为发现地

4. 关于消防救援行政案件的管辖,下列说法正确的有( )。

   A. 原则上由违法行为发生地的消防救援机构管辖

   B. 违法行为有连续、持续或者继续状态的,违法行为连续、持续或者继续实施的地方都属于违法行为发生地

   C. 两个以上消防救援机构都有权管辖的行政案件,由最先立案的消防救援机构管辖

   D. 对于重大、复杂的案件,上级消防救援机构应当直接办理

5. 关于海关行政处罚案件管辖,下列说法正确的有( )。

   A. 由发现违法行为的海关管辖

   B. 由违法行为发生地海关管辖

   C. 由发现违法行为的海关管辖,也可以由违法行为发生地海关管辖

   D. 2个以上海关都有管辖权的案件,由最先发现违法行为的海关管辖

6. 根据《行政处罚法》第二十四条规定,关于将行政处罚权交由乡镇政府、街道办行使,下列说法正确的有( )。

   A. "交由"的主体是省、自治区、直辖市人大及其常委会或者人民政府

   B. "交由"应当作出决定,并向社会公布

   C. "交由"的行政处罚权必须是县级人民政府及其部门依法享有的行政处罚权

   D. 乡镇政府、街道办应当以上级行政机关的名义实施行政处罚

7. 行政执法机关在依法查处违法行为过程中,根据违法事实涉及的金额、违法事实的情节、违法事实造成的后果等,判断是否涉嫌构成犯罪的依据包括( )。

   A. 刑法关于破坏社会主义市场经济秩序罪、妨害社会管理秩序罪

等罪的规定

B. 最高人民法院、最高人民检察院关于破坏社会主义市场经济秩序罪、妨害社会管理秩序罪等罪的司法解释

C. 最高人民检察院、公安部关于经济犯罪案件的追诉标准

D. 行政处罚法及有关规定

8. 关于行政执法机关向公安机关移送涉嫌犯罪案件,下列说法正确的有( )。

A. 应当由2名或者2名以上行政执法人员组成专案组专门负责

B. 移送前应当报经本机关正职负责人或者主持工作的负责人审批

C. 应当将涉案物品一并移送公安机关

D. 移送前应当先作出行政处罚决定

9. 下列属于行政执法机关向公安机关移送涉嫌犯罪案件时应当附有的材料的有( )。

A. 涉嫌犯罪案件移送书

B. 涉嫌犯罪案件情况的调查报告

C. 有关检验报告或者鉴定结论

D. 涉案物品清单

10. 行政执法机关移送涉嫌犯罪案件后,接到公安机关不予立案的通知,但认为依法应当由公安机关立案的,可以( )。

A. 3日内提请作出不予立案决定的公安机关复议

B. 3日内提请作出不予立案决定的公安机关的上级人民政府复议

C. 建议人民检察院依法进行立案监督

D. 向人民法院提起行政诉讼

11. 下列情形中,应当从轻或者减轻行政处罚的有( )。

A. 甲实施违法行为后,主动消除了违法行为危害后果

B. 乙实施违法行为后主动供述了行政机关尚未掌握的违法行为

C. 丙实施违法行为后配合行政机关查处违法行为有立功表现

D. 丁违法行为轻微并及时改正,没有造成危害后果

12. 关于治安管理处罚裁量的适用,下列说法正确的有(　　)。

    A. 间歇性的精神病人在精神正常的时候违反治安管理的,应当给予处罚

    B. 不满14周岁的人违反治安管理的,不予处罚

    C. 盲人或者又聋又哑的人违反治安管理的,应当从轻、减轻处罚

    D. 醉酒的人违反治安管理的,应当从重或者加重处罚

13. 违反治安管理的下列情形中,应当从重处罚的有(　　)。

    A. 有较严重后果的

    B. 教唆他人违反治安管理的

    C. 对报案人打击报复的

    D. 有两种以上违反治安管理行为的

14. 违反治安管理依法应当给予行政拘留处罚的,因存在法定情形而不执行行政拘留,下列属于这些情形的有(　　)。

    A. 行为人已满14周岁不满16周岁的

    B. 行为人70周岁以上的

    C. 行为人怀孕或者哺乳自己不满一周岁婴儿的

    D. 行为人已满16周岁不满18周岁,初次违反治安管理的

15. 关于行政处罚的追责时效,下列说法正确的有(　　)。

    A. 违反税收法律、行政法规应当给予行政处罚的行为,在5年内未被发现的,不再给予行政处罚

    B. 涉及金融安全且有危害后果的违法行为在5年内未被发现的,不再给予行政处罚

    C. 海关管辖的应当给予行政处罚的违法行为,在5年内未被发现的,不再给予行政处罚

D. 违反治安管理行为在6个月内没有被公安机关发现的,不再处罚

16. 关于行政处罚追责期限的计算,下列说法正确的有(　　)。

   A. 期限计算的起点一般为违法行为发生之日

   B. 如果违法行为有连续或者继续状态的,期限计算的起点为行为终了之日起

   C. 期限计算的终点为行政机关立案时

   D. 期限计算的终点为行政机关"发现"时

17. 关于违法行为的连续或者继续状态,下列说法正确的有(　　)。

   A. 违法行为的连续状态,是指当事人基于同一个违法故意,连续实施数个独立的行政违法行为,并触犯同一个行政处罚规定的情形

   B. 违反规划许可、工程建设强制性标准进行建设、设计、施工,因其带来的建设工程质量安全隐患和违反城乡规划的事实始终存在,应当认定其行为有继续状态

   C. 对非法占用土地的违法行为,在未恢复原状之前,应视为具有继续状态

   D. 违法行为有连续或者继续状态的,行政处罚追责时效从行为终了之日起计算

18. 关于行政机关在实施行政处罚时适用法律法规,下列说法错误的有(　　)。

   A. 法律之间对同一事项的新的一般规定与旧的特别规定不一致,不能确定如何适用时,报全国人大法工委裁决

   B. 行政法规之间对同一事项的新的一般规定与旧的特别规定不一致,不能确定如何适用时,报司法部裁决

   C. 地方性法规与部门规章之间对同一事项的规定不一致,不能确

定如何适用时,由国务院裁决

D. 根据授权制定的法规与法律规定不一致,不能确定如何适用时,由全国人民代表大会常务委员会裁决

19. 关于行政处罚法律适用,下列说法正确的有( )。

A. 原则上适用违法行为发生时的法律、法规、规章的规定

B. 新的规定处罚较轻或者不认为是违法的,应适用旧的规定

C. 新的规定对当事人更有利的,应适用新的规定

D. 作出行政处罚决定时,法律、法规、规章已被修改或者废止,应当适用修改或者废止前的规定

20. 根据新修订的《行政处罚法》规定,下列情形中会导致行政处罚无效的有( )。

A. 实施主体不具有行政主体资格

B. 行政处罚没有依据

C. 违法事实不清

D. 处罚显失公正

三、判断题

1. 根据2021年新修订的《行政处罚法》规定,行政处罚由违法行为发生地的行政机关管辖。法律、法规可以作特别规定,部门规章无权作特别规定。 ( )

2. 行政机关在实施行政处罚程序时,可以根据《行政处罚法》的规定责令当事人改正或者限期改正违法行为,而不需要单行法另行授权。 ( )

3. 行政机关认为违法行为涉嫌犯罪并移送司法机关后,司法机关认为依法不需要追究刑事责任或者免予刑事处罚,行政机关不得再作出行政处罚。 ( )

4. 行政机关将涉嫌犯罪并移送公安机关后,即可结案。 （ ）

5. 当事人不服海关作出的行政处罚决定,向海事法院提起诉讼的,海事法院不予受理。 （ ）

6. 行政处罚案件两个行政机关都有管辖权的,应当报请共同的上一级行政机关指定管辖。 （ ）

7. 行政机关因实施行政处罚的需要,可以向有关机关提出协助请求,被请求机关对属于职权范围内的协助事项,应当依法予以协助。
（ ）

8. 行政处罚实施机关与司法机关之间应当加强协调配合,建立健全案件移送制度,加强证据材料移交、接收衔接,完善案件处理信息通报机制。 （ ）

9. 知识产权领域的违法案件,行政执法机关根据调查收集的证据和查明的案件事实,认为存在犯罪的合理嫌疑,但需要公安机关采取措施进一步获取证据以判断是否达到刑事案件立案追诉标准的,应当直接向公安机关移送。 （ ）

10. 行政执法机关向公安机关移送涉嫌犯罪案件前已经作出的警告,责令停产停业,暂扣或者吊销许可证、暂扣或者吊销执照的行政处罚决定,在案件移送后不停止执行。 （ ）

11. 行政执法机关向公安机关移送涉嫌犯罪案件前,已经依法对当事人罚款的,人民法院判处罚金时,依法折抵相应罚金。 （ ）

12. 《行政处罚法》规定,当事人有违法所得,除依法应当退赔的外,应当予以没收。据此,如果单行法没有规定没收违法所得的,行政机关可以适用本规定对行为人的违法所得予以没收。 （ ）

13. 《行政处罚法》规定的"一事不二罚"原则,是指针对同一个违法行为,不能给予两次以上的罚款,其他行政处罚种类不在此限。
（ ）

14. 除法律另有规定外,违法行为在2年内未被发现的,不再给予行政处罚。任何机关只要启动调查、取证和立案程序,均可视为"发现",群众举报后被认定属实的,发现时效以举报时间为准。
（　　）

15. 行政机关将涉嫌犯罪案件移送司法机关后,司法机关认为依法不需要追究刑事责任或者免予刑事处罚的,行政机关不再作出行政处罚。
（　　）

16. 对当事人的违法行为依法不予行政处罚的,行政机关应当采取书面方式对当事人进行教育。（　　）

17. 当事人系初次违法,且危害后果轻微并及时改正的,应当不予行政处罚。（　　）

18. 根据《行政处罚法》规定,对已满75周岁的人有违法行为的,可以从轻或者减轻处罚。（　　）

19. 行政处罚裁量权,是指行政机关在实施行政处罚时,根据法律、法规、规章的规定,综合考虑违法行为的事实、性质、情节、社会危害性以及当事人主观过错等因素,决定是否给予性质处罚、给予行政处罚的种类和幅度的权限。（　　）

20. 规范行政裁量权,有利于行政执法的精细化、标准化,加强执法指引,增强行政行为的可预测性,有利于维护个案的公平正义。
（　　）

21. 除涉及公民生命健康安全、金融安全且有危害后果的违法行为适用5年追究时效外,其他违法行为一律适用"在二年内未被发现的,不再给予行政处罚"的规定。（　　）

22. 行为人有两种以上违反治安管理行为的,公安机关应当择重作出行政处罚。（　　）

23. 行政执法机关在实施行政处罚时,发现地方性法规与部门规章之间对同一事项的规定不一致,不能确定如何适用时,应逐级报由国务院提出意见,国务院认为应当适用地方性法规的,应当决定在该地方适用地方性法规的规定,国务院认为应当适用部门规章的,应当提请全国人民代表大会常务委员会裁决。（　　）

24. 行政机关作出的行政处罚决定违反法定程序构成重大且明显违法的,行政处罚无效。（　　）

25. 在行政处罚适用法律时,对下位法的规定不符合上位法的,应当适用上位法。下位法扩大或者限缩上位法规定的给予行政处罚的行为、种类和幅度的范围,属于下位法不符合上位法的情形。（　　）

四、简答题

1. 试述乡镇人民政府、街道办事处行使行政处罚权制度。

2. 试论"一事不二罚"原则及其适用。

3. 根据 2021 年修订的《行政处罚法》,适用不予行政处罚的情形有哪些?

答案解析

一、单选题

1. B

   解析：根据《行政处罚法》第二十五条："两个以上行政机关都有管辖权的,由最先立案的行政机关管辖。对管辖发生争议的,应当协商解决,协商不成的,报请共同的上一级行政机关指定管辖;也可以直接由共同的上一级行政机关指定管辖。"B选项符合题意。

2. A

   解析：《国务院关于修改〈行政执法机关移送涉嫌犯罪案件的规定〉的决定》第九条规定,行政执法机关接到公安机关不予立案的通知书后,认为依法应当由公安机关决定立案的,可以自接到不予立案通知书之日起3日内,提请作出不予立案决定的公安机关复议。因此,A选项符合题意。

3. A

   解析：根据《道路交通安全违法行为处理程序规定》(公安部令第157号)第四条第一款："交通警察执勤执法中发现的违法行为由违法行为发生地的公安机关交通管理部门管辖。"A选项符合题意。

4. D

   解析：根据《农业行政处罚程序规定》(农业农村部令2021年第4号)第十三条："渔业行政违法行为有下列情况之一的,适用"谁查获、谁处理"的原则:(一)违法行为发生在共管区、叠区;(二)违法行为发生在管辖权不明确或者有争议的区域;(三)违法行为发生地与查获地不一致。"D 选项符合题意。

5. B

   解析：根据《商务行政处罚程序规定》(商务部令 2012 年第 6 号)第六条："县级以上地方商务主管部门依照有关法律、法规、规章规定的职责分工,负责本行政区域行政处罚及相关工作。上下级商务主管商务部门均有权管辖的事项,以下级商务主管部门管辖为主。"B 选项符合题意。

6. D

   解析：根据《市场监督管理行政处罚程序规定》(2021 修正)(国家市场监督管理总局令第 42 号)第十条规定,网络交易平台经营者和通过自建网站、其他网络服务销售商品或者提供服务的网络交易经营者的违法行为由其住所地县级以上市场监督管理部门管辖。平台内经营者的违法行为由其实际经营地县级以上市场监督管理部门管辖。网络交易平台经营者住所地县级以上市场监督管理部门先行发现违法线索或者收到投诉、举报的,也可以进行管辖。所以,D 选项说法正确。

7. A

   解析：根据《行政处罚法》第二十七条第一款："违法行为涉嫌犯罪的,行政机关应当及时将案件移送司法机关,依法追究刑事责任。对依法不需要追究刑事责任或者免予刑事处罚,但应当给予行政处罚的,司法机关应当及时将案件移送有关行政机关。"A 选项符合题意。

8. B

   解析：根据《国务院关于修改〈行政执法机关移送涉嫌犯罪案件的规定〉的决定》(国令第 730 号)第五条："行政执法机关对应当向公安机关移送的涉嫌犯罪案件,应当立即指定 2 名或者 2 名以上行政执法人员组成专案组专门负责,核实情况后提出移送涉嫌犯罪案件的书面报告,报经本机关正职负责人或者主持工作的负责人审批。行政执法机关正职负责人或者主持工作的负责人应当自接到报告之日起3日内作出批准移送或者不批准移送的决定。决定批准的,应当在24小时内向同级公安机关移送;决定不批准的,应当将不予批准的理由记录在案。"B选项符合题意。

9. A

解析:根据《国务院关于修改〈行政执法机关移送涉嫌犯罪案件的规定〉的决定》(国令第730号)第五条:"行政执法机关对应当向公安机关移送的涉嫌犯罪案件,应当立即指定2名或者2名以上行政执法人员组成专案组专门负责,核实情况后提出移送涉嫌犯罪案件的书面报告,报经本机关正职负责人或者主持工作的负责人审批。行政执法机关正职负责人或者主持工作的负责人应当自接到报告之日起3日内作出批准移送或者不批准移送的决定。决定批准的,应当在24小时内向同级公安机关移送;决定不批准的,应当将不予批准的理由记录在案。"A选项符合题意。

10. C

解析:根据《国务院关于修改〈行政执法机关移送涉嫌犯罪案件的规定〉的决定》(国令第730号)第七条:"公安机关对行政执法机关移送的涉嫌犯罪案件,应当在涉嫌犯罪案件移送书的回执上签字;其中,不属于本机关管辖的,应当在24小时内转送有管辖权的机关,并书面告知移送案件的行政执法机关。"C选项符合题意。

11. A

解析:根据《国务院关于修改〈行政执法机关移送涉嫌犯罪案件的规定〉的决定》(国令第730号)第十二条:"行政执法机关对公安机关决定立案的案件,应当自接到立案通知书之日起3日内将涉案物品以及与案件有关的其他材料移交公安机关,并办结交接手续;法律、行政法规另有规定的,依照其规定。"只有 A 选项符合题意。

12. D

解析: 根据《行政处罚法》第二十八条第二款:"当事人有违法所得,除依法应当退赔的外,应当予以没收。违法所得是指实施违法行为所取得的款项。法律、行政法规、部门规章对违法所得的计算另有规定的,从其规定。"A 选项错误,D 选项符合题意。B 选项不符合题意,不符合《行政处罚法》关于违法所得计算的规定。C 选项错误,法律、行政法规、部门规章可以对违法所得的计算作特别规定,地方性法规、地方政府规章均无权作特别规定。

13. A

解析: 根据《行政处罚法》第二十九条:"同一违法行为违反多个法律规范应当给予罚款处罚的,按照罚款数额高的规定处罚。"A 选项符合题意。

14. B

解析: 根据《行政处罚法》第三十三条:"违法行为轻微并及时改正,没有造成危害后果的,不予行政处罚。初次违法且危害后果轻微并及时改正的,可以不予行政处罚。"只有 B 选项正确。

15. B

解析: 根据《行政处罚法》第三十条:"不满十四周岁的未成年人有违法行为的,不予行政处罚,责令监护人加以管教;已满十四周岁不满十八周岁的未成年人有违法行为的,应当从轻或者减轻行政处罚。"A 选项不符合题意。根据《行政处罚法》第三十一条:"精神病人、智力残疾人在不能辨认或者不能控制自己行为时有违法行为的,不予行政处罚,但应当责令其监护人严加看管和治疗。间歇性精神病人在精神正常时有违法行为的,应当给予行政处罚。尚未完全丧失辨认或者控制自己行为能力的精神病人、智力残疾人有违法行为的,可以从轻或者减轻行政处罚。"B选项符合题意。C、D选项均不符合题意。

16. D

解析：根据《行政处罚法》第三十三条第二款："当事人有证据足以证明没有主观过错的，不予行政处罚。法律、行政法规另有规定的，从其规定。"只有D选项符合题意。

17. D

解析：根据《行政处罚法》第三十五条："违法行为构成犯罪，人民法院判处拘役或者有期徒刑时，行政机关已经给予当事人行政拘留的，应当依法折抵相应刑期。违法行为构成犯罪，人民法院判处罚金时，行政机关已经给予当事人罚款的，应当折抵相应罚金；行政机关尚未给予当事人罚款的，不再给予罚款。"A、B、C选项正确，不符合题意。根据《中共中央办公厅、国务院办公厅转发国务院法制办等部门〈关于加强行政执法与刑事司法衔接工作的意见〉的通知》（中办发〔2011〕8号）："行政执法机关在移送案件时已经作出行政处罚决定的，应当将行政处罚决定书一并抄送公安机关、人民检察院；未作出行政处罚决定的，原则上应当在公安机关决定不予立案或者撤销案件、人民检察院作出不起诉决定、人民法院作出无罪判决或者免予刑事处罚后，再决定是否给予行政处罚。"D选项说法不正确，符合题意。

18. C

解析：根据《行政处罚法》第三十六条第一款："违法行为在二年内未被发现的，不再给予行政处罚；涉及公民生命健康安全、金融安全且有危害后果的，上述期限延长至五年。法律另有规定的除外。"C选项符合题意。

19. B

解析：《立法法》第八十八条规定，"法律的效力高于行政法规、地方性

◆ 第四章 行政处罚的管辖和适用 ◆

法规、规章。行政法规的效力高于地方性法规、规章。"所以，A选项说法正确。《立法法》第八十九条规定："地方性法规的效力高于本级和下级地方政府规章。"地方性法规高于本级和下级地方政府规章，与部门规章没有高低之分，因此，B选项说法错误，符合题意。《立法法》第九十条规定："自治条例和单行条例依法对法律、行政法规、地方性法规作变通规定的，在本自治地方适用自治条例和单行条例的规定。经济特区法规根据授权对法律、行政法规、地方性法规作变通规定的，在本经济特区适用经济特区法规的规定。"C选项说法正确。《立法法》第九十一条规定："部门规章之间、部门规章与地方政府规章之间具有同等效力，在各自的权限范围内施行。"所以，D选项说法正确。

20. A

解析： 根据《行政处罚法》第三十八条："行政处罚没有依据或者实施主体不具有行政主体资格的，行政处罚无效。"只有A选项符合题意。

21. D

解析：《最高人民法院关于印发〈关于审理行政案件适用法律规范问题的座谈会纪要〉的通知》（法〔2004〕96号）规定："法律、行政法规或者地方性法规修改后，其实施性规定未被明文废止的，人民法院在适用时应当区分下列情形：实施性规定与修改后的法律、行政法规或者地方性法规相抵触的，不予适用；因法律、行政法规或者地方性法规的修改，相应的实施性规定丧失依据而不能单独施行的，不予适用；实施性规定与修改后的法律、行政法规或者地方性法规不相抵触的，可以适用。"D选项说法错误。

22. D

解析：《最高人民法院关于印发〈关于审理行政案件适用法律规范问题的座谈会纪要〉的通知》（法〔2004〕96号）规定："下位法的规定不符

合上位法的,人民法院原则上应当适用上位法。当前许多具体行政行为是依据下位法作出的,并未援引和适用上位法。在这种情况下,为维护法制统一,人民法院审查具体行政行为的合法性时,应当对下位法是否符合上位法一并进行判断。经判断下位法与上位法相抵触的,应当依据上位法认定被诉具体行政行为的合法性。从审判实践看,下位法不符合上位法的常见情形有:下位法缩小上位法规定的权利主体范围,或者违反上位法立法目的扩大上位法规定的权利主体范围;下位法限制或者剥夺上位法规定的权利,或者违反上位法立法目的扩大上位法规定的权利范围;下位法扩大行政主体或其职权范围;下位法延长上位法规定的履行法定职责期限;下位法以参照、准用等方式扩大或者限缩上位法规定的义务或者义务主体的范围、性质或者条件;下位法增设或者限缩违反上位法规定的适用条件;下位法扩大或者限缩上位法规定的给予行政处罚的行为、种类和幅度的范围;下位法改变上位法已规定的违法行为的性质;下位法超出上位法规定的强制措施的适用范围、种类和方式,以及增设或者限缩其适用条件;法规、规章或者其他规范文件设定不符合行政许可法规定的行政许可,或者增设违反上位法的行政许可条件;其他相抵触的情形。"因此,A、B、C选项说法正确,D选项不属于"下位法与上位法相抵触的"情形,符合题意。

23. A

解析:根据《市场监督管理行政处罚程序规定》(2021年修订)(国家市场监督管理总局令第42号)第十一条:"对利用广播、电影、电视、报纸、期刊、互联网等大众传播媒介发布违法广告的行为实施行政处罚,由广告发布者所在地市场监督管理部门管辖。广告发布者所在地市场监督管理部门管辖异地广告主、广告经营者有困难的,可以将广告主、广告经营者的违法情况移送广告主、广告经营者所在地市场监督管理部门处理。对于互联网广告违法行为,广告主所在地、广告经营者所在地市场监督管理部门先行发现违法线索或者收到投诉、举报的,也可以进行管辖。对广告主自行发布违法互联网广告的行为实施行政处罚,由广告主所在地市场监督管理部门管辖。"只有 A 选项符合题意。

24. D

解析:根据《邮政行政处罚程序规定》(2013 年 3 月 1 日国邮发〔2013〕32 号文件发布,2020 年 5 月 15 日国邮发〔2020〕43 号文件修正)第十五条:"邮政管理部门发现查处的案件不属于本部门管辖的,应当及时将案件移送有管辖权的邮政管理部门。受移送的邮政管理部门对管辖有异议的,不得再自行移送,应当报请共同的上一级邮政管理部门指定管辖。邮政管理部门发现查处的案件属于其他行政执法领域的部门管辖的,依法移送有关部门;违法行为涉嫌犯罪的,移送司法机关。移送机关依法调查收集的证据材料,受移送的邮政管理部门可以作为案件的证据使用。"A、B、C 选项说法正确,只有 D 选项符合题意。

25. C

解析:《最高人民法院关于印发〈关于审理行政案件适用法律规范问题的座谈会纪要〉的通知》(法〔2004〕96 号)规定:"地方性法规与部门规章之间对同一事项的规定不一致的,人民法院一般可以按照下列情形适用:(1)法律或者行政法规授权部门规章作出实施性规定的,其规定优先适用;(2)尚未制定法律、行政法规的,部门规章对于国务院决定、命令授权的事项,或者对于中央宏观调控的事项、需要全国统一的市场活动规则及对外贸易和外商投资等需要全国统一规定的事项作出的规定,应当优先适用;(3)地方性法规根据法律或者行政法规的授权,根据本行政区域的实际情况作出的具体规定,应当优先适用;(4)地方性法规对属于地方性事务的事项作出的规定,应当优先适用;(5)尚未制定法律、行政法规的,地方性法规根据本行政区域的具体情况,对需要全国统一规定以外的事项作出的规定,应当优先适用;(6)能够直接适用的其他情形。不能确定如何适用的,应当中止行政案件的审理,逐级上报最高人民法院按照立法法第八十六条第一款第(二)项的规定送请有权机关处理。"因此,A、B、D选项表述正确。地方性法规对属于地方性事务的事项作出的规定,应当优先适用,C选项表述错误,符合题意。

26. A

解析:《最高人民法院关于印发〈关于审理行政案件适用法律规范问题的座谈会纪要〉的通知》(法〔2004〕96号)规定:"行政审判实践中,经常涉及有关部门为指导法律执行或者实施行政措施而作出的具体应用解释和制定的其他规范性文件,主要是:国务院部门以及省、市、自治区和较大的市的人民政府或其主管部门对于具体应用法律、法规或规章作出的解释;县级以上人民政府及其主管部门制定发布的具有普遍约束力的决定、命令或其他规范性文件。行政机关往往将这些具体应用解释和其他规范性文件作为具体行政行为的直接依据。这些具体应用解释和规范性文件不是正式的法律渊源,对人民法院不具有法律规范意义上的约束力。但是,人民法院经审查认为被诉具体行政行为依据的具体应用解释和其他规范性文件合法、有效并合理、适当的,在认定被诉具体行政行为合法性时应承认其效力;人民法院可以在裁判理由中对具体应用解释和其他规范性文件是否合法、有效、合理或适当进行评述。"因此,A选项说法正确,符合题意。B、C选项说法错误。这些其他规范性文件系抽象行政行为,一般不能直接申请行政复议和提起行政诉讼,只能在对具体行政行为复议或起诉时申请附带审查,所以D选项说法错误。

27. B

解析：根据《民用航空行政处罚实施办法》(2003年3月19日中国民用航空总局发布,中华人民共和国交通运输部令2021年第30号修正)第十九条:"民航地区管理局应当依据法律、行政法规、涉及民航管理的规章的规定对本辖区内发生的违法行为实施行政处罚。对空中发生的违法行为,由违法行为首次发现后降落地所在地的民航地区管理局管辖。民航地区管理局对管辖有争议的,由民航局指定管辖。"A、D选项说法正确。根据《民用航空行政处罚实施办法》第二十条:"民航局在必要时可以处理民航地区管理局管辖的行政处罚案件;民航地区管理局认为行政处罚案件案情重大、情况复杂需要由民航局决定的,可以报请民航局实施行政处罚。"C选项说法正确。B选项表述不当,符合题意。

28. B

解析：根据《行政处罚法》第二十九条:"对当事人的同一个违法行为,不得给予两次以上罚款的行政处罚。同一个违法行为违反多个法律规范应当给予罚款处罚的,按照罚款数额高的规定处罚。"A选项错误,B选项正确。C选项错误,同一行为人多次违法不构成"一事"。D选项错误,不同行政机关对同一个违法行为,不得给予两次以上的罚款。

29. C

解析：《税收征收管理法实施细则》为行政法规,与《行政处罚法》相比,属于下位法。除非上位法特别规定适用下位法或授权下位法作出特别规定,均应当按照上位法优于下位法的规则选择适用法律。特别规定与一般规定的优先原则,必须在"同一机关执法制定"即同一位阶的规定下才适用。因此,C选项符合题意。

30. C

解析：根据《税收征收管理法》第八十六条:"违反税收法律、行政法规应当给予行政处罚的行为,在五年内未被发现的,不再给予行政处罚。"C 选项符合题意。

二、多选题

1. ABD

   解析:《行政处罚法》第三十七条规定,实施行政处罚,适用违法行为发生时的法律、法规、规章的规定。但是,作出行政处罚决定时,法律、法规、规章已被修改或者废止,且新的规定处罚较轻或者不认为是违法的,适用新的规定。据此,C 选项说法符合规定,A、B、D 选项说法错误,符合题意。

2. ABD

   解析:根据《行政处罚法》第二十二条:"行政处罚由违法行为发生地的行政机关管辖。法律、行政法规、部门规章另有规定的,从其规定。"只有法律、行政法规、部门规章可以作特别规定,A、B、D 选项符合题意。

3. ABC

   解析:违法行为发生地包括违法行为发生地和违法结果发生地,违法行为发现地不一定是违法行为发生地。A、B、C 选项均属于违法行为发生地。

4. ABC

   解析:《应急管理部关于印发〈消防救援机构办理行政案件程序规定〉〈消防行政法律文书式样〉的通知》(应急〔2021〕77 号)第十四条规定,行政案件由违法行为发生地的消防救援机构管辖。违法行为有连续、持续或者继续状态的,违法行为连续、持续或者继续实施的地方都属于违法行为发生地。该法第十六条规定,两个以上消防救援机构都有权管辖的行政案件,由最先立案的消防救援机构管辖。必要时,可以由主要违法行为发生地消防救援机构管辖。第十七条第二款规定,对于重大、复杂的案件,上级消防救援机构可以直接办理或者指定管辖。因此,D选项错误。A、B、C选项符合题意。

5. CD

解析:根据《中华人民共和国海关行政处罚实施条例》(中华人民共和国国务院令第420号)第三条:"海关行政处罚由发现违法行为的海关管辖,也可以由违法行为发生地海关管辖。2个以上海关都有管辖权的案件,由最先发现违法行为的海关管辖。管辖不明确的案件,由有关海关协商确定管辖,协商不成的,报请共同的上级海关指定管辖。重大、复杂的案件,可以由海关总署指定管辖。"C、D选项正确,符合题意。

6. AB

解析:根据《行政处罚法》第二十四条:"省、自治区、直辖市根据当地实际情况,可以决定将基层管理迫切需要的县级人民政府部门的行政处罚权交由能够有效承接的乡镇人民政府、街道办事处行使,并定期组织评估。决定应当公布。"A、B选项正确。"交由"的行政处罚权必须是县级人民政府部门依法享有的行政处罚权,不包括县级人民政府本身的行政处罚权,因此,C选项错误。根据本条规定,乡镇政府、街道办可以以自己的名义实施行政处罚,D选项错误。

7. ABC

解析:根据《行政执法机关移送涉嫌犯罪案件的规定》(2020年修订)第三条第一款:"行政执法机关在依法查处违法行为过程中,发现违法事实涉及的金额、违法事实的情节、违法事实造成的后果等,根据刑法关于破坏社会主义市场经济秩序罪、妨害社会管理秩序罪等罪的规定和最高人民法院、最高人民检察院关于破坏社会主义市场经济秩序罪、妨害社会管理秩序罪等罪的司法解释以及最高人民检察院、公安部关于经济犯罪案件的追诉标准等规定,涉嫌构成犯罪,依法需要追究刑事责任的,必须依照本规定向公安机关移送。"A、B、C选项符合题意。

8. AB

    解析:根据《行政执法机关移送涉嫌犯罪案件的规定》(2020年修订)第五条:"行政执法机关对应当向公安机关移送的涉嫌犯罪案件,应当立即指定2名或者2名以上行政执法人员组成专案组专门负责,核实情况后提出移送涉嫌犯罪案件的书面报告,报经本机关正职负责人或者主持工作的负责人审批。行政执法机关正职负责人或者主持工作的负责人应当自接到报告之日起3日内作出批准移送或者不批准移送的决定。决定批准的,应当在24小时内向同级公安机关移送;决定不批准的,应当将不予批准的理由记录在案。"A、B选项正确。移送案件时,应附送涉案物品清单,涉案物品由行政机关保管,因此,C选项错误。作出行政处罚决定并非涉嫌犯罪案件移送的前置条件,D选项说法不正确。

9. ABCD

    解析:根据《行政执法机关移送涉嫌犯罪案件的规定》(2020年修订)第六条:"行政执法机关向公安机关移送涉嫌犯罪案件,应当附有下列材料:(一)涉嫌犯罪案件移送书;(二)涉嫌犯罪案件情况的调查报告;(三)涉案物品清单;(四)有关检验报告或者鉴定结论;(五)其他有关涉嫌犯罪的材料。"A、B、C、D四个选项均符合题意。

10. AC

    解析:根据《行政执法机关移送涉嫌犯罪案件的规定》(2020年修订)第九条:"行政执法机关接到公安机关不予立案的通知书后,认为依法应当由公安机关决定立案的,可以自接到不予立案通知书之日起3日内,提请作出不予立案决定的公安机关复议,也可以建议人民检察院依法进行立案监督。作出不予立案决定的公安机关应当自收到行政执法机关提请复议的文件之日起3日内作出立案或者不予立案的决定,并书面通知移送案件的行政执法机关。移送案件的行政执法机关对公安机关不予立案的复议决定仍有异议的,应当自收到复议决定通知书之日起3日内建议人民检察院依法进行立案监督。公安机关应当接受人民检察院依法进行的立案监督。"只有A、C选项符合题意。

11. ABC

解析：根据《行政处罚法》第三十二条："当事人有下列情形之一,应当从轻或者减轻行政处罚:(一)主动消除或者减轻违法行为危害后果的;(二)受他人胁迫或者诱骗实施违法行为的;(三)主动供述行政机关尚未掌握的违法行为的;(四)配合行政机关查处违法行为有立功表现的;(五)法律、法规、规章规定其他应当从轻或者减轻行政处罚的。"A、B、C选项符合题意。根据第三十三条："违法行为轻微并及时改正,没有造成危害后果的,不予行政处罚。初次违法且危害后果轻微并及时改正的,可以不予行政处罚。"D选项属于不予行政处罚的情形,不符合题意。

12. AB

解析：根据《中华人民共和国治安管理处罚法》(以下简称《治安管理处罚法》)第十二条："已满十四周岁不满十八周岁的人违反治安管理的,从轻或者减轻处罚;不满十四周岁的人违反治安管理的,不予处罚,但是应当责令其监护人严加管教。"第十三条："精神病人在不能辨认或者不能控制自己行为的时候违反治安管理的,不予处罚,但是应当责令其监护人严加看管和治疗。间歇性的精神病人在精神正常的时候违反治安管理的,应当给予处罚。"第十四条："盲人或者又聋又哑的人违反治安管理的,可以从轻、减轻或者不予处罚。"第十五条:"醉酒的人违反治安管理的,应当给予处罚。"只有A、B选项说法正确。C选项,盲人或者又聋又哑的人违反治安管理的,可以从轻、减轻或者不予处罚,而不是"应当",C选项错误。D选项不符合规定。

13. ABC

    解析: 根据《治安管理处罚法》第二十条:"违反治安管理有下列情形之一的,从重处罚:(一)有较严重后果的;(二)教唆、胁迫、诱骗他人违反治安管理的;(三)对报案人、控告人、举报人、证人打击报复的;(四)六个月内曾受过治安管理处罚的。"A、B、C选项符合题意。根据《治安管理处罚法》第十六条:"有两种以上违反治安管理行为的,分别决定,合并执行。行政拘留处罚合并执行的,最长不超过二十日。"D选项不符合题意。

14. ABCD

    解析: 根据《治安管理处罚法》第二十一条:"违反治安管理行为人有下列情形之一,依照本法应当给予行政拘留处罚的,不执行行政拘留处罚:(一)已满十四周岁不满十六周岁的;(二)已满十六周岁不满十八周岁,初次违反治安管理的;(三)七十周岁以上的;(四)怀孕或者哺乳自己不满一周岁婴儿的。"A、B、C、D四个选项均符合题意。

15. ABD

    解析: 根据《税收征收管理法》第八十六条:"违反税收法律、行政法规应当给予行政处罚的行为,在五年内未被发现的,不再给予行政处罚。"A选项正确。根据《行政处罚法》第三十六条第一款:"违法行为在二年内未被发现的,不再给予行政处罚;涉及公民生命健康安全、金融安全且有危害后果的,上述期限延长至五年。法律另有规定的除外。"B选项正确。根据《治安管理处罚法》第二十二条:"违反治安管理行为在六个月内没有被公安机关发现的,不再处罚。"D选项正确。根据《中华人民共和国海关办理行政处罚案件程序规定》(海关总署第 250 号令)第六十条:"违法行为在二年内未被发现的,不再给予行政处罚;涉及公民生命健康安全、金融安全且有危害后果的,上述期限延长至五年。法律另有规定的除外。"C 选项错误。

16. ABC

    解析:根据《行政处罚法》第三十六条第二款:"前款规定的期限,从违法行为发生之日起计算;违法行为有连续或者继续状态的,从行为终了之日起计算。"A、B、C 选项正确。

17. ABCD

    解析:根据《国务院法制办公室对湖北省人民政府法制办公室〈关于如何确认违法行为连续或继续状态的请示〉的复函》(国法函〔2005〕442 号):"违法行为的连续状态,是指当事人基于同一个违法故意,连续实施数个独立的行政违法行为,并触犯同一个行政处罚规定的情形。"A 选项正确。

    根据《全国人大法工委对关于违反规划许可、工程建设强制性标准建设、设计违法行为追诉时效有关问题的意见》(法工办发〔2012〕20 号)和《住房城乡建设部关于违反规划许可、工程建设强制性标准建设、设计违法行为追诉时效有关问题的请示》(建法函〔2011〕316 号):"违反规划许可、工程建设强制性标准进行建设、设计、施工,因其带来的建设工程质量安全隐患和违反城乡规划的事实始终存在,应当认定其行为有继续状态……"B 选项正确。

    根据《最高人民法院行政审判庭关于如何计算土地违法行为追诉时效的答复》(〔1997〕法行字第 26 号):"对非法占用土地的违法行为,在未恢复原状之前,应视为具有继续状态……"C 选项正确。

    根据《行政处罚法》第三十六条第二款:"前款规定的期限,从违法行为发生之日起计算;违法行为有连续或者继续状态的,从行为终了之日起计算。"D 选项正确。

18. ABC

    解析： 根据《立法法》第九十四条："法律之间对同一事项的新的一般规定与旧的特别规定不一致，不能确定如何适用时，由全国人民代表大会常务委员会裁决。行政法规之间对同一事项的新的一般规定与旧的特别规定不一致，不能确定如何适用时，由国务院裁决。"A、B选项说法错误，符合题意。根据《立法法》第九十五条："地方性法规、规章之间不一致时，由有关机关依照下列规定的权限作出裁决：(一)同一机关制定的新的一般规定与旧的特别规定不一致时，由制定机关裁决；(二)地方性法规与部门规章之间对同一事项的规定不一致，不能确定如何适用时，由国务院提出意见，国务院认为应当适用地方性法规的，应当决定在该地方适用地方性法规的规定；认为应当适用部门规章的，应当提请全国人民代表大会常务委员会裁决；(三)部门规章之间、部门规章与地方政府规章之间对同一事项的规定不一致时，由国务院裁决。根据授权制定的法规与法律规定不一致，不能确定如何适用时，由全国人民代表大会常务委员会裁决。"C选项说法错误，D选项正确。A、B、C选项符合题意。

19. AC

    解析： 根据《行政处罚法》第三十七条："实施行政处罚，适用违法行为发生时的法律、法规、规章的规定。但是，作出行政处罚决定时，法律、法规、规章已被修改或者废止，且新的规定处罚较轻或者不认为是违法的，适用新的规定。"A、C选项符合题意。

20. AB

    解析： 根据《行政处罚法》第三十八条："行政处罚没有依据或者实施主体不具有行政主体资格的，行政处罚无效。违反法定程序构成重大且明显违法的，行政处罚无效。"A、B选项正确。

三、判断题

1. 错误

    解析：新修订的《行政处罚法》第二十二条规定，行政处罚由违法行为发生地的行政机关管辖。法律、行政法规、部门规章另有规定的，从其规定。修订前的《行政处罚法》第二十条规定，行政处罚由违法行为发生地的县级以上地方人民政府具有行政处罚权的行政机关管辖。法律、行政法规另有规定的除外。新旧规定不一致，题目说法错误。

2. 正确

    解析：《行政处罚法》第二十八条第一款规定，行政机关实施行政处罚时，应当责令当事人改正或者限期改正违法行为。责令改正属于普遍授权的行政命令，不需要单行法另行授权。题目说法正确。

3. 错误

    解析：《行政处罚法》第二十七条第一款规定，违法行为涉嫌犯罪的，行政机关应当及时将案件移送司法机关，依法追究刑事责任。对依法不需要追究刑事责任或者免予刑事处罚，但应当给予行政处罚的，司法机关应当及时将案件移送有关行政机关。题目说法错误。

4. 错误

    解析：根据《中共中央办公厅、国务院办公厅转发国务院法制办等部门〈关于加强行政执法与刑事司法衔接工作的意见〉的通知》（中办发〔2011〕8号）："（三）行政执法机关向公安机关移送涉嫌犯罪案件，应当移交案件的全部材料，同时将案件移送书及有关材料目录抄送人民检察院。行政执法机关在移送案件时已经作出行政处罚决定的，应当将行政处罚决定书一并抄送公安机关、人民检察院；未作出行政处罚决定的,原则上应当在公安机关决定不予立案或者撤销案件、人民检察院作出不起诉决定、人民法院作出无罪判决或者免予刑事处罚后,再决定是否给予行政处罚。"行政机关原则上应当等司法机关作出结论后,再决定是否给予行政处罚,不应直接结案。题目说法错误。

5. 正确

   解析:《最高人民法院关于海关行政处罚案件诉讼管辖问题的解释》(法释〔2002〕4号):"相对人不服海关作出的行政处罚决定提起诉讼的案件,由有管辖权的地方人民法院依照《中华人民共和国行政诉讼法》的有关规定审理。相对人向海事法院提起诉讼的,海事法院不予受理。"题目说法正确。

6. 错误

   解析: 根据《行政处罚法》第二十五条:"两个以上行政机关都有管辖权的,由最先立案的行政机关管辖。对管辖发生争议的,应当协商解决,协商不成的,报请共同的上一级行政机关指定管辖;也可以直接由共同的上一级行政机关指定管辖。"应当由最先立案的行政机关管辖,如果管辖发生争议,才协商解决,或由共同的上一级行政机关指定管辖。题目说法不正确。

7. 正确

   解析:《行政处罚法》第二十六条规定,行政机关因实施行政处罚的需要,可以向有关机关提出协助请求。协助事项属于被请求机关职权范围内的,应当依法予以协助。题目说法正确。

8. 正确

   解析:《行政处罚法》第二十七条第二款规定,行政处罚实施机关与司法机关之间应当加强协调配合,建立健全案件移送制度,加强证据材料移交、接收衔接,完善案件处理信息通报机制。题目说法正确。

9. 正确

    解析：根据《行政执法机关移送涉嫌犯罪案件的规定》(2020年修订)第三条第二款："知识产权领域的违法案件，行政执法机关根据调查收集的证据和查明的案件事实，认为存在犯罪的合理嫌疑，需要公安机关采取措施进一步获取证据以判断是否达到刑事案件立案追诉标准的，应当向公安机关移送。"题目说法正确。

10. 正确

    解析：根据《行政执法机关移送涉嫌犯罪案件的规定》(2020年修订)第十一条第二款："行政执法机关向公安机关移送涉嫌犯罪案件前已经作出的警告，责令停产停业，暂扣或者吊销许可证、暂扣或者吊销执照的行政处罚决定，不停止执行。"题目说法正确。

11. 正确

    解析：根据《行政执法机关移送涉嫌犯罪案件的规定》(2020年修订)第十一条第三款："依照行政处罚法的规定，行政执法机关向公安机关移送涉嫌犯罪案件前，已经依法给予当事人罚款的，人民法院判处罚金时，依法折抵相应罚金。"题目说法不正确。

12. 正确

    解析：根据《行政处罚法》第二十八条第二款："当事人有违法所得，除依法应当退赔的外，应当予以没收。违法所得是指实施违法行为所取得的款项。法律、行政法规、部门规章对违法所得的计算另有规定的，从其规定。"该条为普遍授权条款，有单行法规定的，应当优先适用单行法，单行法未规定没收违法所得的，但当事人确有违法所得应当予以没收的，可适用本条作出没收违法所得的决定。题目说法正确。

13. 正确

    解析：根据《行政处罚法》第二十九条："对当事人的同一个违法行为，

不得给予两次以上罚款的行政处罚。同一个违法行为违反多个法律规范应当给予罚款处罚的,按照罚款数额高的规定处罚。"题目说法正确。

14. 正确

    解析:《行政处罚法》第三十六条规定,违法行为在 2 年内未被发现的,不再给予行政处罚;涉及公民生命健康安全、金融安全且有危害后果的,上述期限延长至 5 年。法律另有规定的除外。前款规定的期限,从违法行为发生之日起计算;违法行为有连续或者继续状态的,从行为终了之日起计算。根据《全国人大常委会法制工作委员会关于提请明确对行政处罚追诉时效"二年未被发现"认定问题的函的研究意见》(法工委复字〔2004〕27 号):"……因此上述任何一个机关对律师违法违纪行为只要启动调查、取证和立案程序,均可视为"发现";群众举报后被认定属实的,发现时效以举报时间为准。"题目说法正确。

15. 错误

    解析: 根据《行政处罚法》第二十七条第一款:"违法行为涉嫌犯罪的,行政机关应当及时将案件移送司法机关,依法追究刑事责任。对依法不需要追究刑事责任或者免予刑事处罚,但应当给予行政处罚的,司法机关应当及时将案件移送有关行政机关。"对依法不需要追究刑事责任或者免予刑事处罚,但应当给予行政处罚的,行政机关应当依法给予行政处罚。题目表述不正确。

16. 错误

    解析: 根据《行政处罚法》第三十三条第三款:"对当事人的违法行为依法不予行政处罚的,行政机关应当对当事人进行教育。"行政机关对当事人进行教育,并未要求必须采用书面方式,因此,题目表述不正确。

17. 错误

解析： 根据《行政处罚法》第三十三条第一款："违法行为轻微并及时改正，没有造成危害后果的，不予行政处罚。初次违法且危害后果轻微并及时改正的，可以不予行政处罚。""可以"不予处罚，而非"应当"，因此，题目表述错误。

18. 错误

解析：《行政处罚法》无此规定，题目表述不正确。

19. 正确

解析： 略。

20. 正确

解析： 略。

21. 错误

解析： 根据《行政处罚法》第三十六条第一款："违法行为在二年内未被发现的，不再给予行政处罚；涉及公民生命健康安全、金融安全且有危害后果的，上述期限延长至五年。法律另有规定的除外。"法律可以对行政处罚时效作特别规定，如《税收征收管理法》规定的违反税收法律、法规的行为，处罚时效为五年。因此，题目表述不正确。

22. 错误

解析： 根据《治安管理处罚法》第十六条："有两种以上违反治安管理行为的，分别决定，合并执行。行政拘留处罚合并执行的，最长不超过二十日。"应当分别决定，合并执行，题目表述不正确。

23. 正确

解析： 根据《立法法》第九十五条："地方性法规、规章之间不一致时，由有关机关依照下列规定的权限作出裁决：(一)同一机关制定的新的一般规定与旧的特别规定不一致时，由制定机关裁决；(二)地方性法规与部门规章之间对同一事项的规定不一致，不能确定如何适用时,由国务院提出意见,国务院认为应当适用地方性法规的,应当决定在该地方适用地方性法规的规定;认为应当适用部门规章的,应当提请全国人民代表大会常务委员会裁决;"题目说法正确。

24. 正确

解析: 根据《行政处罚法》第三十八条第二款:"违反法定程序构成重大且明显违法的,行政处罚无效。"题目说法正确。

25. 正确

解析:《最高人民法院关于印发〈关于审理行政案件适用法律规范问题的座谈会纪要〉的通知》(法〔2004〕96号)规定,下位法的规定不符合上位法的,人民法院原则上应当适用上位法。当前许多具体行政行为是依据下位法作出的,并未援引和适用上位法。在这种情况下,为维护法制统一,人民法院审查具体行政行为的合法性时,应当对下位法是否符合上位法一并进行判断。经判断下位法与上位法相抵触的,应当依据上位法认定被诉具体行政行为的合法性。从审判实践看,下位法不符合上位法的常见情形有:……下位法扩大或者限缩上位法规定的给予行政处罚的行为、种类和幅度的范围。题目说法正确。

四、简答题

1. 答案要点:

(1) 乡镇人民政府、街道办事处行使行政处罚权的条件:① 必须由省、自治区、直辖市根据当地实际情况作出决定,决定应当公布,并定期组织评估;② 乡镇人民政府、街道办事处所行使的是原本属于县级人民政府部门的行政处罚权;③ 乡镇人民政府、街道办事处必须能够有效承接相应的行政处罚权。

(2) 承接行政处罚权的乡镇人民政府、街道办事处应当加强执法能力建设,按照规定范围、依照法定程序实施行政处罚。

(3) 有关地方人民政府及其部门应当加强组织协调、业务指导、执法监督,建立健全行政处罚协调配合机制,完善评议、考核制度。

2. 答案要点:

"一事不二罚"又称为"一事不再罚""禁止双重处罚",是指对当事人的同一个违法行为,不得给予两次以上罚款的行政处罚。

(1) 只针对同一个违法行为,如果存在数个违法行为,则不受"禁止双重处罚"的限制。所谓同一个违法行为,是法律意义上的一个行为,从法律规定的行政违法构成要件来看,属于一个行为,即使有数个自然行为,但被法律概况为一个违法行为,只评价一次,也属于一个违法行为。此外,同一违法行为的连续、继续状态,也视为一个违法行为。

(2) 禁止双重处罚,仅限于罚款的适用,罚款与其他处罚种类的并用,不在此限。比如对同一违法行为,违反不同的规定均应当予以处罚的,只能适用一次罚款的处罚,但可以依法并处没收违法所得、吊销执照、行政拘留等其他行政处罚种类。

(3) 竞合情形下的适用。对同一个违法行为违反多个法律规范应当给予罚款处罚的,只选择按照罚款数额高的规定处罚一次,不得按照各个法律规范分别作出罚款的处罚。

3. 答案要点:

不予行政处罚的情形包括:

(1) 不满 14 周岁的未成年人有违法行为的,不予行政处罚,责令监护人加以管教。

(2) 精神病人、智力残疾人在不能辨认或者不能控制自己行为时有违法行为的,不予行政处罚,但应当责令其监护人严加看管和治疗。

（3）违法行为轻微并及时改正，没有造成危害后果的，不予行政处罚。

（4）初次违法且危害后果轻微并及时改正的，可以不予行政处罚。

（5）除法律、行政法规另有规定外，当事人有证据足以证明没有主观过错的，不予行政处罚。

（6）违法行为在两年内未被发现的，不再给予行政处罚；涉及公民生命健康安全、金融安全且有危害后果的，上述期限延长至五年。法律另有规定的除外。

第五章　行政处罚的决定

> **本章导读**
>
> 本章是《行政处罚法》的核心章节,规定了行政机关作出行政处罚的一般规定、简易程序、普通程序和听证程序。2021年《行政处罚法》的修订主要体现在以下几个方面:一是增加了行政处罚实施机关、立案依据等信息事前公示的规定,和具有一定社会影响的行政处罚决定应依法公开的事后公示要求;二是新增了利用电子技术监控设备收集违法事实证据的有关要求;三是新增了告知当事人违法事实并保障知情权、陈述权和申辩权的规定;四是明确了行政处罚执法人员必须具有行政执法资格,并新增了文明执法的要求;五是修改完善了执法人员回避的程序;六是新增了行政处罚证据的种类与要求;七是新增了行政处罚全过程记录制度;八是增加了发生重大传染病疫情等突发事件,行政机关依法快速、从重处罚的规定;九是修改了适用简易程序的标准,将罚款数额由50元以下和1 000元以下提高到200元以下和3 000元以下;十是新增了立案程序和案件办理期限的规定,符合立案标准的,应当及时立案,案件办理期限原则上不超过90日;十一是修改完善了听证程序的规定;十二是增加了电子送达的规定。

学习指引

一、一般规定

（一）处罚信息公示与公开	1. 事前公示	行政处罚的实施机关、立案依据、实施程序和救济渠道等信息应当公示。
	2. 事后公开	（1）具有一定社会影响的行政处罚决定应当依法公开。 （2）公开的行政处罚决定被依法变更、撤销、确认违法或者确认无效的,行政机关应当在3日内撤回行政处罚决定信息并公开说明理由。
（二）以事实为根据,以法律为准绳		公民、法人或者其他组织违反行政管理秩序的行为,依法应当给予行政处罚的,行政机关必须查明事实;违法事实不清、证据不足的,不得给予行政处罚。
（三）电子技术监控设备		（1）行政机关依照法律、行政法规规定利用电子技术监控设备收集、固定违法事实的,应当经过法制和技术审核,确保电子技术监控设备符合标准、设置合理、标志明显,设置地点应当向社会公布。 （2）电子技术监控设备记录违法事实应当真实、清晰、完整、准确。行政机关应当审核记录内容是否符合要求;未经审核或者经审核不符合要求的,不得作为行政处罚的证据。
（四）保障陈述、申辩权		行政机关应当及时告知当事人违法事实,并采取信息化手段或者其他措施,为当事人查询、陈述和申辩提供便利。不得限制或者变相限制当事人享有的陈述权、申辩权。
（五）执法人员与文明执法		（1）行政处罚应当由具有行政执法资格的执法人员实施。执法人员不得少于两人,法律另有规定的除外。 （2）执法人员应当文明执法,尊重和保护当事人合法权益。

(续表)

（六）回避	（1）执法人员与案件有直接利害关系或者有其他关系可能影响公正执法的，应当回避。 （2）当事人认为执法人员与案件有直接利害关系或者有其他关系可能影响公正执法的，有权申请回避。 （3）当事人提出回避申请的，行政机关应当依法审查，由行政机关负责人决定。决定作出之前，不停止调查。	
（七）行政处罚事项告知	（1）行政机关在作出行政处罚决定之前，应当告知当事人拟作出的行政处罚内容及事实、理由、依据。 （2）告知当事人依法享有的陈述、申辩、要求听证等权利。	
（八）听取并复核陈述申辩	（1）当事人有权进行陈述和申辩。 （2）行政机关必须充分听取当事人的意见，对当事人提出的事实、理由和证据，应当进行复核。当事人提出的事实、理由或者证据成立的，行政机关应当采纳。 （3）行政机关不得因当事人陈述、申辩而给予更重的处罚。	
（九）行政处罚证据	1. 证据种类	（1）书证； （2）物证； （3）视听资料； （4）电子数据； （5）证人证言； （6）当事人的陈述； （7）鉴定意见； （8）勘验笔录、现场笔录。
	2. 证据要求	（1）证据必须经查证属实，方可作为认定案件事实的根据。 （2）以非法手段取得的证据，不得作为认定案件事实的根据。
（十）全过程记录	行政机关应当依法以文字、音像等形式，对行政处罚的启动、调查取证、审核、决定、送达、执行等进行全过程记录，归档保存。	
（十一）突发事件依法快速、从重处罚	发生重大传染病疫情等突发事件，为了控制、减轻和消除突发事件引起的社会危害，行政机关对违反突发事件应对措施的行为，依法快速、从重处罚。	
（十二）保密	行政机关及其工作人员对实施行政处罚过程中知悉的国家秘密、商业秘密或者个人隐私，应当依法予以保密。	

二、简易程序

（一）适用情形		违法事实确凿并有法定依据，对公民处以 200 元以下、对法人或者其他组织处以 3 000 元以下罚款或者警告的行政处罚的，可以当场作出行政处罚决定；法律另有规定的，从其规定。
（二）适用程序	1. 出示证件	执法人员当场作出行政处罚决定的，应当向当事人出示执法证件。
	2. 填写处罚决定书	（1）填写预定格式、编有号码的行政处罚决定书。 （2）行政处罚决定书应当载明当事人的违法行为，行政处罚的种类和依据，罚款数额、时间、地点，申请行政复议、提起行政诉讼的途径和期限以及行政机关名称，并由执法人员签名或者盖章。
	3. 交付处罚决定书	（1）行政处罚决定书应当场交付当事人。 （2）当事人拒绝签收的，应当在行政处罚决定书上注明。
	4. 处罚决定备案	执法人员当场作出的行政处罚决定，应当报所属行政机关备案。

三、普通程序

（一）检查与立案	1. 检查	除可以当场作出的行政处罚外，行政机关发现公民、法人或者其他组织有依法应当给予行政处罚的行为的，必须全面、客观、公正地调查，收集有关证据；必要时，依照法律、法规的规定，可以进行检查。
	2. 立案	符合立案标准的，行政机关应当及时立案。

（续表）

（二）出示执法证件	1. 执法人员主动出示	执法人员在调查或者进行检查时，应当主动向当事人或者有关人员出示执法证件。
	2. 当事人要求出示	当事人或者有关人员有权要求执法人员出示执法证件。
	3. 当事人拒绝接受检查权	执法人员不出示执法证件的，当事人或者有关人员有权拒绝接受调查或者检查。
（三）当事人配合调查义务		（1）当事人或者有关人员应当如实回答询问，并协助调查或者检查，不得拒绝或者阻挠。 （2）询问或者检查应当制作笔录。
（四）取证方法	1. 抽样取证	行政机关在收集证据时，可以采取抽样取证的方法。
	2. 证据先行登记保存	在证据可能灭失或者以后难以取得的情况下，经行政机关负责人批准，可以先行登记保存，并应当在7日内及时作出处理决定，在此期间，当事人或者有关人员不得销毁或者转移证据。
（五）作出决定的情形	1. 调查终结，行政机关负责人应当对调查结果进行审查，根据不同情况，分别作出决定	（1）确有应受行政处罚的违法行为的，根据情节轻重及具体情况，作出行政处罚决定。 （2）违法行为轻微，依法可以不予行政处罚的，不予行政处罚。 （3）违法事实不能成立的，不予行政处罚。 （4）违法行为涉嫌犯罪的，移送司法机关。
	2. 集体讨论	对情节复杂或者重大违法行为给予行政处罚，行政机关负责人应当集体讨论决定。
（六）法制审核	1. 法制审核情形	有下列情形之一，在行政机关负责人作出行政处罚的决定之前，应当由从事行政处罚决定法制审核的人员进行法制审核： （1）涉及重大公共利益的。 （2）直接关系当事人或者第三人重大权益，经过听证程序的。 （3）案件情况疑难复杂、涉及多个法律关系的。

(续表)

（六）法制审核	1. 法制审核情形	(4) 法律、法规规定应当进行法制审核的其他情形。 未经法制审核或者审核未通过的，不得作出决定。
	2. 法制审核人员	行政机关中初次从事行政处罚决定法制审核的人员，应当通过国家统一法律职业资格考试取得法律职业资格。
（七）行政处罚决定	1. 行政处罚决定书的内容	行政处罚决定书应当载明下列事项： (1) 当事人的姓名或者名称、地址； (2) 违反法律、法规、规章的事实和证据； (3) 行政处罚的种类和依据； (4) 行政处罚的履行方式和期限； (5) 申请行政复议、提起行政诉讼的途径和期限； (6) 作出行政处罚决定的行政机关名称和作出决定的日期。
	2. 加盖印章	行政处罚决定书必须盖有作出行政处罚决定的行政机关的印章。
（八）案件办理期限	1. 一般规定	行政机关应当自行政处罚案件立案之日起90日内作出行政处罚决定。
	2. 特别规定	法律、法规、规章另有规定的，从其规定。
（九）处罚决定送达	1. 当场交付	行政处罚决定书应当在宣告后当场交付当事人。
	2. 依法送达	当事人不在场的，行政机关应当在7日内依照《中华人民共和国民事诉讼法》的有关规定，将行政处罚决定书送达当事人。
	3. 电子送达	当事人同意并签订确认书的，行政机关可以采用传真、电子邮件等方式，将行政处罚决定书等送达当事人。
（十）未听取陈述申辩不得作出处罚决定		行政机关及其执法人员在作出行政处罚决定之前，未依照规定向当事人告知拟作出的行政处罚内容及事实、理由、依据，或者拒绝听取当事人的陈述、申辩，不得作出行政处罚决定；当事人明确放弃陈述或者申辩权利的除外。

四、听证程序

（一）听证的情形	1. 听证告知		行政机关拟作出下列行政处罚决定,应当告知当事人有要求听证的权利,当事人要求听证的,行政机关应当组织听证。
	2. 有权申请听证情形		（1）较大数额罚款; （2）没收较大数额违法所得、没收较大价值非法财物; （3）降低资质等级、吊销许可证件; （4）责令停产停业、责令关闭、限制从业; （5）其他较重的行政处罚; （6）法律、法规、规章规定的其他情形。
	3. 听证费用		当事人不承担行政机关组织听证的费用。
（二）听证程序	1. 提出期限		当事人要求听证的,应当在行政机关告知后5日内提出。
	2. 听证通知		行政机关应当在举行听证的7日前,通知当事人及有关人员听证的时间、地点。
	3. 公开听证		除涉及国家秘密、商业秘密或者个人隐私依法予以保密外,听证公开举行。
	4. 听证主持人		（1）听证由行政机关指定的非本案调查人员主持。 （2）当事人认为主持人与本案有直接利害关系的,有权申请回避。
	5. 听证参加人		当事人可以亲自参加听证,也可以委托一至二人代理。
	6. 终止听证		当事人及其代理人无正当理由拒不出席听证或者未经许可中途退出听证的,视为放弃听证权利,行政机关终止听证。
	7. 申辩和质证		举行听证时,调查人员提出当事人违法的事实、证据和行政处罚建议,当事人进行申辩和质证。
	8. 听证笔录		（1）听证应当制作笔录。笔录应当交当事人或者其代理人核对无误后签字或者盖章。 （2）当事人或者其代理人拒绝签字或者盖章的,由听证主持人在笔录中注明。 （3）听证结束后,行政机关应当根据听证笔录,依法作出决定。

本章练习

一、单选题

1. 当事人对行政机关作出的行政处罚决定不服向人民法院起诉,人民法院经审理认为行政处罚事实不清,主要证据不足的,应当( )。
   A. 判决撤销或者部分撤销行政处罚决定
   B. 判决确认行政处罚无效
   C. 裁定被告重新作出行政处罚
   D. 判决确认违法,但不撤销行政行为

2. 关于行政机关依照法律、行政法规规定利用电子技术监控设备收集的证据,下列说法正确的是( )。
   A. 属于电子数据类证据
   B. 属于视听资料类证据
   C. 属于现场笔录类证据
   D. 不能作为定案依据

3. 行政相对人因妨碍公安机关民警执行公务被行政处罚,关于该被妨碍执行公务的民警是否回避,下列说法正确的是( )。
   A. 如果行政相对人未要求回避,则该行政处罚行为是合法的
   B. 如行政相对人要求该民警回避,则该民警应当回避
   C. 为体现公正,该民警应当主动回避
   D. 该民警可以参加行政处罚过程中的询问、调查活动

4. 关于行政处罚事项告知的时间,下列说法正确的是( )。
   A. 必须在作出立案决定前
   B. 必须在作出行政处罚决定后
   C. 必须在作出行政处罚决定前
   D. 在作出行政处罚决定前后均可以

5. 下列不属于当事人在行政处罚案件调查、取证过程中享有的权利的是（　　）。

  A. 要求听证权　　　　　　　B. 知情权

  C. 申辩权　　　　　　　　　D. 行政复议权

6. 关于当事人陈述和申辩权，下列说法正确的是（　　）。

  A. 当事人只能在行政机关告知拟作出行政处罚的有关事项后才能提出陈述和申辩意见

  B. 当事人必须书面提出陈述和申辩意见

  C. 当事人提出陈述申辩意见的，行政机关应当采纳

  D. 当事人可以在行政机关作出行政处罚决定前的任何时候提出陈述申辩意见

7. 《行政处罚法》规定，行政机关不得因当事人陈述、申辩而给予更重的处罚。对此，理解正确的是（　　）。

  A. "更重"仅指从重处罚

  B. "更重"仅指加重处罚

  C. "更重"既包括从重处罚，也包括加重处罚

  D. 即使发现新的违法事实，行政机关也不得给予更重的处罚

8. 关于行政处罚证据，下列说法中不正确的是（　　）。

  A. 能够证明案件真实情况的一切事实都是证据

  B. 证据必须是与案件有客观联系的事实

  C. 证据必须是客观存在的事实

  D. 证据的合法性是指证据的收集程序必须合法

9. 在证据制度和行政处罚案件证明活动中，首要环节是（　　）。

  A. 证明对象　　　　　　　　B. 证明标准

  C. 证明责任　　　　　　　　D. 证明程序

10. 根据《行政处罚法》的规定，下列不属于证据收集原则的是（　　）。

A. 依法收集证据原则　　　　B. 全面收集证据原则

C. 客观公正原则　　　　　　D. 效率原则

11. 税务机关在办理行政处罚案件中,用于证明当事人伪造、变造发票违法行为而收集的伪造、变造的发票原件属于(　　)。

A. 书证　　　　　　　　　　B. 不得作为证据使用

C. 鉴定意见　　　　　　　　D. 物证

12. 行政机关为实施行政处罚,收集的下列证据材料中,可以作为定案依据的是(　　)。

A. 以利诱、欺诈方式获取的证据材料

B. 严重违反程序收集的证据材料

C. 未经事先告知对与当事人在会议室的谈话进行录音取得的视听资料

D. 不能正确表达意志的证人提供的证言

13. 关于行政执法机关在办理行政处罚案件中收集视听资料证据,下列说法不正确的是(　　)。

A. 必须提供原始载体

B. 必须注明制作方法、制作时间、制作人

C. 必须附有该声音内容的文字记录

D. 必须采用合法手段

14. 根据《行政处罚法》规定,公开的行政处罚决定被依法变更、撤销、确认违法或者确认无效的,行政机关应当在规定时间内撤回行政处罚决定信息并公开说明理由。这里规定的期限为(　　)日内。

A. 1　　　　B. 3　　　　C. 5　　　　D. 7

15. 根据《行政处罚法》规定,对公民违法事实确凿并有法定依据的,可以当场作出罚款行政处罚的金额限制为(　　)元以下。

A. 50　　　　　　　　　　　B. 100

C. 200　　　　　　　　　　D. 2 000

16. 税务机关检查发现,某公司存在未按规定开具发票的违法行为,违法事实确凿且有法定依据。税务机关如果当场对该公司作出罚款的行政处罚,则罚款的金额不能超过(　　)元。

   A. 1 000　　　B. 2 000　　　C. 3 000　　　D. 5 000

17. 关于执法人员在行政处罚案件调查或检查时出示证件,下列说法正确的是(　　)。

   A. 执法人员必须主动向当事人或者有关人员出示执法证件
   B. 当事人或者有关人员要求时,执法人员才需要出示执法证件
   C. 执法人员认为有必要时,出示执法证件
   D. 执法人员不出示执法证件的,当事人或者有关人员也应当配合接受调查或者检查

18. 行政机关在收集证据时,如果遇到证据可能灭失或者以后难以取得的情况下,一般可以采取的措施是(　　)。

   A. 抽样取证方法　　　　　B. 先行登记保存
   C. 查封涉案场所　　　　　D. 扣押涉案物品

19. 行政机关在行政处罚案件调查中,采取先行登记保存措施的,应当在规定期限内及时作出处理决定。这里规定的期限为(　　)。

   A. 7日内　　　B. 15日内　　　C. 1个月内　　　D. 3个月内

20. 根据行政法的基本原则,下列说法正确的是(　　)。

   A. 行政机关对行政相对人作出行政处罚决定后,应当给予相对人陈述和申辩的机会
   B. 行政机关作出行政处罚决定后,应当告知相对人只享有申请行政复议的权利
   C. 行政机关在作出行政处罚时,行使自由裁量权无须说明理由
   D. 对拟作出较重的行政处罚,行政相对人依法要求听证的,行政机

关应当组织听证

21. 关于行政处罚的效力,下列说法正确的是( )。

   A. 责令拆除违章建筑的决定,即使未送达,也具有法律效力

   B. 罚款的处罚决定,自罚款限缴日期届满之日起,具有法律效力

   C. 警告的处罚决定,必须依法送达当事人,否则不发生法律效力

   D. 采取公告送达的行政处罚决定,自公告张贴之日起发生法律效力

22. 除特别规定外,行政机关应当在规定的期限内作出行政处罚决定。该期限为( )。

   A. 对违法行为立案之日起90日内

   B. 发现违法行为之日起90日内

   C. 对违法行为立案之日起60日内

   D. 发现违法行为之日起60日内

23. 根据《公安机关办理行政案件程序规定》(中华人民共和国公安部令第127号)的规定,对违法行为事实清楚,证据确实充分,依法应当予以行政处罚,因违法行为人逃跑等原因无法履行告知义务的,公安机关可以采取公告方式予以告知。自公告之日起一定期限内,违法嫌疑人未提出申辩的,可以依法作出行政处罚决定。这里规定的期限为( )日。

   A. 3　　　　B. 5　　　　C. 7　　　　D. 10

24. 行政处罚决定书应当在宣告后当场交付当事人,当事人不在场的,行政机关应当在规定期限内依法送达当事人。该期限为( )。

   A. 3日内　　B. 7日内　　C. 10日内　　D. 15日内

25. 行政机关拟对当事人作出较大数额罚款等行政处罚前,应当告知纳税人有要求听证的权利。根据2021年修订的《行政处罚法》的规定,当事人要求听证的,应当在行政机关告知后规定期限内提出,该

规定期限为( )。

　　A. 3日内　　　B. 5日内　　　C. 7日内　　　D. 15日内

26. 下列不属于《行政处罚决定书》内容的是( )。

　　A. 违法事实及证据

　　B. 行政处罚种类和依据

　　C. 行政处罚履行方式、期限和地点

　　D. 享有申请听证的权利

27. 关于行政处罚决定书的送达方式,下列说法正确的是( )。

　　A. 行政处罚决定书不得采用电子方式送达

　　B. 只要取得当事人同意,行政机关可以采用电子方式送达行政处罚决定书

　　C. 采用电子方式送达行政处罚决定书的,必须经当事人同意并签订确认书

　　D. 电子送达仅限于传真和电子邮件方式

28. 根据《行政处罚法》规定,行政机关应当在举行听证的一定期限以前,通知当事人及有关人员听证的时间、地点。该期限为( )。

　　A. 3日前　　　B. 5日前　　　C. 7日前　　　D. 15日前

29. 海关办理行政处罚案件,当事人在收到行政处罚或者不予行政处罚告知单后,应当在规定的期限内提出陈述、申辩,逾期视为放弃。这一期限为( )日。

　　A. 3　　　　　B. 5　　　　　C. 7　　　　　D. 15

30. 在行政处罚听证程序中,当事人或者其代理人拒绝在听证笔录上签字或者盖章的,行政机关的正确做法是( )。

　　A. 由听证主持人在笔录中注明

　　B. 终止听证

　　C. 宣布听证中止

D. 视为当事人放弃听证

二、多选题

1. 根据《行政处罚法》规定,行政处罚的相关信息应当公示。这些信息包括（　　）。

   A. 实施机关　　B. 立案依据　　C. 实施程序　　D. 救济渠道

2. 下列属于行政处罚决定书应当包括的主要内容有（　　）。

   A. 违法事实的基本情况

   B. 认定违法事实的证据

   C. 行政处罚种类和依据

   D. 行政处罚履行方式、期限

3. 关于行政机关利用电子技术监控设备收集、固定违法事实,下列说法正确的有（　　）。

   A. 必须经过法制和技术审核

   B. 必须有法律、行政法规为依据

   C. 必须确保电子技术监控设备符合标准、设置合理、标志明显

   D. 设置地点必须向社会公布

4. 《行政处罚法》规定,执法人员应当文明执法,尊重和保护当事人合法权益。下列属于文明执法具体要求的有（　　）。

   A. 统一着制式服装　　　　　B. 仪表整洁、仪容端庄

   C. 举止文明　　　　　　　　D. 言辞得体

5. 关于行政执法资格,下列说法正确的有（　　）。

   A. 行政执法人员在执法过程中必须持证上岗、亮证执法

   B. 行政执法资格是指通过行政执法人员资格考试后取得从事行政执法工作的资格

   C. 行政执法资格认证属于行政许可事项

D. 行政执法资格证件由司法部统一颁发

6. 关于回避,下列说法正确的有( )。

   A. 执法人员发现与案件有可能影响公正执法的关系,应当告知当事人申请回避的权利

   B. 当事人认为执法人员与案件有直接利害关系或者有其他关系可能影响公正执法的,有权申请回避

   C. 当事人申请执法人员回避的,是否回避,由行政机关负责人决定

   D. 在行政机关负责人作出回避与否的决定之前,行政机关应当停止案件调查

7. 下列情形中,执法人员一般应当回避的有( )。

   A. 执法人员与当事人系三代以内旁系血亲关系

   B. 执法人员与案件有利益冲突

   C. 执法人员与当事人有近姻亲关系

   D. 执法人员与当事人系大学校友

8. 行政机关在作出行政处罚决定之前,应当告知当事人的事项包括( )。

   A. 拟作出的行政处罚内容

   B. 拟作出的行政处罚事实、理由

   C. 拟作出的行政处罚依据

   D. 当事人申请行政复议、提起行政诉讼的权利

9. 《行政处罚法》规定了行政机关作出行政处罚决定的一般期限,除法律外,有权规定不同于一般期限要求的特别规定的法律形式还有( )。

   A. 行政法规 B. 地方性法规
   C. 部门规章 D. 地方政府规章

10. 下列情形中,行政机关应当终止听证的有( )。

A. 当事人无正当理由拒不出席听证

B. 当事人及其代理人未经许可中途退出听证

C. 案件调查人员因紧急公务不能出席听证

D. 案件调查人员违反听证秩序,且不听制止的

11. 根据《行政处罚法》规定,下列属于行政处罚证据种类的有(　　)。

A. 电子数据　　　　　　B. 视听资料

C. 当事人供述　　　　　D. 鉴定意见

12. 证据的基本属性包括(　　)。

A. 真实性　　B. 合法性　　C. 关联性　　D. 规范性

13. 证人证言是指知道案件真实情况的人,向行政机关及执法人员所做的有关案件部分或全部事实的陈述。下列属于证人证言的有(　　)。

A. 证人提供的书面证词

B. 鉴定机构出具的评估报告

C. 对现场目击人员制作的询问笔录

D. 当事人提交的书面自述材料

14. 在行政处罚案件调查中,行政机关有时需要调取当事人书面形式的合同作为案件证据使用。根据我国《民法典》规定,合同的书面形式包括(　　)。

A. 合同书　　B. 信件　　C. 数据电文　　D. 电话录音

15. 关于行政执法机关收集证人证言的有关要求,下列说法正确的有(　　)。

A. 应当写明证人的姓名、年龄、性别、职业、住址等基本情况

B. 有证人的签名,不能签名的,应当以盖章等方式证明

C. 应当注明证人证言的出具日期

D. 应当附有居民身份证复印件等证明证人身份的文件

16. 行政机关在办理行政处罚案件中,应当对所调查收集证据的真实性、合法性及关联性进行审核。下列属于对证据真实性审查的有( )。

    A. 审查证据形成的原因

    B. 审查发现证据时的客观环境

    C. 审查证据是否为原件、原物,复制件、复制品与原件、原物是否相符

    D. 审查证据与案件事实之间联系的确定性程度

17. 在行政处罚案件办理时,对于鉴定意见存在的下列情形,不得作为合法有效证据予以采纳的有( )。

    A. 鉴定人不属于法定鉴定部门

    B. 鉴定程序严重违法

    C. 鉴定结论错误

    D. 鉴定结论不明确

18. 《行政处罚法》规定,行政机关及其工作人员对实施行政处罚过程中知悉的国家秘密、商业秘密或者个人隐私,应当依法予以保密。构成商业秘密的条件包括( )。

    A. 不为公众所知悉

    B. 具有商业价值

    C. 经权利人采取相应保密措施

    D. 属于技术信息、经营信息等商业信息

19. 关于当场作出行政处罚决定的程序,下列说法正确的有( )。

    A. 应当向当事人出示执法证件

    B. 应当填写预定格式、编有号码的行政处罚决定书

    C. 应当将行政处罚决定书当场交付当事人

    D. 不需要向当事人告知申请听证的权利

20. 关于当场作出行政处罚决定的程序,下列说法正确的有( )。

   A. 当场作出的行政处罚决定书应当有执法人员的签章

   B. 当场作出的行政处罚决定书应当载明当事人提出陈述申辩的权利

   C. 当场作出罚款的行政处罚决定的,应当当场收缴罚款

   D. 当场作出的行政处罚决定,应当报所属行政机关备案

21. 根据《行政处罚法》规定,行政处罚案件,应当由行政机关负责人集体讨论决定的情形包括( )。

   A. 对违法行为轻微案件,不予行政处罚

   B. 根据违法情节,从重作出行政处罚

   C. 对重大违法行为作出行政处罚的

   D. 对情节复杂案件作出行政处罚的

22. 根据《行政处罚法》规定,行政机关办理行政处罚案件,必须经法制审核通过才能作出决定的情形包括( )。

   A. 涉及重大公共利益的

   B. 直接关系当事人或者第三人重大权益,经过听证程序的

   C. 案件情况疑难复杂、涉及多个法律关系的

   D. 当事人提出陈述、申辩意见的

23. 接群众举报,某派出所对吴某参与赌博现场查获,拟对吴某处以200元罚款。下列说法正确的有( )。

   A. 派出所民警可以口头作出行政处罚决定

   B. 派出所民警可以当场作出行政处罚决定

   C. 派出所民警着警服执法,可以不出示执法证件

   D. 派出所民警实施处罚时可以是一个人

24. 下列拟对道路交通违法行为人给予的行政处罚中,交通警察可以当场作出行政处罚决定的有( )。

A. 警告 B. 100 元罚款
C. 200 元罚款 D. 暂扣机动车驾驶证

25. 根据《行政处罚法》规定，对行政机关拟作出的下列处罚决定，当事人有权要求听证的有（   ）。

    A. 没收较大价值非法财物 B. 降低资质等级
    C. 限制从业 D. 责令关闭

26. 行政处罚听证一般应当公开举行，但也有例外。下列属于不公开举行听证的有（   ）。

    A. 案件涉及国家秘密 B. 案件涉及商业秘密
    C. 案件涉及个人隐私 D. 案件当事人申请不公开听证

27. 关于行政处罚听证主持人，下列说法正确的有（   ）。

    A. 听证主持人由行政机关指定
    B. 本案调查人员不得担任听证主持人
    C. 听证主持人适用回避的有关规定
    D. 听证主持人应当通过国家统一法律职业资格考试取得法律职业资格

28. 公安机关对不适用简易程序，但事实清楚，违法嫌疑人自愿认错认罚，且对违法事实和法律适用没有异议的行政案件，可以通过简化取证方式和审核审批手续等措施快速办理，但对一些特殊案件不能适用。下列案件不适用快速办理的有（   ）。

    A. 违法嫌疑人系盲、聋、哑人或者疑似精神病人的案件
    B. 依法应当适用听证程序的案件
    C. 可能作出 10 日以上行政拘留处罚的案件
    D. 违法嫌疑人系未成年人的案件

29. 公安机关拟对违法嫌疑人作出较大数额罚款的行政处罚决定之前，应当告知违法嫌疑人有要求举行听证的权利。这里的"较大数额罚

款"具体包括（　　）。

A. 对个人处以 2 000 元以上的罚款

B. 对违反边防出境入境管理法律、法规和规章的个人处以 6 000 元以上的罚款

C. 对单位处以 10 000 元以上的罚款

D. 对外国人、无国籍人处以 5 000 元以上的罚款

30. 在公安机关组织行政处罚听证过程中，听证主持人可以中止听证的情形包括（　　）。

A. 需要通知新的证人到会的

B. 需要调取新的证据的

C. 需要重新鉴定或者勘验的

D. 因回避致使听证不能继续进行的

三、判断题

1. 行政机关办理行政案件，事实是否清楚、证据是否确凿，是给予行政处罚的前提条件。　　　　　　　　　　　　　　　　　　　　　（　　）

2. 行政机关工作人员未经执法资格考试合格，不得授予执法资格，不得从事执法活动。　　　　　　　　　　　　　　　　　　　　　（　　）

3. 告知行政处罚事项是行政机关作出行政处罚决定的必经程序，行政机关不履行告知义务的，行政处罚决定可以被撤销。　　　　　　（　　）

4. 行政机关依法作出《不予行政处罚决定书》，无需载明当事人申请行政复议、提起行政诉讼的途径和期限。　　　　　　　　　　　（　　）

5. 行政机关作出的行政处罚决定均应当依法公开。　　　　　　（　　）

6. 实施行政处罚的执法人员与案件有直接利害关系或者有其他关系可能影响公正执法的，应当回避。当事人提出回避申请的，在行政机关负责人作出决定之前，不停止调查。　　　　　　　　　　　（　　）

7. 行政机关作出行政处罚必须以违法事实成立为前提,如果违法事实不清,证据不足时,不能作出行政处罚。（   ）

8. 行政机关利用电子技术监控设备记录的违法事实,未经审核或者经审核不符合要求的,不得作为行政处罚的证据。（   ）

9. 行政机关在实施行政处罚时,应当采取信息化手段为当事人查询、陈述和申辩提供便利,而无须再告知当事人违法事实。（   ）

10. 在行政机关依法告知的期限内,当事人未提出陈述申辩意见的,视为放弃陈述申辩,行政机关可以直接作出行政处罚决定书。（   ）

11. 市场监督管理部门办理行政处罚案件的,应当在首次向当事人收集、调取证据时,告知其享有陈述权、申辩权以及申请回避的权利。（   ）

12. 海关办理行政处罚案件时,不得因当事人陈述、申辩、要求听证而给予更重的处罚,但是发现新的违法事实的,不受此限。（   ）

13. 行政机关以非法手段取得的证据,在满足一定条件的情况下也可以作为认定行政处罚案件事实的根据。（   ）

14. 如果行政机关不能提供确凿充分的证据证明当事人存在违法行为,则应当对当事人从轻或减轻处罚。（   ）

15. 《中华人民共和国电子签名法》（以下简称《电子签名法》）规定,数据电文不得仅因为其是以电子、光学、磁或者类似手段生成、发送、接收或者储存的而被拒绝作为证据使用。因此,在行政处罚案件中,数据电文均可直接作为定案证据使用。（   ）

16. 书证的原本、正本和副本均属于书证的原件。（   ）

17. 物证,是指以外形、质量、规格、特征等形式载有案件事实信息的物质和痕迹。（   ）

18. 在所有行政诉讼案件中,行政执法机关作为被告,对作出的具体行政行为负有举证责任,原告当事人无需举证。（   ）

19. 行政执法机关提取电子数据作为证据的,应当附有提取、复制过程的有关文字说明,注明提取和复制的时间、地点,电子数据的规格、类别、文件格式,提取、复制电子数据的提取人、持有人和保管人。
( )

20. 行政执法机关办理行政处罚案件,应当以文字形式对行政处罚的启动、调查取证、审核、决定、送达、执行等进行全过程记录,归档保存。
( )

21. 根据最佳证据规则,其他证人证言优于与当事人有亲属关系或者其他密切关系的证人提供的对该当事人有利的证言。( )

22. 未成年人所作的与其年龄和智力状况不相适应的证言,不能作为定案依据。( )

23. 行政执法机关依法作出的行政处罚决定,不一定都需要公开。
( )

24. 行政机关及其工作人员对实施行政处罚过程中知悉的国家秘密、商业秘密或者个人隐私,应当依法予以保密。( )

25. 行政执法机关在办理行政处罚案件过程中知悉的自然人的隐私和个人信息,应当予以保密,不得泄露或者向他人非法提供。( )

26. 行政执法机关为实施行政处罚需要而处理个人信息不受限制。
( )

27. 根据《行政处罚法》的规定,对发生重大传染病疫情等突发事件,为了控制、减轻和消除突发事件引起的社会危害,行政机关对违反突发事件应对措施的行为,可以适用简易程序依法快速、从重处罚。
( )

28. 行政机关应当对实施行政处罚过程中知悉的个人隐私保密。隐私是自然人的私人生活安宁和不愿为他人知晓的私密空间、私密活动、私密信息。( )

29. 我国《民法典》规定,任何组织或者个人不得以刺探、侵扰、泄露、公开等方式侵害他人的隐私权。这里的"任何组织"包括依法实施行政处罚的行政机关。（　　）

30. 行政执法人员依法进行调查或检查时,当事人或者有关人员应当如实回答询问,并协助调查或者检查,不得拒绝或者阻挠。（　　）

31. 行政机关办理行政处罚案件,未经法制审核或者审核未通过的,不得作出决定。（　　）

32. 行政机关从事行政处罚决定法制审核的人员,均必须通过国家统一法律职业资格考试取得法律职业资格。（　　）

33. 执法人员在调查或者进行检查时不出示执法证件的,当事人或者有关人员有权要求执法人员出示执法证件,但不能拒绝接受调查或者检查。（　　）

34. 行政机关发现公民、法人或者其他组织有依法应当给予行政处罚的行为的,应当及时立案,未经立案程序,不得作出行政处罚决定。（　　）

35. 行政机关在作出行政处罚决定之前,应当听取当事人的陈述、申辩,没有当事人陈述、申辩材料的,不得作出行政处罚决定。（　　）

四、简答题

1. 行政处罚的证据包括哪些？各类证据具体是指什么？

2. 根据新修订的《行政处罚法》规定,有哪些情形在作出行政处罚决定之前,必须进行法制审核?对行政机关从事法制审核人员有何要求?

3. 根据新修订的《行政处罚法》规定,行政机关拟作出哪些行政处罚时,必须告知当事人有要求听证的权利,当事人要求听证的,行政机关应当组织听证?

4. 行政机关在实施行政处罚过程中,组织听证的程序要求哪些?

答案解析

一、单选题

1. A

   解析:根据《行政诉讼法》第七十条:"行政行为有下列情形之一的,人民法院判决撤销或者部分撤销,并可以判决被告重新作出行政行为:(一)主要证据不足的;(二)适用法律、法规错误的;(三)违反法定程序的;(四)超越职权的;(五)滥用职权的;(六)明显不当的。"

只有 A 选项符合题意。

2. A

解析：行政机关依照法律、行政法规规定利用电子技术监控设备收集的证据，属于电子数据类证据。A 选项符合题意。

3. C

解析：根据《行政处罚法》第四十三条第一款："执法人员与案件有直接利害关系或者有其他关系可能影响公正执法的，应当回避。"只有 C 选项符合题意。

4. C

解析：根据《行政处罚法》第四十四条："行政机关在作出行政处罚决定之前，应当告知当事人拟作出的行政处罚内容及事实、理由、依据，并告知当事人依法享有的陈述、申辩、要求听证等权利。"只有 C 选项正确。

5. D

解析：只有行政机关作出行政处罚决定后，当事人才享有依法申请行政复议、提起行政诉讼的救济权。在行政处罚案件调查、取证过程中，当事人享有知情权、申辩权和要求听证的权利。D 选项符合题意。

6. D

解析：根据《行政处罚法》第四十五条第一款："当事人有权进行陈述和申辩。行政机关必须充分听取当事人的意见，对当事人提出的事实、理由和证据，应当进行复核；当事人提出的事实、理由或者证据成立的，行政机关应当采纳。"A、C 选项错误。《行政处罚法》并未对当事人提出陈述申辩的方式作出限制规定，因此，当事人既可以书面提出，也可以口头提出陈述申辩意见。B 选项错误。只有 D 选项符合题意。

7. C

解析：行政机关不得因当事人陈述、申辩而给予更重的处罚，其中，"更重"既包括从重处罚，也包括加重处罚。A、B选项不符合题意。如果发现新的违法事实，则不受"不得因当事人陈述、申辩而给予更重的处罚"限制。因此，D选项错误。

8. D

解析：合法性，是指证据必须由当事人按照法定程序提供，或由法定机关、法定人员按照法定的程序调查、收集和审查。合法性，包括证据的收集主体、收集程序和证据形式合法。收集程序合法只是证据合法性的一个方面。因此，D选项表述不正确。

9. A

解析：在证据制度中，证明对象是首要环节，只有明确了证明对象，才能进一步明确由谁负责证明（证明责任）、证明到何种程度（证明标准），以及如何进行证明（证明程序）。证明活动是围绕证明对象进行的，证明对象是证明活动的中心。因此，A选项符合题意。

10. D

解析：根据《行政处罚法》第五十四条第一款："行政机关发现公民、法人或者其他组织有依法应当给予行政处罚的行为的，必须全面、客观、公正地调查，收集有关证据；必要时，依照法律、法规的规定，可以进行检查。"A、B、C选项均属于证据收集的原则。效率原则不是行政处罚证据收集的原则，D选项符合题意。

11. D

解析：用于证明伪造、变造的发票原件，属于以其物理特征本身证明案件事实的，应属于物证。D选项正确。

12. C

解析：参照《最高人民法院关于行政诉讼证据若干问题的规定》（法

释〔2002〕21号)第五十七条:"下列证据材料不能作为定案依据:(一)严重违反法定程序收集的证据材料;(二)以偷拍、偷录、窃听等手段获取侵害他人合法权益的证据材料;(三)以利诱、欺诈、胁迫、暴力等不正当手段获取的证据材料;(四)当事人无正当事由超出举证期限提供的证据材料;(五)在中华人民共和国领域以外或者在中华人民共和国香港特别行政区、澳门特别行政区和台湾地区形成的未办理法定证明手续的证据材料;(六)当事人无正当理由拒不提供原件、原物,又无其他证据印证,且对方当事人不予认可的证据的复制件或者复制品;(七)被当事人或者他人进行技术处理而无法辨明真伪的证据材料;(八)不能正确表达意志的证人提供的证言;(九)不具备合法性和真实性的其他证据材料。"未经事先告知对谈话过程进行录音,且在办公场所进行,并未侵害当事人合法权益,因此,可以作为定案依据。因此,C选项符合题意。A、B、D选项均不符合题意。

13. A

解析:参照《最高人民法院关于行政诉讼证据若干问题的规定》(法释〔2002〕21号)第十二条:"根据行政诉讼法第三十一条第一款第(三)项的规定,当事人向人民法院提供计算机数据或者录音、录像等视听资料的,应当符合下列要求:(一)提供有关资料的原始载体。提供原始载体确有困难的,可以提供复制件;(二)注明制作方法、制作时间、制作人和证明对象等;(三)声音资料应当附有该声音内容的文字记录。"提供原始载体,但提供原始载体确有困难的,也可以提供复制件,因此,提供原始载体并非绝对必须的要求。因此,A选项说法错误,符合题意。

14. B

解析:根据《行政处罚法》第四十八条第二款:"公开的行政处罚决

定被依法变更、撤销、确认违法或者确认无效的,行政机关应当在三日内撤回行政处罚决定信息并公开说明理由。"B选项符合题意。

15. C

    解析:根据《行政处罚法》第五十一条:"违法事实确凿并有法定依据,对公民处以二百元以下、对法人或者其他组织处以三千元以下罚款或者警告的行政处罚的,可以当场作出行政处罚决定。法律另有规定的,从其规定。"C选项符合题意。

16. C

    解析:根据《行政处罚法》第五十一条:"违法事实确凿并有法定依据,对公民处以二百元以下、对法人或者其他组织处以三千元以下罚款或者警告的行政处罚的,可以当场作出行政处罚决定。法律另有规定的,从其规定。"C选项符合题意。

17. A

    解析:根据《行政处罚法》第五十五条:"执法人员在调查或者进行检查时,应当主动向当事人或者有关人员出示执法证件。当事人或者有关人员有权要求执法人员出示执法证件。执法人员不出示执法证件的,当事人或者有关人员有权拒绝接受调查或者检查。"A选项符合题意。

18. B

    解析:根据《行政处罚法》第五十六条:"行政机关在收集证据时,可以采取抽样取证的方法;在证据可能灭失或者以后难以取得的情况下,经行政机关负责人批准,可以先行登记保存,并应当在七日内及时作出处理决定,在此期间,当事人或者有关人员不得销毁或者转移证据。"B选项最符合题意。

19. A

    解析:根据《行政处罚法》第五十六条:"行政机关在收集证据时,可以采取抽样取证的方法；在证据可能灭失或者以后难以取得的情况下，经行政机关负责人批准，可以先行登记保存，并应当在七日内及时作出处理决定，在此期间，当事人或者有关人员不得销毁或者转移证据。"A 选项符合题意。

20. D

解析：行政机关听取当事人陈述和申辩应在作出行政处罚决定之前，因此，A 选项错误。行政机关作出行政处罚决定后，应当告知相对人享有申请行政复议以及提起行政诉讼的权利，B 选项错误。行政机关在作出行政处罚时，行使自由裁量权应当说明理由，C 选项错误。只有 D 选项说法正确。

21. C

解析：行政处罚行为属于受领生效的行政行为，依法送达行政相对人时发生法律效力。A、B 选项错误。采用公告送达的，自公告期限届满之日，视为送达，因此 D 选项错误。只有 C 选项说法正确。

22. A

解析：根据《行政处罚法》第六十条："行政机关应当自行政处罚案件立案之日起九十日内作出行政处罚决定。法律、法规、规章另有规定的，从其规定。"A 选项符合题意。

23. C

解析：根据《公安部关于修改〈公安机关办理行政案件程序规定〉的决定》(公安部令第 149 号)第一百六十八条："对违法行为事实清楚，证据确实充分，依法应当予以行政处罚，因违法行为人逃跑等原因无法履行告知义务的，公安机关可以采取公告方式予以告知。自公告之日起七日内，违法嫌疑人未提出申辩的，可以依法作出行政处罚决定。"只有 C 选项符合题意。

24. B

    解析：根据《行政处罚法》第六十一条："行政处罚决定书应当在宣告后当场交付当事人；当事人不在场的，行政机关应当在七日内依照《中华人民共和国民事诉讼法》的有关规定，将行政处罚决定书送达当事人。"B选项符合题意。

25. B

    解析：根据《行政处罚法》第六十四条："听证应当依照以下程序组织：(一)当事人要求听证的，应当在行政机关告知后五日内提出；……"B选项符合题意。

26. D

    解析：申请听证的权利是《行政处罚事项告知书》的内容，当事人对《行政处罚决定书》不服的，享有申请行政复议或提起行政诉讼的权利。所以，D选项符合题意。

27. C

    解析：根据《行政处罚法》第六十一条第二款："当事人同意并签订确认书的，行政机关可以采用传真、电子邮件等方式，将行政处罚决定书等送达当事人。"只有C选项说法正确。

28. C

    解析：根据《行政处罚法》第六十四条："听证应当依照以下程序组织：……(二)行政机关应当在举行听证的七日前，通知当事人及有关人员听证的时间、地点；……"C选项符合题意。

29. B

    解析：根据《关于公布〈中华人民共和国海关办理行政处罚案件程序规定〉的令》(海关总署第250号令)第六十七条第二款："除因不可抗力或者海关认可的其他正当理由外，当事人应当在收到行政处罚或者不予行政处罚告知单之日起五个工作日内提出书面陈述、申辩和要求听证。逾期视为放弃陈述、申辩和要求听证的权利。"只有 B 选项符合题意。

30. A

    解析：根据《行政处罚法》第六十四条："听证应当依照以下程序组织：……(八)听证应当制作笔录。笔录应当交当事人或者其代理人核对无误后签字或者盖章。当事人或者其代理人拒绝签字或者盖章的，由听证主持人在笔录中注明。"A 选项符合题意。

二、多选题

1. ABCD

    解析：根据《行政处罚法》第三十九条："行政处罚的实施机关、立案依据、实施程序和救济渠道等信息应当公示。"A、B、C、D 四个选项均符合题意。

2. ABCD

    解析：《行政处罚法》第五十九条规定，行政机关依照《行政处罚法》第五十七条的规定给予行政处罚，应当制作行政处罚决定书。行政处罚决定书应当载明下列事项：(1)当事人的姓名或者名称、地址；(2)违反法律、法规、规章的事实和证据；(3)行政处罚的种类和依据；(4)行政处罚的履行方式和期限；(5)申请行政复议、提起行政诉讼的途径和期限；(6)作出行政处罚决定的行政机关名称和作出决定的日期。行政处罚决定书必须盖有作出行政处罚决定的行政机关的印章。因此，A、B、C、D 选项均符合题意。

3. ABCD

    解析：根据《行政处罚法》第四十一条第一款："行政机关依照法律、行政法规规定利用电子技术监控设备收集、固定违法事实的，应当经过法制和技术审核，确保电子技术监控设备符合标准、设置合理、标志明显,设置地点应当向社会公布。"A、B、C、D四个选项均符合题意。

4. BCD

   解析:《行政处罚法》并没有统一着制式服装的要求,A选项不符合题意。B、C、D选项符合题意。

5. AB

   解析:行政执法资格认证是行政机关内部管理措施,不属于行政许可事项,C选项错误。行政执法资格证件由省、自治区、直辖市政府统一核发,国务院部门核发本级行政执法证件,D选项错误。A、B选项说法正确。

6. BC

   解析:根据《行政处罚法》第四十三条:"执法人员与案件有直接利害关系或者有其他关系可能影响公正执法的,应当回避。当事人认为执法人员与案件有直接利害关系或者有其他关系可能影响公正执法的,有权申请回避。当事人提出回避申请的,行政机关应当依法审查,由行政机关负责人决定。决定作出之前,不停止调查。"B、C选项正确。执法人员发现与案件有可能影响公正执法的关系,应当回避,而是不是告知当事人申请回避的权利。无论是否存在回避的情形,行政机关均应当告知当事人有申请回避的权利。因此,A选项错误。在行政机关负责人作出回避与否的决定之前,行政机关不停止案件调查,D选项错误。

7. ABC

   解析:根据《行政处罚法》第四十三条第一款:"执法人员与案件有直接利害关系或者有其他关系可能影响公正执法的,应当回避。"A、B、C选项均属于有直接利害关系的情形。D选项,校友关系,除非有证据表明可能影响公正执法,一般不属于应当回避的情形,不符合题意。

8. ABC

    解析：根据《行政处罚法》第四十四条："行政机关在作出行政处罚决定之前,应当告知当事人拟作出的行政处罚内容及事实、理由、依据,并告知当事人依法享有的陈述、申辩、要求听证等权利。"只有A、B、C选项符合题意。

9. ABCD

    解析：根据《行政处罚法》第六十条："行政机关应当自行政处罚案件立案之日起九十日内作出行政处罚决定。法律、法规、规章另有规定的,从其规定。"A、B、C、D四个选项均符合题意。

10. AB

    解析：根据《行政处罚法》第六十四条："听证应当依照以下程序组织：……(六)当事人及其代理人无正当理由拒不出席听证或者未经许可中途退出听证的,视为放弃听证权利,行政机关终止听证；……"只有A、B选项符合题意。

11. ABD

    解析：根据《行政处罚法》第四十六条第一款："证据包括：(一)书证；(二)物证；(三)视听资料；(四)电子数据；(五)证人证言；(六)当事人的陈述；(七)鉴定意见；(八)勘验笔录、现场笔录。"C选项的当事人供述,是刑事案件的证据种类,不符合题意。

12. ABC

    解析：证据的基本属性包括真实性、合法性和关联性。D选项不符合题意。

13. AC

    解析：当事人书面自述材料应属于当事人陈述,而非证人证言。D选项不符合题意。评估报告应属于鉴定意见。B选项不符合题意。只有A、C选项符合题意。

14. ABC

  解析：根据《民法典》第四百六十九条："当事人订立合同,可以采用书面形式、口头形式或者其他形式。书面形式是合同书、信件、电报、电传、传真等可以有形地表现所载内容的形式。以电子数据交换、电子邮件等方式能够有形地表现所载内容,并可以随时调取查用的数据电文,视为书面形式。"A、B、C选项均符合题意。

15. ABCD

  解析：参照《最高人民法院关于行政诉讼证据若干问题的规定》(法释〔2002〕21号)第十三条："根据行政诉讼法第三十一条第一款第(四)项的规定,当事人向人民法院提供证人证言的,应当符合下列要求：(一)写明证人的姓名、年龄、性别、职业、住址等基本情况；(二)有证人的签名,不能签名的,应当以盖章等方式证明；(三)注明出具日期；(四)附有居民身份证复印件等证明证人身份的文件。"A、B、C、D四个选项均符合题意。

16. ABC

  解析：参照《最高人民法院关于行政诉讼证据若干问题的规定》(法释〔2002〕21号)第五十六条："法庭应当根据案件的具体情况,从以下方面审查证据的真实性：(一)证据形成的原因；(二)发现证据时的客观环境；(三)证据是否为原件、原物,复制件、复制品与原件、原物是否相符；(四)提供证据的人或者证人与当事人是否具有利害关系；(五)影响证据真实性的其他因素。"A、B、C选项均符合题意。证据与案件事实之间联系的确定性程度,属于对证据关联性的审查。因此,D选项不符合题意。

17. BCD

  解析：参照《最高人民法院关于行政诉讼证据若干问题的规定》(法

释〔2002〕21号）第六十二条："对被告在行政程序中采纳的鉴定结论，原告或者第三人提出证据证明有下列情形之一的，人民法院不予采纳：（一）鉴定人不具备鉴定资格；（二）鉴定程序严重违法；（三）鉴定结论错误、不明确或者内容不完整。"因此，各项均属于不予采纳的情形。法定鉴定部门的鉴定意见优于其他鉴定部门的鉴定意见，鉴定人不属于法定鉴定部门并不影响其鉴定意见作为证据的合法性。A选项：鉴定人不属于法定鉴定部门，并不会导致鉴定意见失去证据资格。B、C、D均符合题意。

18. ABCD

    解析：根据《中华人民共和国反不正当竞争法》（以下简称《反不正当竞争法》）第九条第四款："本法所称的商业秘密，是指不为公众所知悉、具有商业价值并经权利人采取相应保密措施的技术信息、经营信息等商业信息。"A、B、C、D四个选项均符合题意。

19. ABCD

    解析：根据《行政处罚法》第五十二条第一款："执法人员当场作出行政处罚决定的，应当向当事人出示执法证件，填写预定格式、编有号码的行政处罚决定书，并当场交付当事人。当事人拒绝签收的，应当在行政处罚决定书上注明。"A、B、C选项符合题意。

    根据《行政处罚法》第六十三条："行政机关拟作出下列行政处罚决定，应当告知当事人有要求听证的权利，当事人要求听证的，行政机关应当组织听证：（一）较大数额罚款；（二）没收较大数额违法所得、没收较大价值非法财物；（三）降低资质等级、吊销许可证件；（四）责令停产停业、责令关闭、限制从业；（五）其他较重的行政处罚；（六）法律、法规、规章规定的其他情形。"当场作出的行政处罚决定的，达不到申请听证的条件，不需要告知当事人要求听证的权利，所以，D选项说法正确。

20. AD

解析：根据《行政处罚法》第五十二条第二款："前款规定的行政处罚决定书应当载明当事人的违法行为,行政处罚的种类和依据、罚款数额、时间、地点,申请行政复议、提起行政诉讼的途径和期限以及行政机关名称,并由执法人员签名或者盖章。"和第三款："执法人员当场作出的行政处罚决定,应当报所属行政机关备案。"B选项说法错误。根据《行政处罚法》第六十八条："依照本法第五十一条的规定当场作出行政处罚决定,有下列情形之一,执法人员可以当场收缴罚款：（一）依法给予一百元以下罚款的；（二）不当场收缴事后难以执行的。"当场收缴罚款必须符合一定的条件,并非当场作出的罚款决定,均可以当场收缴。因此,C选项说法错误。只有A、D选项符合题意。

21. CD

解析：根据《行政处罚法》第五十七条第二款："对情节复杂或者重大违法行为给予行政处罚,行政机关负责人应当集体讨论决定。"只有C、D选项符合题意。

22. ABC

解析：根据《行政处罚法》第五十八条："有下列情形之一,在行政机关负责人作出行政处罚的决定之前,应当由从事行政处罚决定法制审核的人员进行法制审核；未经法制审核或者审核未通过的,不得作出决定：（一）涉及重大公共利益的；（二）直接关系当事人或者第三人重大权益,经过听证程序的；（三）案件情况疑难复杂、涉及多个法律关系的；（四）法律、法规规定应当进行法制审核的其他情形。"A、B、C选项符合题意。

23. BD

解析：根据《公安部关于修改〈公安机关办理行政案件程序规定〉的

决定》(公安部第149号)第三十七条:"违法事实确凿,且具有下列情形之一的,人民警察可以当场作出处罚决定,有违禁品的,可以当场收缴:(一)对违反治安管理行为人或者道路交通违法行为人处二百元以下罚款或者警告的;……"和第三十八条:"当场处罚,应当按照下列程序实施:(一)向违法行为人表明执法身份;(二)收集证据;(三)口头告知违法行为人拟作出行政处罚决定的事实、理由和依据,并告知违法行为人依法享有的陈述权和申辩权;(四)充分听取违法行为人的陈述和申辩。违法行为人提出的事实、理由或者证据成立的,应当采纳;(五)填写当场处罚决定书并当场交付被处罚人;(六)当场收缴罚款的,同时填写罚款收据,交付被处罚人;未当场收缴罚款的,应当告知被处罚人在规定期限内到指定的银行缴纳罚款。"以及第三十九条第一款:"适用简易程序处罚的,可以由人民警察一人作出行政处罚决定。"等,A、C选项说法错误,B、D选项说法正确,符合题意。

24. ABC

解析: 根据《道路交通安全法》(中华人民共和国主席令第81号)第一百零七条:"对道路交通违法行为人予以警告、二百元以下罚款,交通警察可以当场作出行政处罚决定,并出具行政处罚决定书。"A、B、C选项符合题意。

25. ABCD

解析: 根据《行政处罚法》第六十三条:"行政机关拟作出下列行政处罚决定,应当告知当事人有要求听证的权利,当事人要求听证的,行政机关应当组织听证:(一)较大数额罚款;(二)没收较大数额违法所得、没收较大价值非法财物;(三)降低资质等级、吊销许可证件;(四)责令停产停业、责令关闭、限制从业;(五)其他较重的行政处罚;(六)法律、法规、规章规定的其他情形。"A、B、C、D四个选项均符合题意。

26. ABC

    解析：根据《行政处罚法》第六十四条："听证应当依照以下程序组织：……（三）除涉及国家秘密、商业秘密或者个人隐私依法予以保密外，听证公开举行；……"A、B、C选项符合题意。

27. ABC

    解析：根据《行政处罚法》第六十四条："听证应当依照以下程序组织：……（四）听证由行政机关指定的非本案调查人员主持；当事人认为主持人与本案有直接利害关系的，有权申请回避；……"A、B、C选项说法正确。《行政处罚法》并未规定听证主持人应当通过国家统一法律职业资格考试取得法律职业资格，因此，D选项不合题意。

28. ABCD

    解析：根据《公安部关于修改〈公安机关办理行政案件程序规定〉的决定》（公安部令第149号）第四十一条："行政案件具有下列情形之一的，不适用快速办理：（一）违法嫌疑人系盲、聋、哑人，未成年人或者疑似精神病人的；（二）依法应当适用听证程序的；（三）可能作出十日以上行政拘留处罚的；（四）其他不宜快速办理的。"A、B、C、D四个选项均符合题意。

29. ABC

    解析：《公安部关于修改〈公安机关办理行政案件程序规定〉的决定》（公安部令第149号）第一百二十三条规定，在作出下列行政处罚决定之前，应当告知违法嫌疑人有要求举行听证的权利：（1）责令停产停业；（2）吊销许可证或者执照；（3）较大数额罚款；（4）法律、法规和规章规定违法嫌疑人可以要求举行听证的其他情形。前款第三项所称"较大数额罚款"，是指对个人处以二千元以上罚款，对单位处以一万元以上罚款,对违反边防出境入境管理法律、法规和规章的个人处以六千元以上罚款。因此,A、B、C选项符合题意。

30. ABCD

    解析:根据《公安部关于修改〈公安机关办理行政案件程序规定〉的决定》(公安部令第149号)第一百四十八条:"听证过程中,遇有下列情形之一,听证主持人可以中止听证:(一)需要通知新的证人到会、调取新的证据或者需要重新鉴定或者勘验的;(二)因回避致使听证不能继续进行的;(三)其他需要中止听证的。……"A、B、C、D选项均符合题意。

三、判断题

1. 正确

    解析:根据《行政处罚法》第四十条:"公民、法人或者其他组织违反行政管理秩序的行为,依法应当给予行政处罚的,行政机关必须查明事实;违法事实不清、证据不足的,不得给予行政处罚。"题目说法正确。

2. 正确

    解析:《中共中央关于全面推进依法治国若干重大问题的决定》提出,严格实行行政执法人员持证上岗和资格管理制度,未经执法资格考试合格,不得授予执法资格,不得从事执法活动。因此,题目说法正确。

3. 正确

    解析:《行政处罚法》第四十四条规定,行政机关在作出行政处罚决定之前,应当告知当事人拟作出的行政处罚内容及事实、理由、依据,并告知当事人依法享有的陈述、申辩、要求听证等权利。这里的规定属于行政处罚程序的一般规定,无论是简易程序还是普通程序,行政机关在作出行政决定前均应当告知行政处罚有关事项。题目说法正确。

4. 错误

    解析:《不予行政处罚决定书》应当告知当事人申请行政复议、提起行政诉讼的途径和期限。题目说法错误。

5. 错误

    解析:《行政处罚法》第四十八条规定,具有一定社会影响的行政处罚决定应当依法公开。可见,并非所有行政处罚决定均要公开,题目说法错误。

6. 正确

    解析:根据《行政处罚法》第四十三条:"执法人员与案件有直接利害关系或者有其他关系可能影响公正执法的,应当回避。当事人认为执法人员与案件有直接利害关系或者有其他关系可能影响公正执法的,有权申请回避。当事人提出回避申请的,行政机关应当依法审查,由行政机关负责人决定。决定作出之前,不停止调查。"题目表述正确。

7. 正确

    解析:根据《行政处罚法》第四十条:"公民、法人或者其他组织违反行政管理秩序的行为,依法应当给予行政处罚的,行政机关必须查明事实;违法事实不清、证据不足的,不得给予行政处罚。"题目说法正确。

8. 正确

    解析:根据《行政处罚法》第四十一条第二款:"电子技术监控设备记录违法事实应当真实、清晰、完整、准确。行政机关应当审核记录内容是否符合要求;未经审核或者经审核不符合要求的,不得作为行政处罚的证据。"题目说法正确。

9. 错误

    解析： 根据《行政处罚法》第四十一条第三款："行政机关应当及时告知当事人违法事实，并采取信息化手段或者其他措施，为当事人查询、陈述和申辩提供便利。不得限制或者变相限制当事人享有的陈述权、申辩权。"当事人享有查询权，但并不免除行政机关的告知义务。题目说法错误。

10. 正确

    解析： 当事人在法定期限内未进行陈述申辩的，行政机关依法作出行政处罚决定，并无不当。题目说法正确。

11. 正确

    解析： 根据《市场监督管理行政处罚程序规定》（2021年修正）第二十一条第二款："首次向当事人收集、调取证据的，应当告知其享有陈述权、申辩权以及申请回避的权利。"题目表述正确。

12. 正确

    解析： 根据《关于公布〈中华人民共和国海关办理行政处罚案件程序规定〉的令》（海关总署第250号令）第六十九条："海关不得因当事人陈述、申辩、要求听证而给予更重的处罚，但是海关发现新的违法事实的除外。"题目说法正确。

13. 错误

    解析： 根据《行政处罚法》第四十六条第三款："以非法手段取得的证据，不得作为认定案件事实的根据。"题目说法错误。

14. 错误

    解析： 如果行政机关不能提供确凿充分的证据证明当事人存在违法行为，不得作出行政处罚决定。所以，题目说法错误。

15. 错误

    解析： 数据电文在形式上不得被拒绝作为证据使用，但作为证据使用的数据电文,必须符合合法性、真实性以及关联性等证据基本属性和要求。因此,题目表述不严谨。

16. 正确

    解析:书证的原本、正本和副本均属于书证的原件。

17. 正确

    解析:物证,是指以外形、质量、规格、特征等形式载有案件事实信息的物质和痕迹。因此,题目说法正确。

18. 错误

    解析:根据《最高人民法院关于行政诉讼证据若干问题的规定》(法释〔2002〕21号)第五条:"在行政赔偿诉讼中,原告应当对被诉具体行政行为造成损害的事实提供证据。"第六条:"原告可以提供证明被诉具体行政行为违法的证据。原告提供的证据不成立的,不免除被告对被诉具体行政行为合法性的举证责任。"题目说法错误。

19. 正确

    解析:参照《最高人民法院关于开展〈人民法院统一证据规定(司法解释建议稿)〉证点工作的通知》(法〔2008〕129号):"电子证据应当附有提取、复制过程的有关文字说明,注明提取和复制的时间、地点,电子数据的规格、类别、文件格式,提取、复制电子数据的提取人、持有人和保管人。"题目说法正确。

20. 错误

    解析:根据《行政处罚法》第四十七条:"行政机关应当依法以文字、音像等形式,对行政处罚的启动、调查取证、审核、决定、送达、执行等进行全过程记录,归档保存。"全过程记录的方式并不仅限于文字,还可以是音像,因此,题目说法错误。

21. 正确

    解析:根据《最高人民法院关于行政诉讼证据若干问题的规定》(法

释〔2002〕21号)第六十三条:"证明同一事实的数个证据,其证明效力一般可以按照下列情形分别认定:……(七)其他证人证言优于与当事人有亲属关系或者其他密切关系的证人提供的对该当事人有利的证言;……"题目说法正确。

22. 错误

解析:根据《最高人民法院关于行政诉讼证据若干问题的规定》(法释〔2002〕21号)第七十一条:"下列证据不能单独作为定案依据:(一)未成年人所作的与其年龄和智力状况不相适应的证言;……"未成年人所作的与其年龄和智力状况不相适应的证言,不能单独作为定案依据,应当予以补强,而非排除,所以,题目说法错误。

23. 正确

解析:根据《行政处罚法》第四十八条第一款:"具有一定社会影响的行政处罚决定应当依法公开。"题目说法正确。

24. 正确

解析:根据《行政处罚法》第五十条:"行政机关及其工作人员对实施行政处罚过程中知悉的国家秘密、商业秘密或者个人隐私,应当依法予以保密。"题目说法正确。

25. 正确

解析:根据《民法典》第一千零三十九条:"国家机关、承担行政职能的法定机构及其工作人员对于履行职责过程中知悉的自然人的隐私和个人信息,应当予以保密,不得泄露或者向他人非法提供。"题目说法正确。

26. 错误

解析:根据《中华人民共和国个人信息保护法》(以下简称《个人信息保护法》)第三十四条:"国家机关为履行法定职责处理个人信息,应当依照法律、行政法规规定的权限、程序进行,不得超出履行法定职责所必需的范围和限度。"题目说法错误。

27. 错误

    解析： 根据《行政处罚法》第四十九条："发生重大传染病疫情等突发事件，为了控制、减轻和消除突发事件引起的社会危害，行政机关对违反突发事件应对措施的行为，依法快速、从重处罚。""依法快速、从重处罚"不等于可以直接适用简易程序，所以，题目说法错误。

28. 正确

    解析： 根据《民法典》第一千零三十二条第二款："隐私是自然人的私人生活安宁和不愿为他人知晓的私密空间、私密活动、私密信息。"题目说法正确。

29. 正确

    解析： 我国《民法典》规定的"任何组织"应当包括行政机关在内，题目说法正确。

30. 正确

    解析： 根据《行政处罚法》第五十五条第二款："当事人或者有关人员应当如实回答询问，并协助调查或者检查，不得拒绝或阻挠。询问或者检查应当制作笔录。"题目说法正确。

31. 错误

    解析： 根据《行政处罚法》第五十八条第一款："有下列情形之一，在行政机关负责人作出行政处罚的决定之前，应当由从事行政处罚决定法制审核的人员进行法制审核；未经法制审核或者审核未通过的，不得作出决定：（一）涉及重大公共利益的；（二）直接关系当事人或者第三人重大权益，经过听证程序的；（三）案件情况疑难复杂、涉及多个法律关系的；（四）法律、法规规定应当进行法制审核的其他情形。"并非所有行政处罚案件均要经过法制审核，题目说法错误。

32. 错误

    解析：根据《行政处罚法》第五十八条第二款："行政机关中初次从事行政处罚决定法制审核的人员，应当通过国家统一法律职业资格考试取得法律职业资格。"只要求初次从事行政处罚决定法制审核的人员，应当通过国家统一法律职业资格考试取得法律职业资格，并非要求全部人员。因此，题目说法错误。

33. 错误

    解析：根据《行政处罚法》第五十五条第一款："执法人员在调查或者进行检查时，应当主动向当事人或者有关人员出示执法证件。当事人或者有关人员有权要求执法人员出示执法证件。执法人员不出示执法证件的，当事人或者有关人员有权拒绝接受调查或者检查。"题目说法错误。

34. 错误

    解析：根据《行政处罚法》第五十四条："除本法第五十一条规定的可以当场作出的行政处罚外，行政机关发现公民、法人或者其他组织有依法应当给予行政处罚的行为的，必须全面、客观、公正地调查，收集有关证据；必要时，依照法律、法规的规定，可以进行检查。符合立案标准的，行政机关应当及时立案。"适用简易程序作出处罚决定的，不需要经过立案。符合立案标准的，行政机关才立案，行政机关也可以在立案前开展调查或者检查。因此，题目说法错误。

35. 错误

    解析：根据《行政处罚法》第六十二条："行政机关及其执法人员在作出行政处罚决定之前，未依照本法第四十四条、第四十五条的规定向当事人告知拟作出的行政处罚内容及事实、理由、依据，或者拒绝听取当事人的陈述、申辩，不得作出行政处罚决定；当事人明确放弃陈述或者申辩权利的除外。"如果当事人明确放弃陈述或者申辩,则不影响行政机关依法作出行政处罚决定,因此,题目说法错误。

四、简答题

1. 答案要点:

证据包括:(1)书证;(2)物证;(3)视听资料;(4)电子数据;(5)证人证言;(6)当事人的陈述;(7)鉴定意见;(8)勘验笔录、现场笔录。证据必须经查证属实,方可作为认定案件事实的根据。以非法手段取得的证据,不得作为认定案件事实的根据。

书证是指以文字、图画或者符号等方式所表达的思想或记载的内容来证明案件事实的书面文件或其他物品。物证是指以其外部特征、存在的场所和物质属性证明案件真实情况的一切物品或者痕迹。视听资料是指以录音、录像、扫描等技术手段,将声音、图像及数据等转化为各种记录载体上的物理信号,并证明案件事实的证据。视听资料是随着科学技术的发展而出现的一种新型的证据。电子数据是指通过电子邮件、电子数据交换、网上聊天记录、博客、微博客、手机短信、电子签名、域名等形成或者存储在电子介质中的信息。证人证言是指了解案件情况的除案件当事人以外的自然人对案件事实的陈述。当事人的陈述是指行政处罚案件当事人就其所了解的案件事实情况向税务机关做出说明。鉴定意见,是指受税务机关的委托或者聘请,法定鉴定部门运用专业知识,利用专门的仪器、设备,对案件中有关的专门性问题进行鉴定后做出的技术意见。现场笔录指执法人员在执行职务的过程中对某些事项当场所做的能够证明案件事实的记录。勘验笔录是指执法人员对物品、现场进行察勘、检验后所做的能够证明案件情况的记录。

2. 答案要点：

有下列情形之一，在行政机关负责人作出行政处罚的决定之前，应当由从事行政处罚决定法制审核的人员进行法制审核。未经法制审核或者审核未通过的，不得作出决定：(1)涉及重大公共利益的；(2)直接关系当事人或者第三人重大权益，经过听证程序的；(3)案件情况疑难复杂、涉及多个法律关系的；(4)法律、法规规定应当进行法制审核的其他情形。

行政机关中初次从事行政处罚决定法制审核的人员，应当通过国家统一法律职业资格考试取得法律职业资格。

3. 答案要点：

行政机关拟作出下列行政处罚决定，应当告知当事人有要求听证的权利，当事人要求听证的，行政机关应当组织听证：(1)较大数额罚款；(2)没收较大数额违法所得、没收较大价值非法财物；(3)降低资质等级、吊销许可证件；(4)责令停产停业、责令关闭、限制从业；(5)其他较重的行政处罚；(6)法律、法规、规章规定的其他情形。

4. 答案要点：

(1)申请期限。当事人要求听证的，应当在行政机关告知后五日内提出。

(2)听证通知。行政机关应当在举行听证的七日前，通知当事人及有关人员听证的时间、地点。

(3)听证公开。除涉及国家秘密、商业秘密或者个人隐私依法予以保密外，听证公开举行。

(4)听证主持人。听证由行政机关指定的非本案调查人员主持；当事人认为主持人与本案有直接利害关系的，有权申请回避。

(5)听证参加人。当事人可以亲自参加听证，也可以委托一至二人代理。

(6) 终止听证。当事人及其代理人无正当理由拒不出席听证或者未经许可中途退出听证的,视为放弃听证权利,行政机关终止听证。

(7) 申辩和质证。举行听证时,调查人员提出当事人违法的事实、证据和行政处罚建议,当事人进行申辩和质证。

(8) 听证笔录。听证应当制作笔录。笔录应当交当事人或者其代理人核对无误后签字或者盖章。当事人或者其代理人拒绝签字或者盖章的,由听证主持人在笔录中注明。

(9) 听证结束。听证结束后,行政机关应当根据听证笔录,依照《行政处罚法》第五十七条的规定,作出决定。

第六章 行政处罚的执行

> **本章导读**
>
> 本章是关于行政处罚决定执行的规定,共10条。2021年《行政处罚法》的修订主要有以下几个方面:一是将行政机关当场收缴罚款的数额由20元以下提高到100元以下。二是与《行政强制法》衔接,完善行政处罚的强制执行程序,明确当事人预期不履行行政处罚决定的,行政机关可以根据法律规定实施行政强制执行。三是明确了行政机关批准延期、分期缴纳罚款的,申请人民法院强制执行的期限。四是增加了对限制人身自由的性质处罚决定,当事人可以申请暂缓执行。五是明确了当事人申请行政复议或提起行政诉讼的,加处罚款的数额再行政复议或者行政诉讼期间不予计算。六是增加了电子支付的规定,当事人可以通过电子支付系统缴纳罚款。

学习指引

一、主动履行与罚款收缴

| (一)行政处罚履行 | 1. 限期履行 | (1)行政处罚决定依法作出后,当事人应当在行政处罚决定书载明的期限内,予以履行。 |

(续表)

（一）行政处罚履行	1. 限期履行	（2）当事人应当自收到行政处罚决定书之日起15日内，到指定的银行或者通过电子支付系统缴纳罚款。 （3）银行应当收受罚款，并将罚款直接上缴国库。
	2. 暂缓或分期缴纳	当事人确有经济困难，需要延期或者分期缴纳罚款的，经当事人申请和行政机关批准，可以暂缓或者分期缴纳。
（二）罚缴分离	1. 罚缴机构分离	作出罚款决定的行政机关应当与收缴罚款的机构分离。
	2. 执法人员不得自行收缴罚款	除依法当场收缴的罚款外，作出行政处罚决定的行政机关及其执法人员不得自行收缴罚款。
（三）当场收缴罚款	1. 当场作出处罚当场收缴的情形	依法当场作出行政处罚决定，有下列情形之一，执法人员可以当场收缴罚款： （1）依法给予100元以下罚款的； （2）不当场收缴事后难以执行的。
	2. 当事人缴纳确有困难	在边远、水上、交通不便地区，行政机关及其执法人员依法作出罚款决定后，当事人到指定的银行或者通过电子支付系统缴纳罚款确有困难，经当事人提出，行政机关及其执法人员可以当场收缴罚款。
	3. 当场收缴罚款的缴付	（1）执法人员当场收缴的罚款，应当自收缴罚款之日起2日内，交至行政机关。 （2）在水上当场收缴的罚款，应当自抵岸之日起2日内交至行政机关；行政机关应当在2日内将罚款缴付指定的银行。
（四）罚款票据		（1）行政机关及其执法人员当场收缴罚款的，必须向当事人出具国务院财政部门或者省、自治区、直辖市人民政府财政部门统一制发的专用票据。 （2）不出具财政部门统一制发的专用票据的，当事人有权拒绝缴纳罚款。

二、逾期不履行处罚决定的强制执行

（一）行政机关可以采取的措施	1. 加处罚款	（1）到期不缴纳罚款的，每日按罚款数额的3％加处罚款。 （2）加处罚款的数额不得超出罚款的数额。 （3）当事人申请行政复议或者提起行政诉讼的，加处罚款的数额在行政复议或者行政诉讼期间不予计算。
	2. 依法拍卖、变卖或划拨存款、汇款	根据法律规定，将查封、扣押的财物拍卖、依法处理或者将冻结的存款、汇款划拨抵缴罚款。
	3. 依法采取其他强制执行方式	根据法律规定，采取其他行政强制执行方式。
	4. 申请人民法院强制执行	（1）依照《行政强制法》的规定申请人民法院强制执行。 （2）行政机关批准延期、分期缴纳罚款的，申请人民法院强制执行的期限，自暂缓或者分期缴纳罚款期限结束之日起计算。
（二）不停止执行		当事人对行政处罚决定不服，申请行政复议或者提起行政诉讼的，行政处罚不停止执行，法律另有规定的除外。
（三）暂缓执行		当事人对限制人身自由的行政处罚决定不服，申请行政复议或者提起行政诉讼的，可以向作出决定的机关提出暂缓执行申请。符合法律规定情形的，应当暂缓执行。

三、行政处罚监督

（一）罚没财物与款项的处理	1. 没收的非法财物处理	除依法应当予以销毁的物品外，依法没收的非法财物必须按照国家规定公开拍卖或者按照国家有关规定处理。

(续表)

（一）罚没财物与款项的处理	2. 罚没款项上缴	罚款、没收的违法所得或者没收非法财物拍卖的款项，必须全部上缴国库，任何行政机关或者个人不得以任何形式截留、私分或者变相私分。
	3. 罚没款项、财物使用要求	（1）罚款、没收的违法所得或者没收非法财物拍卖的款项，不得同作出行政处罚决定的行政机关及其工作人员的考核、考评直接或者变相挂钩。 （2）除依法应当退还、退赔的外，财政部门不得以任何形式向作出行政处罚决定的行政机关返还罚款、没收的违法所得或者没收非法财物拍卖的款项。
（二）行政处罚监督机制	1. 监督检查	（1）行政机关应当建立健全对行政处罚的监督制度； （2）县级以上人民政府应当定期组织开展行政执法评议、考核，加强对行政处罚的监督检查，规范和保障行政处罚的实施。
	2. 社会监督	（1）行政机关实施行政处罚应当接受社会监督； （2）公民、法人或者其他组织对行政机关实施行政处罚的行为，有权申诉或者检举； （3）对申诉或者检举事项，行政机关应当认真审查，发现有错误的，应当主动改正。

本章练习

一、单选题

1. 关于当事人确有经济困难，无法在行政处罚决定书载明的期限内缴纳罚款的，下列说法正确的是（　　）。

A. 可以申请延期或者分期缴纳罚款,但需要加收滞纳金

B. 可以申请延期或者分期缴纳罚款,是否批准由行政机关决定

C. 只能申请延期缴纳罚款,不需要加收滞纳金

D. 只能申请分期缴纳罚款,不需要加收滞纳金

2. 行政执法机关当场作出罚款的行政处罚决定,处以罚款在一定金额以下的,执法人员可以当场收缴。这里的金额限制为( )。

A. 20元以下
B. 50元以下
C. 100元以下
D. 200元以下

3. 行政处罚相对人应当在规定的期限内,到指定的银行或者通过电子支付系统缴纳罚款。这里规定的期限要求为( )。

A. 自收到行政处罚决定书之日起10日内

B. 自收到行政处罚决定书之日起15日内

C. 自收到行政处罚事项告知之日起10日内

D. 自收到行政处罚事项告知之日起15日内

4. 《罚款决定与罚款收缴分离实施办法》属于( )。

A. 行政法规
B. 国务院规范性文件
C. 部门规章
D. 部门规范性文件

5. 执法人员当场收缴的罚款,交至行政机关的期限一般为( )。

A. 自收缴罚款之日起1日内
B. 自收缴罚款之日起2日内
C. 自收缴罚款之日起3日内
D. 自收缴罚款之日起5日内

6. 行政机关申请人民法院强制执行的,人民法院的受理期限为( )。

A. 当场受理
B. 3日内
C. 5日内
D. 15日内

7. 行政机关申请人民法院强制执行的,人民法院作出是否执行裁定的期限为( )。

A. 自受理之日起15日内
B. 自受理之日起30日内

C. 自申请之日起 15 日内　　D. 自申请之日起 30 日内

8. 行政机关申请人民法院强制执行,对人民法院不予执行的裁定有异议的,可以向上一级人民法院申请复议。申请复议的期限为(　　)。

    A. 自收到裁定之日起 10 日内

    B. 自收到裁定之日起 15 日内

    C. 自收到裁定之日起 20 日内

    D. 自收到裁定之日起 30 日内

9. 当事人对行政机关的处罚决定逾期不申请行政复议也不向人民法院起诉、又不履行的,作出处罚决定的行政机关申请人民法院强制执行的,有管辖权的人民法院一般为(　　)。

    A. 行政机关所在地的基层人民法院

    B. 当事人所在地的基层人民法院

    C. 行政机关所在地的中级人民法院

    D. 当事人所在地的中级人民法院

10. 行政执法机关 2021 年 3 月 1 日向张某送达行政处罚决定书,规定自收到之日起 15 日内缴纳罚款。张某在法定期限未申请行政复议和提起行政诉讼,也未缴纳罚款。行政执法机关如果申请人民法院强制执行,则提出申请的最后期限为(　　)。

    A. 2021 年 8 月 31 日　　B. 2021 年 9 月 30 日

    C. 2021 年 10 月 31 日　　D. 2021 年 11 月 30 日

11. 行政机关作出行政处罚决定后,因情况紧急,为保障公共安全,申请人民法院立即执行的,经人民法院院长批准,人民法院应当(　　)。

    A. 自作出执行裁定之日起 3 日内执行

    B. 自作出执行裁定之日起 5 日内执行

    C. 自行政机关提出申请之日起 3 日内执行

D. 自行政机关提出申请之日起五日内执行

12. 关于延期或者分期缴纳罚款,下列说法正确的是(　　)。

    A. 当事人确有经济困难的,可以自行决定延期或者分期缴纳罚款

    B. 行政机关发现当事人确有经济困难的,应主动通知当事人延期或者分期缴纳罚款

    C. 只能由当事人提出申请,经行政机关批准后,方可暂缓或者分期缴纳

    D. 当事人延期或者分期缴纳罚款的,应当向行政机关提供担保

13. 关于罚缴分离,下列说法正确的是(　　)。

    A. 作出罚款决定的行政机关,不得自行收缴罚款

    B. 银行收到当事人缴纳的罚款后,应当直接上缴国库

    C. 当事人收到行政处罚决定书后,只能到指定的银行缴纳罚款

    D. 罚款应当由财政部门统一收缴,并直接上缴国库

14. 关于行政机关及其执法人员当场收缴罚款,下列说法正确的是(　　)。

    A. 在边远、水上、交通不便地区作出罚款决定后,应当当场收缴罚款

    B. 当事人不愿到指定的银行或者通过电子支付系统缴纳罚款的,应当当场收缴罚款

    C. 在边远、水上、交通不便地区,行政机关按照普通程序作出罚款决定,未经当事人提出的,不得当场收缴

    D. 在送达行政处罚决定时,当事人提出当场缴纳罚款的,执法人员应当当场收缴

15. 对当事人逾期不履行行政处罚决定的,下列说法正确的是(　　)。

    A. 行政机关只能申请人民法院强制执行

    B. 行政机关应当自行采取行政强制执行措施

C. 行政机关可以自行采取行政强制执行措施,也可以申请人民法院强制执行

D. 没有行政强制执行权的行政机关应当申请人民法院强制执行

16. 当事人对行政处罚决定不服时,下列说法正确的是( )。

    A. 只能申请行政复议

    B. 可以选择申请行政复议或者提起行政诉讼

    C. 先申请行政复议,仍不服的才能提起行政诉讼

    D. 申请行政复议或者提起行政诉讼前,应当先缴清罚款

17. 关于行政机关依法没收非法财物的处理,下列说法正确的是( )。

    A. 一律予以销毁

    B. 上交上级财务部门

    C. 直接上缴国库

    D. 按照《罚没财物管理办法》处理

18. 当事人逾期不履行处罚决定,具有行政强制执行权的行政机关依照《行政强制法》的规定强制执行时,应当先( )

    A. 公布违法失信信息

    B. 送达行政强制措施决定书

    C. 送达行政强制执行决定

    D. 催告当事人履行义务

19. 行政机关对行政处罚决定采取强制执行的过程中,遇到第三人对执行标的主张权利,确有理由的,应当( )。

    A. 继续执行   B. 不再执行   C. 中止执行   D. 终止执行

20. 行政机关申请人民法院强制执行,执行对象为不动产的有管辖权的人民法院一般为( )。

    A. 不动产所在地的基层人民法院

B. 当事人所在地的基层人民法院

C. 行政机关所在地的中级人民法院

D. 当事人所在地的中级人民法院

二、多选题

1. 关于当事人逾期缴纳罚款的加收罚款，下列说法正确的有（　　）。

   A. 行政处罚决定书明确需要加处罚款的，代收机构应当按照行政处罚决定书加收罚款

   B. 当事人对加收罚款有异议的，可以直接向人民法院提起诉讼

   C. 当事人对加收罚款有异议的，应当先缴纳罚款和加收的罚款

   D. 当事人对加收罚款有异议的，行政复议机关为作出行政处罚决定的行政机关

2. 关于执法人员在水上当场收缴的罚款，下列说法正确的有（　　）。

   A. 自收缴罚款之日起 2 日内交至行政机关

   B. 自抵岸之日起 2 日内交至行政机关

   C. 行政机关应当在 2 日内将罚款缴付指定的银行

   D. 行政机关应当在 5 日内将罚款缴付指定的银行

3. 对海关作出的罚款处罚，当事人申请延期或者分期缴纳罚款的，下列说法正确的有（　　）。

   A. 既可以书面申请，也可以口头提出

   B. 海关收到申请后，应当在 10 个工作日内作出决定

   C. 只能以书面形式提出

   D. 海关收到申请后，应当在 15 日内作出决定

4. 当事人逾期不履行罚款行政处罚决定的，作出行政处罚决定的行政机关可以采取的措施包括（　　）。

   A. 每日按罚款数额的 3％加处罚款

B. 依法将查封、扣押的财物拍卖、依法处理抵缴罚款

C. 依法将冻结的存款、汇款划拨抵缴罚款

D. 依法申请人民法院强制执行

5. 行政机关存放和保管罚没物品，可以使用的罚没仓库包括（　　）

　　A. 执法机关罚没物品保管仓库

　　B. 政府公物仓库

　　C. 被处罚人自有仓库

　　D. 通过购买服务等方式选择的社会仓库

6. 关于罚没收入缴库，下列说法正确的有（　　）。

　　A. 海关、公安、中国海警、市场监管等部门取得的缉私罚没收入全额缴入中央国库

　　B. 国家烟草专卖部门取得的罚没收入全额缴入中央国库

　　C. 应急管理部所属的消防救援部门取得的罚没收入，50%缴入中央国库，50%缴入地方国库

　　D. 国家市场监督管理总局所属的反垄断部门与地方反垄断部门联合办理或者委托地方查办的重大案件取得的罚没收入，全额缴入中央国库

7. 当事人不履行行政处罚决定的，作出行政处罚决定的行政机关依照法律规定，可以进行行政强制执行。下列属于行政强制执行方式的有（　　）。

　　A. 加处罚款或者滞纳金

　　B. 拍卖或者依法处理查封、扣押的场所、设施或者财物

　　C. 代履行

　　D. 冻结存款、汇款

8. 当事人逾期不履行行政处罚决定，行政机关根据《行政强制法》的规定申请人民法院强制执行的，应当符合的条件包括（　　）。

A. 当事人在法定期限内不申请行政复议

B. 作出行政处罚决定的行政机关没有行政强制执行权

C. 自期限届满之日起3个月内提出申请

D. 当事人在法定期限内未提起行政诉讼

9. 下列情形中,执法人员可以当场收缴罚款的有( )。

A. 行政机关当场作出罚款决定后,不当场收缴事后难以执行的

B. 公安机关当场作出50元罚款的治安管理处罚,被处罚人对罚款无异议的

C. 交通警察对行人、乘车人和非机动车驾驶人的罚款,当事人无异议的,可以当场予以收缴罚款

D. 税务所对甲公司作出200元的罚款,被处罚人对罚款无异议的

10. 当事人不服行政处罚决定申请行政复议的,一般情况下,复议期间行政处罚决定不停止执行,但也有例外。下列属于"例外"情形的有( )。

A. 被申请人认为需要停止执行的

B. 行政复议机关认为需要停止执行的

C. 申请人认为需要停止执行的

D. 经申请人申请复议机关决定停止执行的

11. 根据《罚没财物管理办法》的规定,下列属于罚没财物的有( )。

A. 行政执法机关依法作出行政处罚决定取得的罚款

B. 法院生效裁定、判决取得的罚款

C. 公安机关没收的保证金

D. 法院生效判决没收的个人财产

12. 行政机关作出强制执行决定前,应当事先催告当事人履行义务。关于催告,下列说法正确的有( )。

A. 催告必须以书面形式作出

B. 催告时,应当告知当事人依法享有的陈述权和申辩权

C. 催告时,应当明确告知履行义务的方式

D. 催告时,应当告知当事人申请行政复议和提起行政诉讼的期限和途径

13. 行政机关申请人民法院强制执行行政处罚决定时,应当提供的材料包括(   )。

A. 强制执行申请书

B. 行政处罚决定书及作出决定的事实、理由和依据

C. 当事人的意见及行政机关催告情况

D. 申请强制执行标的情况

14. 根据《行政强制法》的规定,下列属于行政强制执行方式的有(   )

A. 划拨存款、汇款

B. 排除妨碍、恢复原状

C. 责令限期改正

D. 查封、扣押场所、设施或者财物

15. 行政机关在强制执行过程中,遇到特定情形时,应当终结执行。下列属于终结执行情形的有(   )。

A. 被执行人死亡,无遗产可供执行,又无义务承受人的

B. 被执行单位终止,无财产可供执行,又无义务承受人的

C. 据以执行的行政决定被撤销的

D. 执行标的灭失的

三、判断题

1. 行政机关作出行政处罚决定并当场收缴罚款的,违背了作出罚款决定的行政机关应当与收缴罚款的机构分离的要求。   (   )

2. 经中国人民银行批准有代理收付款项业务的商业银行、信用合作社

代收罚款的,财政部门应当支付手续费。　　　　　　（　　）

3. 当场收缴罚款仅适用于行政机关采用简易程序作出处罚决定的情形,适用普通程序作出行政处罚决定的,不得当场收缴罚款。（　　）

4. 行政机关及其执法人员当场收缴罚款时,如果不出具财政部门统一制发的专用票据的,当事人有权拒绝缴纳罚款。（　　）

5. 根据《行政处罚法》的规定,作出罚款决定的行政机关应当与收缴罚款的机构分离。因此,作出行政处罚决定的行政机关及其执法人员均不得自行收缴罚款。（　　）

6. 在边远、水上、交通不便地区,行政机关及其执法人员依照普通程序作出罚款决定后,当事人因到指定的银行或者通过电子支付系统缴纳罚款确有困难,经当事人提出,行政机关及其执法人员可以当场收缴罚款。（　　）

7. 当事人对行政处罚决定不服,申请行政复议或者提起行政诉讼的,行政处罚应当停止执行。（　　）

8. 当事人对限制人身自由的行政处罚决定不服,申请行政复议或者提起行政诉讼的,可以申请暂缓执行。（　　）

9. 当事人逾期不履行行政处罚决定,并申请行政复议或者提起行政诉讼的,加处罚款的数额在行政复议或者行政诉讼期间不停止计算。
　　　　　　　　　　　　　　　　　　　　　　　　　　（　　）

10. 当事人到期不缴纳罚款,行政机关每日按罚款数额的3%加处罚款的,加处罚款的数额不得超出罚款的数额。（　　）

11. 罚没物品处置前存在破损、污秽等情形的,在有利于加快处置的情况下,且清理、修复费用低于变卖收入的,可以进行适当清理、修复。
　　　　　　　　　　　　　　　　　　　　　　　　　　（　　）

12. 执法机关依法取得的罚没物品,在处置时,一律应当按照国家规定进行公开拍卖。　　　　　　　　　　　　　　　　　　（　　）

13. 执法机关的办案经费预算安排,应当与该单位上一年度上缴的罚没收入挂钩。( )

14. 对向执法机关检举、揭发各类违法案件的人员,经查实后,按照相关规定给予奖励,奖励经费从案件罚没收入中列支。( )

15. 根据《行政处罚法》的规定,行使相对集中行政处罚权的行政机关,有权实施法律、法规规定的与行政处罚权有关的行政强制措施。( )

16. 行政机关申请人民法院强制执行行政处罚决定的,应当缴纳申请费,被执行人不承担强制执行的费用。( )

17. 经催告,当事人逾期仍不履行行政处罚决定的,行政机关应当立即作出强制执行决定。( )

18. 行政机关发现作出的行政处罚决定有错误的,应当由当事人通过行政复议或行政诉讼予以纠正,不得自行撤销或者变更。( )

19. 国务院各部门、各省、自治区、直辖市人民政府和海关依照法律、法规作出的处理决定和处罚决定,应当由被执行人住所地或财产所在地的中级人民法院执行。

20. 法律没有规定行政机关强制执行的,作出行政处罚决定的行政机关只能申请人民法院强制执行,不得自行采取行政强制执行措施。
( )

四、简答题

1. 行政机关作出行政处罚决定后,自行收缴罚款的,是否违反罚缴分离原则?哪些情形下,作出处罚决定的行政机关可以依法自行收缴罚款?

2. 当事人逾期不履行行政处罚决定的,作出行政处罚决定的行政机关可以采取哪些措施?

3. 行政机关实施行政处罚收取的罚没财物,应当如何处置?

答案解析

一、单选题

1. B

   解析:根据《行政处罚法》第六十六条:"行政处罚决定依法作出后,当事人应当在行政处罚决定书载明的期限内,予以履行。当事人确有经济困难,需要延期或者分期缴纳罚款的,经当事人申请和行政机关批准,可以暂缓或者分期缴纳。"C、D选项错误。经行政机关批准延期、分期缴纳罚款的,暂缓或者分期缴纳罚款期限内不加收滞纳金,不计算加处罚款,因此A选项错误。B选项符合题意。

2. C

   解析:根据《行政处罚法》第六十八条:"依照本法第五十一条的规定当场作出行政处罚决定,有下列情形之一,执法人员可以当场收缴罚款:(一)依法给予一百元以下罚款的;……"C选项符合题意。

3. B

   解析：根据《行政处罚法》第六十七条第三款："当事人应当自收到行政处罚决定书之日起十五日内,到指定的银行或者通过电子支付系统缴纳罚款。银行应当收受罚款,并将罚款直接上缴国库。"B选项符合题意。

4. A

   解析：《罚款决定与罚款收缴分离实施办法》于1997年11月17日,由中华人民共和国国务院令第235号发布,属于行政法规。因此,A选项符合题意。

5. B

   解析：根据《行政处罚法》第七十一条："执法人员当场收缴的罚款,应当自收缴罚款之日起二日内,交至行政机关;在水上当场收缴的罚款,应当自抵岸之日起二日内交至行政机关;行政机关应当在二日内将罚款缴付指定的银行。"B选项符合题意。

6. C

   解析：根据《行政强制法》第五十六条第一款："人民法院接到行政机关强制执行的申请,应当在五日内受理。"C选项符合题意。

7. B

   解析：根据《行政强制法》第五十八条第二款："人民法院应当自受理之日起三十日内作出是否执行的裁定。裁定不予执行的,应当说明理由,并在五日内将不予执行的裁定送达行政机关。"B选项符合题意。

8. B

   解析：根据《行政强制法》第五十八条第三款："行政机关对人民法院不予执行的裁定有异议的,可以自收到裁定之日起十五日内向上一级人民法院申请复议,上一级人民法院应当自收到复议申请之日起三十日内作出是否执行的裁定"。B选项符合题意。

9. A

解析：根据《最高人民法院关于适用〈中华人民共和国行政诉讼法〉的解释》(法释〔2018〕1号)第一百五十七条："行政机关申请人民法院强制执行其行政行为的,由申请人所在地的基层人民法院受理;执行对象为不动产的,由不动产所在地的基层人民法院受理。基层人民法院认为执行确有困难的,可以报请上级人民法院执行;上级人民法院可以决定由其执行,也可以决定由下级人民法院执行。"A选项符合题意。

10. D

解析：根据《行政强制法》第五十三条："当事人在法定期限内不申请行政复议或者提起行政诉讼,又不履行行政决定的,没有行政强制执行权的行政机关可以自期限届满之日起三个月内,依照本章规定申请人民法院强制执行。"行政复议期限为60日,处罚决定履行期限为15日,行政诉讼期限为6个月,应当自行政诉讼期限届满之日起算,3个月内申请人民法院强制执行。行政机关应当自诉讼期限届满之日起3个月内提出申请。2021年8月31日行政诉讼期限届满,应当在11月30日前提出申请。因此,D选项符合题意。

11. B

解析：根据《行政强制法》第五十九条："因情况紧急,为保障公共安全,行政机关可以申请人民法院立即执行。经人民法院院长批准,人民法院应当自作出执行裁定之日起五日内执行。"B选项符合题意。

12. C

解析：《行政处罚法》第六十六条规定,当事人确有经济困难,需要延期或者分期缴纳罚款的,经当事人申请和行政机关批准,可以暂缓或者分期缴纳。据此,C选项符合题意。

13. B

解析:《行政处罚法》第六十七条规定:"作出罚款决定的行政机关应当与收缴罚款的机构分离。除依照本法第六十八条、第六十九条的规定当场收缴的罚款外,作出行政处罚决定的行政机关及其执法人员不得自行收缴罚款。当事人应当自收到行政处罚决定书之日起十五日内,到指定的银行或者通过电子支付系统缴纳罚款。银行应当收受罚款,并将罚款直接上缴国库。"因此,B选项正确。

14. C

解析:《行政处罚法》第六十九条规定:"在边远、水上、交通不便地区,行政机关及其执法人员依照本法第五十一条、第五十七条的规定作出罚款决定后,当事人到指定的银行或者通过电子支付系统缴纳罚款确有困难,经当事人提出,行政机关及其执法人员可以当场收缴罚款。"A、B、D选项说法均不符合规定。C选项,当场收缴罚款,一种是对适用普通程序当场作出的罚款决定,200元以下的,或者不当场收缴事后难以执行的,可以当场收缴;另一种是在边远、水上、交通不便地区,无论是适用简易程序还是普通程序作出罚款决定,当场收缴都以当事人提出为前提。因此,C选项说法正确。

15. D

解析:《行政处罚法》第七十二条规定:"当事人逾期不履行行政处罚决定的,作出行政处罚决定的行政机关可以采取下列措施:(一)到期不缴纳罚款的,每日按罚款数额的百分之三加处罚款,加处罚款的数额不得超出罚款的数额;(二)根据法律规定,将查封、扣押的财物拍卖、依法处理或者将冻结的存款、汇款划拨抵缴罚款;(三)根据法律规定,采取其他行政强制执行方式;(四)依照《中华人民共和国行政强制法》的规定申请人民法院强制执行。行政机关批准延期、分期缴纳罚款的,申请人民法院强制执行的期限,自暂缓或者分期缴纳罚款期限结束之日起计算。"据此,A选项错误。行政机关"将查封、扣押的财物拍卖、依法处理或者将冻结的存款、汇款划拨抵缴罚款"和"采取其他行政强制执行方式"必须"根据法律规定",即必须有法律赋予行政强制执行权,才可以依法自行采取这些强制执行措施。因此,B、C选项说法错误。

根据《行政强制法》第四十六条第三款:"没有行政强制执行权的行政机关应当申请人民法院强制执行。但是,当事人在法定期限内不申请行政复议或者提起行政诉讼,经催告仍不履行的,在实施行政管理过程中已经采取查封、扣押措施的行政机关,可以将查封、扣押的财物依法拍卖抵缴罚款。"D选项说法正确,符合题意。

16. B

解析:行政处罚不适用复议前置,也不需要事前缴清罚款,因此,C、D选项说法错误。《行政处罚法》第七十三条规定,当事人对行政处罚决定不服,申请行政复议或者提起行政诉讼的,行政处罚不停止执行,法律另有规定的除外。当事人对限制人身自由的行政处罚决定不服,申请行政复议或者提起行政诉讼的,可以向作出决定的机关提出暂缓执行申请。符合法律规定情形的,应当暂缓执行。当事人可以选择申请行政复议或者提起行政诉讼,A选项错误,B选项正确。

17. D

解析:《行政处罚法》第七十四条规定,除依法应当予以销毁的物品外,依法没收的非法财物必须按照国家规定公开拍卖或者按照国家有关规定处理。《关于印发〈罚没财物管理办法〉的通知》(财税〔2020〕54号)第二条规定,罚没财物移交、保管、处置、收入上缴、预算管理等,适用本办法。因此,只有D选项正确。

18. D

解析：《行政强制法》第三十四条规定，行政机关依法作出行政决定后，当事人在行政机关决定的期限内不履行义务的，具有行政强制执行权的行政机关依照本章规定强制执行。《行政强制法》第三十五条规定，行政机关作出强制执行决定前，应当事先催告当事人履行义务。D选项符合题意。

19. C

解析：根据《行政强制法》第三十九条第一款："有下列情形之一的，中止执行：（一）当事人履行行政决定确有困难或者暂无履行能力的；（二）第三人对执行标的主张权利，确有理由的；（三）执行可能造成难以弥补的损失，且中止执行不损害公共利益的；（四）行政机关认为需要中止执行的其他情形。"C选项符合题意。

20. A

解析：根据《最高人民法院关于适用〈中华人民共和国行政诉讼法〉的解释》（法释〔2018〕1号）第一百五十七条："行政机关申请人民法院强制执行其行政行为的，由申请人所在地的基层人民法院受理；执行对象为不动产的，由不动产所在地的基层人民法院受理。基层人民法院认为执行确有困难的，可以报请上级人民法院执行；上级人民法院可以决定由其执行，也可以决定由下级人民法院执行。"A选项符合题意。

二、多选题

1. ACD

解析：根据《罚款决定与罚款收缴分离实施办法》第九条："当事人逾期缴纳罚款，行政处罚决定书明确需要加处罚款的，代收机构应当按照行政处罚决定书加收罚款。当事人对加收罚款有异议的，应当先缴纳罚款和加收的罚款,再依法向作出行政处罚决定的行政机关申请复议。"B选项错误,A、C、D选项符合题意。

2. BC

解析: 根据《行政处罚法》第七十一条:"执法人员当场收缴的罚款,应当自收缴罚款之日起二日内,交至行政机关;在水上当场收缴的罚款,应当自抵岸之日起二日内交至行政机关;行政机关应当在二日内将罚款缴付指定的银行。"B、C选项符合题意。

3. BC

解析: 根据《海关行政处罚实施条例》(中华人民共和国国务院令第420号)第六十一条第二款:"当事人申请延期或者分期缴纳罚款的,应当以书面形式提出,海关收到申请后,应当在10个工作日内作出决定,并通知申请人。海关同意当事人暂缓或者分期缴纳的,应当及时通知收缴罚款的机构。"B、C选项符合题意。

4. ABCD

解析: 根据《行政处罚法》第七十二条第一款:"当事人逾期不履行行政处罚决定的,作出行政处罚决定的行政机关可以采取下列措施:(一)到期不缴纳罚款的,每日按罚款数额的百分之三加处罚款,加处罚款的数额不得超出罚款的数额;(二)根据法律规定,将查封、扣押的财物拍卖、依法处理或者将冻结的存款、汇款划拨抵缴罚款;(三)根据法律规定,采取其他行政强制执行方式;(四)依照《中华人民共和国行政强制法》的规定申请人民法院强制执行。"A、B、C、D四个选项均符合题意。

5. ABD

解析: 根据《关于印发〈罚没财物管理办法〉的通知》(财税〔2020〕54号)第六条:"有条件的部门和地区可以设置政府公物仓对罚没物品实行集中管理。未设置政府公物仓的,由执法机关对罚没物品进行管理。各级执法机关、政府公物仓按照安全、高效、便捷和节约的原则,使用下列罚没仓库存放保管罚没物品:(一)执法机关罚没物品保管仓库;(二)政府公物仓库;(三)通过购买服务等方式选择社会仓库。"A、B、D选项符合题意。

6. ACD

解析: 根据《关于印发〈罚没财物管理办法〉的通知》(财税〔2020〕54号)第二十七条:"除以下情形外,罚没收入应按照执法机关的财务隶属关系缴入同级国库:(一)海关、公安、中国海警、市场监管等部门取得的缉私罚没收入全额缴入中央国库。(二)海关(除缉私外)、国家外汇管理部门、国家邮政部门、通信管理部门、气象管理部门、应急管理部所属煤矿安全监察部门、交通运输部所属海事部门中央本级取得的罚没收入全额缴入中央国库。省以下机构取得的罚没收入,50%缴入中央国库,50%缴入地方国库。(三)国家烟草专卖部门取得的罚没收入全额缴入地方国库。(四)应急管理部所属的消防救援部门取得的罚没收入,50%缴入中央国库,50%缴入地方国库。(五)国家市场监督管理总局所属的反垄断部门与地方反垄断部门联合办理或者委托地方查办的重大案件取得的罚没收入,全额缴入中央国库。(六)国有企业、事业单位监察机构没收、追缴的违法所得,按照国有企业、事业单位隶属关系全额缴入中央或者地方国库。(七)中央政法机关交办案件按照有关规定执行。(八)财政部规定的其他情形。"A、C、D选项正确。B选项,国家烟草专卖部门取得的罚没收入全额缴入地方国库。

7. ABC

解析: 根据《行政强制法》第十二条:"行政强制执行的方式:(一)加处罚款或者滞纳金;(二)划拨存款、汇款;(三)拍卖或者依法处理查封、扣押的场所、设施或者财物;(四)排除妨碍、恢复原状;

(五)代履行;(六)其他强制执行方式。"A、B、C选项符合题意。D选项,"冻结存款、汇款"属于行政强制措施,不是行政强制执行的方式。

8. ABCD

    解析:根据《行政强制法》第五十三条:"当事人在法定期限内不申请行政复议或者提起行政诉讼,又不履行行政决定的,没有行政强制执行权的行政机关可以自期限届满之日起三个月内,依照本章规定申请人民法院强制执行。"A、B、C、D选项均符合题意。

9. ABC

    解析:根据《行政处罚法》第六十八条:"依照本法第五十一条的规定当场作出行政处罚决定,有下列情形之一,执法人员可以当场收缴罚款:(一)依法给予一百元以下罚款的;(二)不当场收缴事后难以执行的。"A选项符合题意,D选项不符合题意。

    根据《治安管理处罚法》第一百零四条:"受到罚款处罚的人应当自收到处罚决定书之日起十五日内,到指定的银行缴纳罚款。但是,有下列情形之一的,人民警察可以当场收缴罚款:(一)被处五十元以下罚款,被处罚人对罚款无异议的;……"B选项符合题意。

    根据《道路交通安全法》第一百零八条第二款:"对行人、乘车人和非机动车驾驶人的罚款,当事人无异议的,可以当场予以收缴罚款。"C选项符合题意。

10. ABD

    解析:根据《行政复议法》第二十一条:"行政复议期间具体行政行为不停止执行;但是,有下列情形之一的,可以停止执行:(一)被申请人认为需要停止执行的;(二)行政复议机关认为需要停止执行的;(三)申请人申请停止执行,行政复议机关认为其要求合理,决定停止执行的;(四)法律规定停止执行的。"A、B、D选项符合题意。

11. ABCD

　　解析：《关于印发〈罚没财物管理办法〉的通知》（财税〔2020〕54号）第三条规定，《罚没财务管理办法》所称罚没财物，是指执法机关依法对自然人、法人和非法人组织作出行政处罚决定，没收、追缴决定或者法院生效裁定、判决取得的罚款、罚金、违法所得、非法财物，没收的保证金、个人财产等，包括现金、有价票证、有价证券、动产、不动产和其他财产权利等。据此，A、B、C、D选项均符合题意。

12. ABC

　　解析：《行政强制法》第三十五条规定，行政机关作出强制执行决定前，应当事先催告当事人履行义务。催告应当以书面形式作出，并载明下列事项：(1)履行义务的期限；(2)履行义务的方式；(3)涉及金钱给付的，应当有明确的金额和给付方式；(4)当事人依法享有的陈述权和申辩权。因此，只有A、B、C选项符合题意。

13. ABCD

　　解析：《行政强制法》第五十五条第一款规定，行政机关向人民法院申请强制执行，应当提供下列材料：(1)强制执行申请书；(2)行政决定书及作出决定的事实、理由和依据；(3)当事人的意见及行政机关催告情况；(4)申请强制执行标的情况；(5)法律、行政法规规定的其他材料。因此，A、B、C、D四个选项均符合题意。

14. AB

　　解析：根据《行政强制法》第十二条规定，行政强制执行的方式有：(1)加处罚款或者滞纳金；(2)划拨存款、汇款；(3)拍卖或者依法处理查封、扣押的场所、设施或者财物；(4)排除妨碍、恢复原状；(5)代履行；(6)其他强制执行方式。A、B选项符合题意。责令限期改正为行政执法过程中的一种行政命令，不是行政强制执行，也不是行政处罚，C选项不符合题意。查封、扣押属于行政强制措施，

D选项不符合题意。

15. ABCD

解析：根据《行政强制法》第四十条规定,有下列情形之一的,终结执行：(1)公民死亡,无遗产可供执行,又无义务承受人的；(2)法人或者其他组织终止,无财产可供执行,又无义务承受人的；(3)执行标的灭失的；(4)据以执行的行政决定被撤销的；(5)行政机关认为需要终结执行的其他情形。A、B、C、D选项均符合题意。

三、判断题

1. 错误

   解析：根据《罚款决定与罚款收缴分离实施办法》第三条："作出罚款决定的行政机关应当与收缴罚款的机构分离；但是,依照行政处罚法的规定可以当场收缴罚款的除外。"题目说法错误。

2. 正确

   解析：根据《罚款决定与罚款收缴分离实施办法》第五条第一款："经中国人民银行批准有代理收付款项业务的商业银行、信用合作社(以下简称代收机构),可以开办代收罚款的业务。"第十四条："财政部门应当向代收机构支付手续费,具体标准由财政部制定。"题目说法正确。

3. 错误

   解析：根据《行政处罚法》第六十九条："在边远、水上、交通不便地区,行政机关及其执法人员依照本法第五十一条、第五十七条的规定作出罚款决定后,当事人到指定的银行或者通过电子支付系统缴纳罚款确有困难,经当事人提出,行政机关及其执法人员可以当场收缴罚款。"依照《行政处罚法》第五十七条的规定,作出罚款决定,即适用普通程序,如果在边远、水上、交通不便地区,当事人到指定的银行或者通过电子支付系统缴纳罚款确有困难,经当事人提出,行政机关及其执法人员可以当场收缴罚款。因此,题目说法错误。

4. 正确

   解析:根据《行政处罚法》第七十条:"行政机关及其执法人员当场收缴罚款的,必须向当事人出具国务院财政部门或者省、自治区、直辖市人民政府财政部门统一制发的专用票据;不出具财政部门统一制发的专用票据的,当事人有权拒绝缴纳罚款。"题目说法正确。

5. 错误

   解析:根据《行政处罚法》第六十七条:"作出罚款决定的行政机关应当与收缴罚款的机构分离。除依照本法第六十八条、第六十九条的规定当场收缴的罚款外,作出行政处罚决定的行政机关及其执法人员不得自行收缴罚款。……"罚缴分离是一般原则,也有例外,符合第六十八条、第六十九条的规定,可以当场收缴罚款的,执法人员可以自行收缴罚款。因此,题目说法错误。

6. 正确

   解析:根据《行政处罚法》第六十九条:"在边远、水上、交通不便地区,行政机关及其执法人员依照本法第五十一条、第五十七条的规定作出罚款决定后,当事人到指定的银行或者通过电子支付系统缴纳罚款确有困难,经当事人提出,行政机关及其执法人员可以当场收缴罚款。"题目说法正确。

7. 错误

   解析:根据《行政处罚法》第七十三条第一款:"当事人对行政处罚决定不服,申请行政复议或者提起行政诉讼的,行政处罚不停止执行,法律另有规定的除外。"题目说法错误。

8. 正确

   解析:根据《行政处罚法》第七十三条第二款:"当事人对限制人身

自由的行政处罚决定不服,申请行政复议或者提起行政诉讼的,可以向作出决定的机关提出暂缓执行申请。符合法律规定情形的,应当暂缓执行。"题目说法正确。

9. 错误

   解析:根据《行政处罚法》第七十三条第三款:"当事人申请行政复议或者提起行政诉讼的,加处罚款的数额在行政复议或者行政诉讼期间不予计算。"题目说法错误。

10. 正确

    解析:根据《行政处罚法》第七十二条:"当事人逾期不履行行政处罚决定的,作出行政处罚决定的行政机关可以采取下列措施:(一)到期不缴纳罚款的,每日按罚款数额的百分之三加处罚款,加处罚款的数额不得超出罚款的数额;……"题目说法正确。

11. 正确

    解析:根据《关于印发〈罚没财物管理办法〉的通知》(财税〔2020〕54号)第十五条:"罚没物品处置前存在破损、污秽等情形的,在有利于加快处置的情况下,且清理、修复费用低于变卖收入的,可以进行适当清理、修复。"题目说法正确。

12. 错误

    解析:根据《关于印发〈罚没财物管理办法〉的通知》(财税〔2020〕54号)第十六条:"执法机关依法取得的罚没物品,除法律、行政法规禁止买卖的物品或者财产权利、按国家规定另行处置外,应当按照国家规定进行公开拍卖。……"题目说法正确。

13. 错误

    解析:根据《关于印发〈罚没财物管理办法〉的通知》(财税〔2020〕54号)第三十条:"政府预算收入中罚没收入预算为预测性指标,不作为收入任务指标下达。执法机关的办案经费由本级政府预算统筹保障,执法机关经费预算安排不得与该单位任何年度上缴的罚没收入挂钩。"题目说法错误。

14. 错误

    解析:根据《关于印发〈罚没财物管理办法〉的通知》(财税〔2020〕54号)第三十三条:"对向执法机关检举、揭发各类违法案件的人员,经查实后,按照相关规定给予奖励,奖励经费不得从案件罚没收入中列支。"题目说法错误。

15. 正确

    解析:根据《行政强制法》第十七条第二款:"依据《中华人民共和国行政处罚法》的规定行使相对集中行政处罚权的行政机关,可以实施法律、法规规定的与行政处罚权有关的行政强制措施。"题目说法正确。

16. 错误

    解析:根据《行政强制法》第六十条第一款:"行政机关申请人民法院强制执行,不缴纳申请费。强制执行的费用由被执行人承担。"题目说法错误,强制执行的费用应当由被执行人承担。

17. 错误

    解析:根据《行政强制法》第三十七条第一款:"经催告,当事人逾期仍不履行行政决定,且无正当理由的,行政机关可以作出强制执行决定。"催告期满,当事人不履行行政决定,且无正当理由的,行政机关才可以作出强制执行决定。"题目说法错误。

18. 错误

    解析:根据《行政处罚法》第七十五条第二款规定,行政机关实施行政处罚应当接受社会监督。公民、法人或者其他组织对行政机关实施行政处罚的行为,有权申诉或者检举;行政机关应当认真审查,发现有错误的,应当主动改正。因此,行政机关发现作出的行政处决定有错误的,应当主动改正。题目说法错误。

19. 正确

    解析：根据《最高人民法院关于人民法院执行工作若干问题的规定（试行）》（2020年修正）："12.国务院各部门、各省、自治区、直辖市人民政府和海关依照法律、法规作出的处理决定和处罚决定,由被执行人住所地或财产所在地的中级人民法院执行。"题目说法正确。

20. 正确

    解析：《行政强制法》第十三条规定,行政强制执行由法律设定。法律没有规定行政机关强制执行的,作出行政决定的行政机关应当申请人民法院强制执行。所以,题目说法正确。

四、简答题

1. 答案要点：

    罚缴分离原则要求,作出罚款决定的行政机关应当与收缴罚款的机构分离。除依照《行政处罚法》第六十八条、第六十九条的规定当场收缴的罚款外,作出行政处罚决定的行政机关及其执法人员不得自行收缴罚款。因此,行政机关作出行政处罚决定后,如果不存在《行政处罚法》第六十八条、第六十九条的规定当场收缴的罚款的情形,而自行收缴罚款,便违背了罚缴分离原则。

    行政机关及其执法人员可以自行收缴罚款的情形包括：

    （1）行政机关依照简易程序当场作出行政处罚决定,有下列情形之一,可以当场收缴罚款：①依法给予100元以下罚款的;②不当场收缴事后难以执行的。

    （2）在边远、水上、交通不便地区,行政机关及其执法人员依法作出罚款决定后,当事人到指定的银行或者通过电子支付系统缴纳罚款确有困难,经当事人提出,行政机关及其执法人员可以当场收缴罚款。

2. 答案要点：

（1）当事人到期不缴纳罚款的，每日按罚款数额的3％加处罚款，加处罚款的数额不得超出罚款的数额。

（2）根据法律规定，将查封、扣押的财物拍卖、依法处理或者将冻结的存款、汇款划拨抵缴罚款。

（3）根据法律规定，采取其他行政强制执行方式。

（4）依照《行政强制法》的规定申请人民法院强制执行。

3. 答案要点：

（1）依法应当予以销毁的物品，按照有关规定及时予以销毁；

（2）除依法应当予以销毁的物品外，依法没收的非法财物必须按照国家规定公开拍卖或者按照国家有关规定处理。

（3）罚款、没收的违法所得或者没收非法财物拍卖的款项，必须全部上缴国库，任何行政机关或者个人不得以任何形式截留、私分或者变相私分。

（4）罚款、没收的违法所得或者没收非法财物拍卖的款项，不得同作出行政处罚决定的行政机关及其工作人员的考核、考评直接或者变相挂钩。除依法应当退还、退赔的外，财政部门不得以任何形式向作出行政处罚决定的行政机关返还罚款、没收的违法所得或者没收非法财物拍卖的款项。

第七章 法 律 责 任

> **本章导读**
>
> 本章规定了违反《行政处罚法》规定应当承担的法律责任,共8条。2021年《行政处罚法》有关修订变化相对较小,主要体现在以下方面:一是将"行政处分"修改为"处分",与监察体制改革相衔接;二是新增了执法人员未取得执法证件、达到立案标准不及时立案的法律责任;三是在对违反规定返还罚款、拍卖款项的法律责任规定中,增加了"没收的违法所得";四是修改完善了不移交刑事案件的法律责任的有关表述,删除了"为牟取本单位私利"。

学习指引

一、违法事实行政处罚的法律责任

违法实施行政处罚	1. 违法情形	(1) 没有法定的行政处罚依据的。 (2) 擅自改变行政处罚种类、幅度的。 (3) 违反法定的行政处罚程序的。 (4) 违反《行政处罚法》第二十条关于委托处罚的规定的。 (5) 执法人员未取得执法证件的。 (6) 行政机关对符合立案标准的案件不及时立案的。
	2. 责任追究	由上级行政机关或者有关机关责令改正,对直接负责的主管人员和其他直接责任人员依法给予处分。

二、违法收缴、返还、截留、私分罚没款物

（一）行政机关违法自行收缴罚款	行政机关违反《行政处罚法》第六十七条的规定自行收缴罚款的。	（1）由上级行政机关或者有关机关责令改正。 （2）对直接负责的主管人员和其他直接责任人员依法给予处分。
（二）财政部门违法向行政机关返还罚没款项	财政部门违反《行政处罚法》第七十四条的规定向行政机关返还罚款、没收的违法所得或者拍卖款项的。	
（三）截留、私分或变相私分罚没款物	（1）由财政部门或者有关机关予以追缴，对直接负责的主管人员和其他直接责任人员依法给予处分。 （2）情节严重构成犯罪的，依法追究刑事责任。	
（四）利用职务之便索取或收受他人财物、将罚款据为己有	（1）构成犯罪的，依法追究刑事责任。 （2）情节轻微不构成犯罪的，依法给予处分。	

三、对当事人造成损害、损失的法律责任

（一）使用或损毁查封、扣押财物	（1）对当事人造成损失的，应当依法予以赔偿。 （2）对直接负责的主管人员和其他直接责任人员依法给予处分。
（二）违法事实检查或执行措施	（1）给公民人身或者财产造成损害、给法人或者其他组织造成损失的，应当依法予以赔偿。 （2）对直接负责的主管人员和其他直接责任人员依法给予处分。 （3）情节严重构成犯罪的，依法追究刑事责任。

四、不移交刑事案件、玩忽职守的法律责任

（一）以罚代刑	行政机关对应当依法移交司法机关追究刑事责任的案件不移交，以行政处罚代替刑事处罚的。	（1）由上级行政机关或者有关机关责令改正。 （2）对直接负责的主管人员和其他直接责任人员依法给予处分。 （3）情节严重构成犯罪的，依法追究刑事责任。
（二）玩忽职守	行政机关对应当予以制止和处罚的违法行为不予制止、处罚，致使公民、法人或者其他组织的合法权益、公共利益和社会秩序遭受损害的。	（1）对直接负责的主管人员和其他直接责任人员依法给予处分。 （2）情节严重构成犯罪的，依法追究刑事责任。

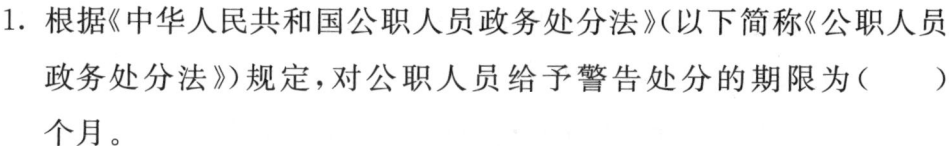

本章练习

一、单选题

1. 根据《中华人民共和国公职人员政务处分法》（以下简称《公职人员政务处分法》）规定，对公职人员给予警告处分的期限为（　　）个月。

   A. 3　　　　B. 6　　　　C. 12　　　　D. 18

2. 关于行政处罚行为违法的法律责任，下列说法正确的是（　　）。

   A. 由作出行政机关承担，对该机关的主要负责人给予处分

   B. 由作出行政机关承担，对直接负责的主管人员和其他直接责任人员依法给予处分

C. 由执法人员承担,对执法人员依法给予处分

D. 由执法人员承担,对执法人员及其直接负责的主管人员给予处分

3. 下列情形中,作出行政处罚的行政机关直接负责的主管人员和其他直接责任人员,很可能要被处分的是(　　)。

   A. 认为当事人实施违法行为情有可原,在法定幅度内从轻作出行政处罚

   B. 认为当事人违法行为情节恶劣,在规定的行政处罚种类以外作出更重的处罚

   C. 行政处罚违反高效便民原则,指定被处罚人只能到距离住所较远的代收罚款机构缴纳罚款

   D. 行政处罚违反处罚与教育相结合原则,在当场作出并收缴罚款时,没有对被处罚人进行教育

4. 根据《行政处罚法》的规定,违反法定的行政处罚程序的行政处罚行为,应对直接负责的主管人员和其他直接责任人员依法给予处分。下列情形中,明显违反法定程序的是(　　)。

   A. 交警在给违停车辆贴罚单时,因车主不在场,未听取驾驶员的陈述申辩,就开出罚单

   B. 市场监管部门拟对某违法经营的企业处以50万元罚款,因当事人未申请,没有组织听证

   C. 税务机关在对某企业纳税情况进行检查时,执法人员当场通知当事人在15日内缴纳5 000元罚款

   D. 公安人员在未出示执法证件表明身份的情况下,对某娱乐场所进行了"明察暗访",在收集了有关违法证据后,才亮明身份,依法对该场所的违法行为进行了处罚

5. 关于行政处罚中罚没单据的使用,下列说法不正确的是(　　)。

A. 行政机关对当事人进行处罚不使用没收单据的,当事人有权拒绝

B. 行政机关对当事人进行处罚时使用非法定部门制发的罚没单据的,当事人有权检举

C. 罚没单据应当由国务院财政部门统一制发

D. 设区的市、县(区)人民政府财政部门无权制发罚没专用票据。

6. 关于罚款的收缴,下列说法正确的是(   )。

A. 按照普通程序作出行政处罚决定的,行政机关及其执法人员不得自行收缴罚款

B. 财政部门可以向行政机关返还罚款、没收的违法所得或者拍卖款项作为办案经费补充

C. 行政机关可以将自行收缴的罚没款项用于本机关的工作经费

D. 行政机关执法人员未携带罚款专用票据的,不得向当事人当场收缴罚款

7. 行政执法人员利用职务上的便利,将收缴罚款据为己有的,不可能承担的法律责任形式是(   )。

A. 给予警告处分　　　　　B. 判处有期徒刑 3 年

C. 开除公职　　　　　　　D. 行政拘留 7 天

8. 执法人员张某私自驾驶本单位依法查扣的王某所有的私家车执行公务,途中发生交通事故。对此,下列说法正确的是(   )。

A. 由张某承担法律责任,王某只能要求张某赔偿损失

B. 由张某所在单位承担法律责任,王某可以要求单位赔偿损失

C. 单位对被查扣的车辆有处置权,王某无权要求赔偿

D. 张某的行为是为了执行公务,因此不需要承担法律责任

9. 关于行政机关违法实施检查措施或者执行措施,给公民人身或者财产造成损害、给法人或者其他组织造成损失的法律责任承担,下列

说法正确的是( )。

A. 应当由行政机关依法予以赔偿,对直接负责的主管人员和其他直接责任人员依法给予处分

B. 应由违法实施检查措施或者执行措施的执法人员向受害人承担赔偿责任

C. 承担法律责任的方式仅限于经济赔偿和对相关人员给予处分

D. 对直接负责的主管人员和其他直接责任人员依法给予处分后,对受害人不再予以赔偿

10. 关于行政机关对应当依法移交司法机关追究刑事责任的案件不移交,以行政处罚代替刑事处罚,下列说法正确的是( )。

A. 只要行政处罚已经达到了对违法行为人的惩戒目的,执法人员不移交的,不应受到处分

B. 情节严重构成犯罪的,应当对直接负责的主管人员和其他直接责任人员依法追究刑事责任

C. 由于行政机关已作出行政处罚,为避免重复处理,不得再将案件移交司法机关追究刑事责任

D. 应当先撤销行政处罚决定,再将案件移交司法机关追究刑事责任

11. 某工厂违法将严重超标的工业废水直接排放到河流的里,张某等多名附近居民向当地环保部门反映,请求依法制止该行为并给予处罚,但当地环保部门一直没有派人调查,也没有对此事进行答复和处理,导致河流下游大量农作物减产,且对下游群众的健康造成实际损害。对此,下列说法正确的是( )。

A. 张某等人应当向违法排污的工厂进行索赔,无权要求环保部门查处

B. 对环保部门直接负责的主管人员和其他直接责任人员依法给予

处分,情节严重构成犯罪的,依法追究刑事责任

C. 应当由环保部门对河流下游农作物减产及群众健康损害进行赔偿

D. 是否对该工厂进行调查和处罚,由环保部门依职权决定,因此,环保部门没有责任

12. 税务机关工作人员因疏忽大意,未认真履行工作职责,致使国家税收遭受重大损失的,涉嫌构成的犯罪是(　　)。

　　A. 徇私舞弊不征、少征税款罪　　B. 玩忽职守罪

　　C. 滥用职权罪　　D. 帮助犯罪分子逃避处罚罪

13. 徇私舞弊不移交刑事案件罪是指工商行政管理、税务、监察等行政执法人员,徇私舞弊,对依法应当移交司法机关追究刑事责任的案件不移交,情节严重的行为。下列情形中,未达到徇私舞弊不移交刑事案件罪立案追诉标准的是(　　)。

　　A. 不移交刑事案件涉及 3 人次的

　　B. 对依法可能判处拘役、管制的犯罪案件不移交的

　　C. 行政执法部门主管领导阻止移交的

　　D. 司法机关提出意见后,无正当理由仍然不予移交的

14. 关于人民警察办理治安案件时为违法犯罪行为人通风报信的法律责任,下列说法正确的是(　　)。

　　A. 开除公职,并追究刑事责任

　　B. 给予党纪处分,构成犯罪的,追究刑事责任

　　C. 给予行政处罚,构成犯罪的,追究刑事责任

　　D. 给予行政处分,构成犯罪的,追究刑事责任

15. 下列不属于国家机关工作人员渎职犯罪的是(　　)。

　　A. 玩忽职守罪　　B. 滥用职权罪

　　C. 妨害公务罪　　D. 帮助犯罪分子逃避处罚罪

二、多选题

1. 根据《中华人民共和国公务员法》(以下简称《公务员法》)的规定,下列属于处分的有( )。
   A. 警告　　　　B. 通报批评　　C. 撤职　　　　D. 开除

2. 根据《公职人员政务处分法》有关规定,对公职人员给予政务处分时,可以从轻或者减轻的情形有( )。
   A. 主动交代本人应当受到政务处分的违法行为的
   B. 配合调查,如实说明本人违法事实的
   C. 检举他人违纪违法行为,经查证属实的
   D. 主动采取措施,有效避免、挽回损失或者消除不良影响的

3. 根据《公职人员政务处分法》有关规定,公职人员犯罪的下列情形中,一般应予以开除的有( )。
   A. 因故意犯罪被判处管制、拘役或者有期徒刑以上刑罚(含宣告缓刑)的
   B. 因犯罪情节轻微,人民检察院依法作出不起诉决定的
   C. 因犯罪被单处或者并处剥夺政治权利的
   D. 因犯罪情节轻微,人民法院依法免予刑事处罚的

4. 行政机关及其工作人员违法实施行政处罚,可能承担的法律责任方式有( )。
   A. 对公民、法人或其他组织造成的损害承担赔偿责任
   B. 被人民法院判处罚金
   C. 受到政务处分
   D. 被追究刑事责任

5. 根据我国《行政处罚法》的规定,行政机关实施行政处罚存在的下列情形中,其直接负责的主管人员和其他直接责任人员依法会受到处

分的有（　　）。

A. 作出的行政处罚决定没有法定依据

B. 违反法律规定委托某民营企业实施行政处罚

C. 执法人员在实施行政处罚时,尚未取得执法证件

D. 作出行政处罚决定前,未听取当事人陈述申辩意见

6. 关于行政机关违反《行政处罚法》规定自行收缴罚款的法律责任,下列说法正确的有（　　）。

A. 由上级行政机关或者有关机关责令改正

B. 对直接负责的主管人员和其他直接责任人员依法给予处分

C. 自行收缴的罚款应当退还当事人

D. 自行收缴罚款数额较大的,依法追究相关人员刑事责任

7. 下列情形中,行政机关及其工作人员肯定需要承担法律责任的有（　　）。

A. 行政机关作出行政处罚决定后自行收缴罚款

B. 行政机关收到财政部门返还的罚款

C. 行政机关变相私分没收的非法财物

D. 执法人员将收缴的罚款据为己有

8. 行政执法人员对应当依法移交司法机关追究刑事责任的案件不移交,情节严重构成犯罪的,可能涉嫌的罪名有（　　）。

A. 玩忽职守罪　　　　　　B. 滥用职权罪

C. 徇私舞弊不移交刑事案件罪　D. 妨害公务罪

9. 行政机关对应当予以制止和处罚的违法行为不予制止、处罚,致使公民、法人或者其他组织的合法权益、公共利益和社会秩序遭受损害的,下列说法正确的有（　　）。

A. 应当由受害人向对行政机关提起民事诉讼索赔

B. 负有直接责任的执法人员应当向受害人赔偿损失

C. 对直接负责的主管人员和其他直接责任人员依法给予处分

D. 情节严重构成犯罪的,依法追究刑事责任

10. 某镇副镇长王某因违规实施行政处罚,被给予降级处分。对此,下列说法正确的有(　　)。

A. 王某仍可继续担任副镇长一职

B. 王某的级别应当降低

C. 王某的工资档次应当相应调低

D. 降级处分生效之日起 2 年内,王某的职务、职级以及工资档次都不能晋升

三、判断题

1. 法律责任是国家对违反法律义务、超越法定权利或滥用权利的违法行为所作的否定的法律评价,是国家强制责任人作出一定行为或不作一定行为,补偿和救济受到侵害或损害的合法权益和法定权利,恢复被破坏的法律关系和法律秩序的手段。　　　　(　　)

2. 公职人员因不明真相被裹挟或者被胁迫参与违法活动,经批评教育后确有悔改表现的,应当免予政务处分。　　　　(　　)

3. 小王、小李二人在实施行政处罚过程中共同违法,应当根据两人各自在违法行为中所起的作用和应当承担的法律责任,分别给予政务处分。　　　　(　　)

4. 《行政处罚法》第七章所规定的"法律责任"是指行政相对人因违反《行政处罚法》而应当承担的法律后果。　　　　(　　)

5. 行政机关应当规范行使自由裁量权,在实施行政处罚时不得擅自改变行政处罚的幅度。　　　　(　　)

6. 根据《行政处罚法》规定,行政机关实施行政处罚违法法定程序的,由上级行政机关或者有关机关责令改正,对直接负责的主管人员和

其他直接责任人员依法给予处分。 (   )

7. 财政部门违反法律规定向行政机关返还罚款、没收的违法所得或者拍卖款项的,行政机关及有关责任人员应当承担法律责任。(   )

8. 行政机关私分或者变相私分罚款、没收的违法所得或者财物,情节严重涉嫌犯罪的,构成贪污罪。 (   )

9. 执法人员利用职务上的便利,索取或者收受他人财物,数额在30 000元以上的,才构成受贿罪。 (   )

10. 行政机关对应当依法移交司法机关追究刑事责任的案件不移交,以行政处罚代替刑事处罚的,应当以徇私舞弊不移交刑事案件罪追究刑事责任。 (   )

11. 行政机关对应当予以制止和处罚的违法行为不予制止、处罚,致使公民、法人或者其他组织的合法权益、公共利益和社会秩序遭受损害的,可能构成玩忽职守罪。 (   )

12. 行政机关负责人指使、授意执法人员违法实施行政处罚,情节严重构成犯罪的,对具体实施的执法人员追究刑事责任,对行政机关负责人不再追究刑事责任。 (   )。

13. 行政机关以"集体研究"形式违法实施行政处罚,构成渎职犯罪的,对于具体执行人员,不追究刑事责任。 (   )

14. 公职人员因不明真相被裹挟或者被胁迫参与违法活动,经批评教育后确有悔改表现的,应当免予政务处分。 (   )

15. 根据《公职人员政务处分法》规定,公职人员因过失犯罪被判处有期徒刑,刑期超过3年的予以开除。 (   )

四、简答题

1. 根据2021年修订的《行政处罚法》的规定,行政机关实施行政处罚时,哪些违法违规行为会对直接负责的主管人员和其他直接责任人员依法给予处分,但一般不会涉嫌刑事责任?

2. 根据《行政处罚法》的规定,行政机关及其执法人员在实施行政处罚中的哪些违法违规行为,情节严重的会构成犯罪?分别可能构成什么罪名?

答案解析

一、单选题

1. B

   解析:根据《公职人员政务处分法》第八条:"政务处分的期间为:(一)警告,六个月;(二)记过,十二个月;(三)记大过,十八个月;(四)降级、撤职,二十四个月。政务处分决定自作出之日起生效,政务处分期自政务处分决定生效之日起计算。"B选项符合题意。

2. B

   解析:行政行为的法律责任由作出该行政行为的行政主体承担,对直接负责的主管人员和其他直接责任人追究法律责任。B选项符合题意。

3. B

   解析:根据《行政处罚法》第七十六条:"行政机关实施行政处罚,

◆ 第七章 法律责任 ◆

有下列情形之一，由上级行政机关或者有关机关责令改正，对直接负责的主管人员和其他直接责任人员依法给予处分：(一)没有法定的行政处罚依据的；(二)擅自改变行政处罚种类、幅度的；(三)违反法定的行政处罚程序的；(四)违反本法第二十条关于委托处罚的规定的；(五)执法人员未取得执法证件的。"B选项，属于"擅自改变行政处罚种类、幅度的"情形，很可能要收到处分。A、C、D选项所描述的情形较为轻微，一般不足以导致执法人员受到处分。

4. C

解析：根据《行政处罚法》第五十一条："违法事实确凿并有法定依据，对公民处以二百元以下、对法人或者其他组织处以三千元以下罚款或者警告的行政处罚的，可以当场作出行政处罚决定。法律另有规定的，从其规定。"C选项，税务机关罚款5 000元，应当适用普通程序，当场作出违反法定程序。

5. C

解析：根据《行政处罚法》第七十七条："行政机关对当事人进行处罚不使用罚款、没收财物单据或者使用非法定部门制发的罚款、没收财物单据的，当事人有权拒绝，并有权予以检举，由上级行政机关或者有关机关对使用的非法单据予以收缴销毁，对直接负责的主管人员和其他直接责任人员依法给予处分。"A、B选项说法正确，不符合题意。

根据《行政处罚法》第七十条："行政机关及其执法人员当场收缴罚款的，必须向当事人出具国务院财政部门或者省、自治区、直辖市人民政府财政部门统一制发的专用票据；不出具财政部门统一制发的专用票据的，当事人有权拒绝缴纳罚款。"C选项说法错误，符合题意。D选项说法正确，不符合题意。

6．D

解析：行政机关可以依据《行政处罚法》第六十八条、第六十九条的规定当场收缴的罚款，所以A选项说法不正确。《行政处罚法》第七十四条第三款规定，除依法应当退还、退赔的外，财政部门不得以任何形式向作出行政处罚决定的行政机关返还罚款、没收的违法所得或者没收非法财物拍卖的款项，所以B选项说法错误。《行政处罚法》第七十四条第二款规定，罚款、没收的违法所得或者没收非法财物拍卖的款项，必须全部上缴国库，任何行政机关或者个人不得以任何形式截留、私分或者变相私分，所以C选项不正确。《行政处罚法》第七十七条规定，行政机关对当事人进行处罚不使用罚款、没收财物单据或者使用非法定部门制发的罚款、没收财物单据的，当事人有权拒绝，并有权予以检举，由上级行政机关或者有关机关对使用的非法单据予以收缴销毁，对直接负责的主管人员和其他直接责任人员依法给予处分。因此，D选项说法正确，符合题意。

7．D

解析：根据《行政处罚法》第七十九条第二款："执法人员利用职务上的便利，索取或者收受他人财物、将收缴罚款据为己有，构成犯罪的，依法追究刑事责任；情节轻微不构成犯罪的，依法给予处分。"警告、开除均属于处分，判处有期徒刑属于追究刑事责任。A、B、C选项不符合题意。行政拘留是限制人身自由的行政处罚，对职务违法或者犯罪行为，一般不适用，所以，D选项符合题意。

8．B

解析：根据《行政处罚法》第八十条规定，行政机关使用或者损毁查封、扣押的财物，对当事人造成损失的，应当依法予以赔偿，对直接负责的主管人员和其他直接责任人员依法给予处分。张某的行为，对外代表其单位,王某有权要求执法单位承担赔偿责任。对张某的行为,依法给予处分。因此,B选项说法正确,符合题意。

9. A

解析:根据《行政处罚法》第八十一条:"行政机关违法实施检查措施或者执行措施,给公民人身或者财产造成损害、给法人或者其他组织造成损失的,应当依法予以赔偿,对直接负责的主管人员和其他直接责任人员依法给予处分;情节严重构成犯罪的,依法追究刑事责任。"B、C、D选项说法错误,A选项符合题意。

10. B

解析:根据《行政处罚法》第八十二条:"行政机关对应当依法移交司法机关追究刑事责任的案件不移交,以行政处罚代替刑事处罚,由上级行政机关或者有关机关责令改正,对直接负责的主管人员和其他直接责任人员依法给予处分;情节严重构成犯罪的,依法追究刑事责任。"B选项正确,符合题意。

11. B

解析:根据《行政处罚法》第八十三条:"行政机关对应当予以制止和处罚的违法行为不予制止、处罚,致使公民、法人或者其他组织的合法权益、公共利益和社会秩序遭受损害的,对直接负责的主管人员和其他直接责任人员依法给予处分;情节严重构成犯罪的,依法追究刑事责任。"B选项符合题意。

12. B

解析:根据《中华人民共和国刑法》(以下简称《刑法》)第四百零四条:"税务机关的工作人员徇私舞弊,不征或者少征应征税款,致使国家税收遭受重大损失的,处五年以下有期徒刑或者拘役;造成特别重大损失的,处五年以上有期徒刑。"徇私舞弊不征、少征税款罪以税务机关工作人员徇私舞弊为前提,A选项不符合题意。因疏忽大意,未认真履行工作职责,不会构成该罪名,但可能构成玩忽职守罪。B选项符合题意。

13. B

解析:根据《最高人民检察院关于渎职侵权犯罪案件立案标准的规定》(高检发释字〔2006〕2号):"(十二)徇私舞弊不移交刑事案件案(第四百零二条)徇私舞弊不移交刑事案件罪是指工商行政管理、税务、监察等行政执法人员,徇私舞弊,对依法应当移交司法机关追究刑事责任的案件不移交,情节严重的行为。涉嫌下列情形之一的,应予立案:1.对依法可能判处三年以上有期徒刑、无期徒刑、死刑的犯罪案件不移交的;2.不移交刑事案件涉及3人次以上的;3.司法机关提出意见后,无正当理由仍然不予移交的;4.以罚代刑,放纵犯罪嫌疑人,致使犯罪嫌疑人继续进行违法犯罪活动的;5.行政执法部门主管领导阻止移交的;6.隐瞒、毁灭证据,伪造材料,改变刑事案件性质的;7.直接负责的主管人员和其他直接责任人员为牟取本单位私利而不移交刑事案件,情节严重的;8.其他情节严重的情形。"B选项所述情形,未达到徇私舞弊不移交刑事案件罪立案追诉标准,符合题意。

14. D

解析:《治安管理处罚法》第一百一十六条:"人民警察办理治安案件,有下列行为之一的,依法给予行政处分;构成犯罪的,依法追究刑事责任:……(十)在查处违反治安管理活动时,为违法犯罪行为人通风报信的;……"D选项正确,符合题意。

15. C

解析:渎职罪,是指国家机关工作人员在履行职责或者行使职权过程中,滥用职权、玩忽职守、徇私舞弊,妨害国家机关的正常活动,致使公共财产、国家和人民利益遭受重大损失的行为。A、B、

D选项均属于渎职犯罪。妨害公务罪,是指以暴力、威胁方法阻碍国家机关工作人员、人大代表依法执行职务,或者在自然灾害和突发事件中,以暴力、威胁的方法阻碍红十字会工作人员依法履行职责,以及故意阻碍国家安全机关、公安机关依法执行国家安全工作任务,虽未使用暴力、威胁方法,但造成严重后果的行为。妨害公务罪属于扰乱公共秩序类罪名,不是渎职犯罪,因此,C选项符合题意。

二、多选题

1. ACD

   解析:根据《公务员法》第六十二条:"处分分为:警告、记过、记大过、降级、撤职、开除。"只有A、C、D选项符合题意。

2. ABCD

   解析:根据《公职人员政务处分法》第十一条:"公职人员有下列情形之一的,可以从轻或者减轻给予政务处分:(一)主动交代本人应当受到政务处分的违法行为的;(二)配合调查,如实说明本人违法事实的;(三)检举他人违纪违法行为,经查证属实的;(四)主动采取措施,有效避免、挽回损失或者消除不良影响的;(五)在共同违法行为中起次要或者辅助作用的;(六)主动上交或者退赔违法所得的;(七)法律、法规规定的其他从轻或者减轻情节。"《公职人员政务处分法》第十二条:"公职人员违法行为情节轻微,且具有本法第十一条规定的情形之一的,可以对其进行谈话提醒、批评教育、责令检查或者予以诫勉,免予或者不予政务处分。"A、B、C、D四个选项均符合题意。

3. AC

   解析:根据《公职人员政务处分法》第十四条:"公职人员犯罪,有下列情形之一的,予以开除:(一)因故意犯罪被判处管制、拘役或者有期徒刑以上刑罚(含宣告缓刑)的;(二)因过失犯罪被判处有期徒刑,刑期超过三年的;(三)因犯罪被单处或者并处剥夺政治权利的。因过失犯罪被判处管制、拘役或者三年以下有期徒刑的,一般应当予以开除;案件情况特殊,予以撤职更为适当的,可以不予开除,但是应当报请上一级机关批准。公职人员因犯罪被单处罚金,或者犯罪情节轻微,人民检察院依法作出不起诉决定或者人民法院依法免予刑事处罚的,予以撤职;造成不良影响的,予以开除。"B、D选项的情形,一般应予以撤职,造成不良影响的才开除。因此,只有A、C选项符合题意。

4. ACD

解析:根据《国家赔偿法》第四条:"行政机关及其工作人员在行使行政职权时有下列侵犯财产权情形之一的,受害人有取得赔偿的权利:(一)违法实施罚款、吊销许可证和执照、责令停产停业、没收财物等行政处罚的;……"根据《行政处罚法》第七十六条:"行政机关实施行政处罚,有下列情形之一,由上级行政机关或者有关机关责令改正,对直接负责的主管人员和其他直接责任人员依法给予处分:……"根据《行政处罚法》第八十一条:"行政机关违法实施检查措施或者执行措施,给公民人身或者财产造成损害、给法人或者其他组织造成损失的,应当依法予以赔偿,对直接负责的主管人员和其他直接责任人员依法给予处分;情节严重构成犯罪的,依法追究刑事责任。"A、C、D选项正确。根据我国《刑法》规定,渎职罪一般不判处罚金。行政机关违法实施行政处罚,也不会对单位追究刑事责任。因此,B选项不符合题意。

5. ABCD

解析:根据《行政处罚法》第七十六条第一款:"行政机关实施行政

处罚,有下列情形之一,由上级行政机关或者有关机关责令改正,对直接负责的主管人员和其他直接责任人员依法给予处分:(一)没有法定的行政处罚依据的;(二)擅自改变行政处罚种类、幅度的;(三)违反法定的行政处罚程序的;(四)违反本法第二十条关于委托处罚的规定的;(五)执法人员未取得执法证件的。"A、B、C、D四个选项均符合题意。

6. AB

解析:根据《行政处罚法》第七十八条:"行政机关违反本法第六十七条的规定自行收缴罚款的,财政部门违反本法第七十四条的规定向行政机关返还罚款、没收的违法所得或者拍卖款项的,由上级行政机关或者有关机关责令改正,对直接负责的主管人员和其他直接责任人员依法给予处分。"只有A、B选项符合题意。

7. CD

解析:行政机关可以依据《行政处罚法》第六十八条、第六十九条的规定当场收缴的罚款。《行政处罚法》第七十四条第三款规定,除依法应当退还、退赔的外,财政部门不得以任何形式向作出行政处罚决定的行政机关返还罚款、没收的违法所得或者没收非法财物拍卖的款项。《行政处罚法》第七十九条规定:"行政机关截留、私分或者变相私分罚款、没收的违法所得或者财物的,由财政部门或者有关机关予以追缴,对直接负责的主管人员和其他直接责任人员依法给予处分;情节严重构成犯罪的,依法追究刑事责任。执法人员利用职务上的便利,索取或者收受他人财物、将收缴罚款据为己有,构成犯罪的,依法追究刑事责任;情节轻微不构成犯罪的,依法给予处分。"因此,只有C、D选项符合题意。A、B选项的情形,有可能是合法的,不一定导致行政机关及执法人员收到追究。

8. ABC

解析:除D选项妨碍公务罪外,A、B、C选项三个罪名均有可能。

9. CD

解析： 根据《行政处罚法》第八十三条："行政机关对应当予以制止和处罚的违法行为不予制止、处罚，致使公民、法人或者其他组织的合法权益、公共利益和社会秩序遭受损害的，对直接负责的主管人员和其他直接责任人员依法给予处分；情节严重构成犯罪的，依法追究刑事责任。"只有C、D选项符合题意。

10. ABCD

解析： 根据《公务员法》第六十四条："公务员在受处分期间不得晋升职务和级别，其中受记过、记大过、降级、撤职处分的，不得晋升工资档次。受处分的期间为：警告，六个月；记过，十二个月；记大过，十八个月；降级、撤职，二十四个月。受撤职处分的，按照规定降低级别。"A、B、C、D选项均符合题意。

三、判断题

1. 正确

解析： 法律责任是国家对违反法律义务、超越法定权利或滥用权利的违法行为所作的否定的法律评价，是国家强制责任人作出一定行为或不作一定行为，补偿和救济受到侵害或损害的合法权益和法定权利，恢复被破坏的法律关系和法律秩序的手段。题目表述正确。

2. 错误

解析： 根据《公职人员政务处分法》第十二条第二款："公职人员因不明真相被裹挟或者被胁迫参与违法活动，经批评教育后确有悔改表现的，可以减轻、免予或者不予政务处分。"题目说法错误。

3. 正确

解析： 根据《公职人员政务处分法》第九条："公职人员二人以上共同违法，根据各自在违法行为中所起的作用和应当承担的法律责任,分别给予政务处分。"题目说法正确。

4. 错误

解析：《行政处罚法》第七章规定的"法律责任"，是指行政机关及其工作人员因违法实施行政处罚而应当承担的法律责任，而非行政相对人，因此，题目说法错误。

5. 正确

解析：根据《行政处罚法》第七十六条："行政机关实施行政处罚，有下列情形之一的，由上级行政机关或者有关机关责令改正，对直接负责的主管人员和其他直接责任人员依法给予处分：（一）没有法定的行政处罚依据的；（二）擅自改变行政处罚种类、幅度的；（三）违反法定的行政处罚程序的；（四）违反本法第二十条关于委托处罚的规定的；（五）执法人员未取得执法证件的。……"题目说法正确。

6. 正确

解析：根据《行政处罚法》第七十六条："行政机关实施行政处罚，有下列情形之一，由上级行政机关或者有关机关责令改正，对直接负责的主管人员和其他直接责任人员依法给予处分：……（三）违反法定的行政处罚程序的；……"题目说法正确。

7. 错误

解析：根据《行政处罚法》第七十八条："行政机关违反本法第六十七条的规定自行收缴罚款的，财政部门违反本法第七十四条的规定向行政机关返还罚款、没收的违法所得或者拍卖款项的，由上级行政机关或者有关机关责令改正，对直接负责的主管人员和其他直接责任人员依法给予处分。"财政部门违反法律规定向行政机关返还罚款、没收的违法所得或者拍卖款项的，对财政部门直接负责的主管人员和其他直接责任人员依法给予处分。题目说法错误。

8. 错误

解析： 根据《刑法》第三百九十六条："国家机关、国有公司、企业、事业单位、人民团体，违反国家规定，以单位名义将国有资产集体私分给个人，数额较大的，对其直接负责的主管人员和其他直接责任人员，处三年以下有期徒刑或者拘役，并处或者单处罚金；数额巨大的，处三年以上七年以下有期徒刑，并处罚金。司法机关、行政执法机关违反国家规定，将应当上缴国家的罚没财物，以单位名义集体私分给个人的，依照前款的规定处罚。"题目所述情节构成私分罚没财物罪。所以，题目说法错误。

9. 错误

解析： 根据《最高人民法院 最高人民检察院关于办理贪污贿赂刑事案件适用法律若干问题的解释》（法释〔2016〕9号）第一条规定，贪污或者受贿数额在30 000元以上不满200 000元的，应当认定为刑法第三百八十三条第一款规定的"数额较大"，依法判处3年以下有期徒刑或者拘役，并处罚金。……受贿数额在10 000元以上不满30 000元，具有前款第二项至第六项规定的情形之一，或者具有下列情形之一的，应当认定为刑法第三百八十三条第一款规定的"其他较重情节"，依法判处3年以下有期徒刑或者拘役，并处罚金：(1)多次索贿的；(2)为他人谋取不正当利益，致使公共财产、国家和人民利益遭受损失的；(3)为他人谋取职务提拔、调整的。如果存在多次索贿、为他人谋取不正当利益，致使公共财产、国家和人民利益遭受损失等情形的，虽不满30 000元，但在10 000元以上的，就构成受贿罪。因此，题目说法错误。

10. 错误

解析：《行政处罚法》第八十二条规定，行政机关对应当依法移交司法机关追究刑事责任的案件不移交，以行政处罚代替刑事处罚，由上级行政机关或者有关机关责令改正,对直接负责的主管人员和其他直接责任人员依法给予处分;情节严重构成犯罪的,依法追究刑事责任。根据《刑法》第四百零二条:"行政执法人员徇私舞弊,对依法应当移交司法机关追究刑事责任的不移交,情节严重的,处三年以下有期徒刑或者拘役;造成严重后果的,处三年以上七年以下有期徒刑。"构成徇私舞弊不移交刑事案件罪,必须有徇私舞弊的情节存在。行政机关不移交案件,以行政处罚代替刑事处罚,不一定具有徇私舞弊的情节。因此,题目说法错误。

11. 正确

    解析:《行政处罚法》第八十三条规定,行政机关对应当予以制止和处罚的违法行为不予制止、处罚,致使公民、法人或者其他组织的合法权益、公共利益和社会秩序遭受损害的,对直接负责的主管人员和其他直接责任人员依法给予处分;情节严重构成犯罪的,依法追究刑事责任。根据《刑法》第三百九十七条:"国家机关工作人员滥用职权或者玩忽职守,致使公共财产、国家和人民利益遭受重大损失的,处三年以下有期徒刑或者拘役;情节特别严重的,处三年以上七年以下有期徒刑。本法另有规定的,依照规定。"题目说法正确。

12. 错误

    解析:根据《最高人民法院 最高人民检察院关于办理渎职刑事案件适用法律若干问题的解释(一)》(法释〔2012〕18号)第五条第一款:"国家机关负责人员违法决定,或者指使、授意、强令其他国家机关工作人员违法履行职务或者不履行职务,构成刑法分则第九章规定的渎职犯罪的,应当依法追究刑事责任。"题目说法错误。

13. 错误

    解析:根据《最高人民法院 最高人民检察院关于办理渎职刑事案件适用法律若干问题的解释(一)》(法释〔2012〕18号)第五条第二

款规定,以"集体研究"形式实施的渎职犯罪,应当依照刑法分则第九章的规定追究国家机关负有责任的人员的刑事责任。对于具体执行人员,应当在综合认定其行为性质、是否提出反对意见、危害结果大小等情节的基础上决定是否追究刑事责任和应当判处的刑罚。因此,题目说法错误。

14. 错误

    解析:《公职人员政务处分法》第十二条第二款规定,公职人员因不明真相被裹挟或者被胁迫参与违法活动,经批评教育后确有悔改表现的,可以减轻、免予或者不予政务处分。因此,题目说法错误。

15. 正确

    解析:根据《公职人员政务处分法》第十四条规定,公职人员因过失犯罪被判处有期徒刑,刑期超过3年的予以开除。所以,题目说法正确。

四、简答题

1. 答案要点:

    (1) 没有法定的行政处罚依据的。

    (2) 擅自改变行政处罚种类、幅度的。

    (3) 违反法定的行政处罚程序的。

    (4) 违反委托处罚的规定的。

    (5) 执法人员未取得执法证件的。

    (6) 行政机关对符合立案标准的案件不及时立案的。

    (7) 处罚不使用罚款、没收财物单据或者使用非法定部门制发的罚款、没收财物单据的。

    (8) 行政机关违反规定自行收缴罚款的。

    (9) 行政机关使用或者损毁查封、扣押的财物,对当事人造成损失的。

2. 答案要点：

（1）行政机关截留、私分或者变相私分罚款、没收的违法所得或者财物的，情节严重构成犯罪的，依法追究刑事责任。可能触犯私分罚没财物罪。

（2）执法人员利用职务上的便利，索取或者收受他人财物、将收缴罚款据为己有，构成犯罪的，依法追究刑事责任。可能触犯受贿罪、贪污罪。

（3）行政机关违法实施检查措施或者执行措施，给公民人身或者财产造成损害，给法人或者其他组织造成损失，情节严重构成犯罪的，依法追究刑事责任。可能触犯滥用职权罪。

（4）行政机关对应当依法移交司法机关追究刑事责任的案件不移交，以行政处罚代替刑事处罚，情节严重构成犯罪的，依法追究刑事责任。可能触犯徇私舞弊不移交刑事案件罪。

（5）行政机关对应当予以制止和处罚的违法行为不予制止、处罚，致使公民、法人或者其他组织的合法权益、公共利益和社会秩序遭受损害，情节严重构成犯罪的，依法追究刑事责任。可能触犯玩忽职守罪，环境监管失职罪、失职造成珍贵文物损毁、流失罪等。

第八章　附　　则

> **本章导读**
>
> 本章为《行政处罚法》的附则部分,共3条。2021年《行政处罚法》的修订主要体现在以下方面:一是规定了涉外属地管辖,明确了对外国人、无国籍人、外国组织在中华人民共和国领域内有违法行为,应当给予行政处罚的,适用《行政处罚法》,法律另有规定的除外;二是增加了关于时间的规定,明确了《行政处罚法》中"二日""三日""五日""七日"的规定是指工作日,不含法定节假日;三是删除了原法第六十三条和第六十四条第二款。

学习指引

一、涉外法律适用

除法律另有规定外,外国人、无国籍人、外国组织在中华人民共和国领域内有违法行为,应当给予行政处罚的,适用《行政处罚法》。

二、时间规定

《行政处罚法》中"二日""三日""五日""七日"的规定是指工作日,不含法定节假日。

三、施行日期

修订后的《行政处罚法》自 2021 年 7 月 15 日起施行。

本章练习

一、单选题

1. 全国人民代表大会常务委员会第二十五次会议于 2021 年 1 月 22 日修订通过了新《行政处罚法》,新法的施行时间是(　　)。
   A. 2021 年 5 月 1 日　　　　B. 2021 年 7 月 15 日
   C. 2021 年 10 月 1 日　　　 D. 2022 年 1 月 1 日

2. 《行政处罚法》第六十条规定,行政机关应当自行政处罚案件立案之日起九十日内作出行政处罚决定。法律、法规、规章另有规定的,从其规定。关于"九十日"的计算,下列说法正确的是(　　)。
   A. 只计算工作日
   B. 只计算工作日和周末,国家法定放假时间不计算在内
   C. 从立案之日起算,立案之日为期限第一日
   D. 按照自然日计算,不扣除法定节假日

3. 我国《行政处罚法》的制定机关为(　　)。
   A. 全国人民代表大会
   B. 全国人民代表大会常务委员会
   C. 全国人大常委会法制工作委员会
   D. 全国人大常委会办公厅

二、多选题

1. 我国《行政处罚法》规定下列期限中,不含法定节假日的有

( )日。

A. 2　　　　B. 3　　　　C. 5　　　　D. 7

2. 关于法律的制定、修改和解释，下列说法正确的有（　　）。

    A. 全国人大及其常委会通过的法律均由国家主席签署主席令予以公布

    B. 全国人大及其常委会通过的法律，解释权均属于全国人大常委会

    C. 全国人大常委会的法律解释的效力仅次于法律

    D. 全国人大常委会工作机构可以对有关具体问题的法律询问进行研究并起草答复，并报常务委员会审议通过

3. 法律规定明确要求有关国家机关对专门事项作出配套的具体规定的，下列说法正确的有（　　）。

    A. 有关国家机关应当自法律施行之日起一年内作出规定

    B. 有关国家机关应当自法律公布之日起一年内作出规定

    C. 法律对配套的具体规定制定期限有明确规定的，从其规定

    D. 有关国家机关未能在期限内作出配套的具体规定的，应当向全国人民代表大会说明情况

三、判断题

1. 外国人、无国籍人、外国组织在中华人民共和国领域内有违法行为，应当给予行政处罚的，不适用《行政处罚法》。　　　　（　　）

2. 《行政处罚法》第五十一条规定，违法事实确凿并有法定依据，对公民处以200元以下、对法人或者其他组织处以3 000元以下罚款或者警告的行政处罚的，可以当场作出行政处罚决定。这里的"以下"不包含本数。　　　　（　　）。

3. 《行政处罚法》规定，不满14周岁的未成年人有违法行为的，不予行政处罚。这里的"不满14周岁"不包括14周岁。　　　　（　　）

答案解析

一、单选题

1. B

   解析：《行政处罚法》已由中华人民共和国第十三届全国人民代表大会常务委员会第二十五次会议于 2021 年 1 月 22 日修订通过，自 2021 年 7 月 15 日起施行。因此，B 选项符合题意。

2. D

   解析：根据《行政处罚法》第八十五条的规定，《行政处罚法》中"二日""三日""五日""七日"的规定是指工作日，不含法定节假日。这里规定的"九十日"含法定节假日，应当按自然日计算。所以，A、B 选项错误，D 选项正确。"九十日"自立案之日起算，起算日不包括在期限之内，因此，C 选项错误。

3. A

   解析：我国《行政处罚法》于 1996 年 3 月 17 日第八届全国人民代表大会第四次会议通过，因此，制定机关为全国人民代表大会，A 选项符合题意。

二、多选题

1. ABCD

   解析：根据《行政处罚法》第八十五条的规定，《行政处罚法》中"二日""三日""五日""七日"的规定是指工作日，不含法定节假日。所以，A、B、C、D 四个选项均符合题意。

2. AB

   解析：根据《立法法》第二十五条："全国人民代表大会通过的法律

由国家主席签署主席令予以公布。"《立法法》第四十四条:"常务委员会通过的法律由国家主席签署主席令予以公布。"A选项正确。

根据《立法法》第四十五条第一款:"法律解释权属于全国人民代表大会常务委员会。"B选项正确。

根据《立法法》第五十条:"全国人民代表大会常务委员会的法律解释同法律具有同等效力。"C选项错误。

根据《立法法》第六十四条:"全国人民代表大会常务委员会工作机构可以对有关具体问题的法律询问进行研究予以答复,并报常务委员会备案。"D选项错误。

3. AC

解析:根据《立法法》第六十二条:"法律规定明确要求有关国家机关对专门事项作出配套的具体规定的,有关国家机关应当自法律施行之日起一年内作出规定,法律对配套的具体规定制定期限另有规定的,从其规定。有关国家机关未能在期限内作出配套的具体规定的,应当向全国人民代表大会常务委员会说明情况。"A、C选项表述正确,符合题意。B、D选项不符合规定。

三、判断题

1. 错误

解析:根据《行政处罚法》第八十四条:"外国人、无国籍人、外国组织在中华人民共和国领域内有违法行为,应当给予行政处罚的,适用本法,法律另有规定的除外。"题目说法错误。

2. 错误

解析:《关于印送〈立法技术规范(试行)(一)〉的函》(法工委发〔2009〕62号)规范了年龄、期限、尺度、重量等数量关系,涉及以上、以下、以内、不满、超过的规定时,"以上、以下、以内"均含本数,"不满、超过"均不含本数。题目说法错误。

3. 正确

    解析:《关于印送〈立法技术规范(试行)(一)〉的函》(法工委发〔2009〕62号)规范年龄、期限、尺度、重量等数量关系,涉及以上、以下、以内、不满、超过的规定时,"以上、以下、以内"均含本数,"不满、超过"均不含本数。题目说法正确。

综合测试题(一)

试题满分:100 分;作答时间:90 分钟

一、单选题(共 25 小题,每小题 1 分,计 25 分)

1. 我国《行政处罚法》制定于(　　)。
   A. 1994 年　　B. 1995 年　　C. 1996 年　　D. 1997 年

2. 行政处罚是指行政机关依法对违反行政管理秩序的公民、法人或者其他组织,以减损权益或者增加义务的方式予以惩戒的行为。行政处罚的核心特征是(　　)。
   A. 行政性　　B. 惩戒性　　C. 处分性　　D. 外部性

3. 行政机关在行政管理过程中,为制止违法行为、防止证据损毁、避免危害发生、控制危险扩大等情形,依法可以对公民、法人或者其他组织的财物实施暂时性控制。这种暂时性控制行为属于(　　)。
   A. 行政强制措施　　　　　　B. 行政强制执行
   C. 行政处罚行为　　　　　　D. 行政处理行为

4. 下列不属于行政处罚种类的是(　　)。
   A. 警告　　B. 罚款　　C. 拘役　　D. 拘留

5. "限制开展生产经营活动",属于(　　)。
   A. 申诫罚　　　　　　　　　B. 行政强制措施
   C. 行为罚　　　　　　　　　D. 财产罚

6. 根据《行政处罚法》第二十八条规定,行政机关实施行政处罚时,应当责令当事人改正或者限期改正违法行为。关于责令当事人改正或者限期改正违法行为,下列说法正确的是( )。

  A. 属于行为罚

  B. 属于行政复议的受案范围

  C. 逾期不改正的行政机关可以采取强制执行措施

  D. 不是行政处罚

7. 行政机关组建并赋予行政管理职能但不具有独立承担法律责任能力的机构,以自己的名义作出行政处罚,当事人不服提起诉讼。关于被告的说法正确的是( )。

  A. 以组建该机构的行政机关为被告

  B. 以该机构为被告

  C. 以该机构及组建行政机关为共同被告

  D. 以该组建行政机关上级主管部门为被告

8. 关于委托实施行政处罚,下列说法正确的是( )。

  A. 可以书面委托,也可以口头授权

  B. 委托的具体事项和权限必须在行政机关的法定权限内

  C. 委托书应当由委托行政机关向社会公布

  D. 委托实施行政处罚应当向同级人大常委会备案

9. 关于市场监督管理部门对网络交易平台经营者违法行为的管辖,下列说法正确的是( )。

  A. 一般应由违法行为发现地市场监督管理部门管辖

  B. 一般应由违法行为发生地市场监督管理部门管辖

  C. 一般应由其住所地县级以上市场监督管理部门管辖

  D. 一般应由其实际经营地县级以上市场监督管理部门管辖

10. 行政执法机关接到公安机关不予立案的通知书后,认为依法应当由公安机关决定立案的,可以自接到不予立案通知书之日起一定期限内提请作出不予立案决定的公安机关复议。该规定期限为( )。

A. 3日内　　　B. 5日内　　　C. 15日内　　　D. 30日内

11. 行政机关将涉嫌犯罪案件移送后,公安机关决定立案的,移交涉案物品以及有关材料的期限一般为(　　)。

   A. 接到立案通知书之日起3日内

   B. 接到立案通知书之日起24小时内

   C. 自公安机关接受移送材料之日起3日内

   D. 自公安机关接受移送材料之日起7日内

12. 甲公司因未按规定期限进行纳税申报,税务机关拟对其作出行政处罚决定。下列说法正确的是(　　)。

   A. 税务机关应当对甲公司存在主观故意举证

   B. 税务机关只要证明甲公司存在过失即可

   C. 甲公司有证据足以证明其没有主观故意的,应当减轻行政处罚

   D. 甲公司有证据足以证明其没有主观过错的,应当不予行政处罚

13. 甲公司在未发生经营业务的情况下,为他人虚开增值税普通发票2份,金额合计9 000元,收取开票手续费700元。税务机关没收陈某违法所得700元,并罚款40 000元。关于税务机关作出的行政处罚,下列说法正确的是(　　)。

   A. 该行政处罚错误,只能实施没收违法所得的处罚

   B. 该行政处罚错误,只能实施罚款40 000元的处罚

   C. 该行政处罚错误,只能在没收违法所得与罚款中选择一种实施处罚

   D. 该行政处罚正确,没有违反一事不二罚的原则

14. 下列不属于当事人在行政处罚案件调查、取证过程中享有的权利的是(　　)。

   A. 要求听证权　　　　　　B. 投诉举报权

   C. 申辩权　　　　　　　　D. 行政诉讼权

15. 《行政处罚法》规定,行政机关不得因当事人陈述、申辩而给予更重的处罚。对此,理解正确的是(　　)。

    A. "更重"仅指从重处罚

    B. "更重"仅指加重处罚

    C. "更重"既包括从重处罚,也包括加重处罚

    D. 即使又发现新的违法事实,行政机关也不得给予更重的处罚

16. 根据《行政处罚法》的规定,下列不属于证据收集原则的是(　　)。

    A. 依法收集证据原则　　　B. 全面收集证据原则

    C. 客观公正原则　　　　　D. 高效原则

17. 行政机关在实施行政处罚中,收集的个别证据涉及国家秘密、商业秘密和个人隐私的,在行政诉讼中(　　)。

    A. 不得向人民法院提供

    B. 不得在开庭时公开质证

    C. 应当进行处理后向人民法院提供

    D. 应当在开庭时公开质证

18. 《行政处罚法》规定,除另有规定外,行政机关应当在规定的期限内作出行政处罚决定,这里的期限要求为(　　)。

    A. 自立案之日起90日内　　B. 自立案之日起60日内

    C. 自调查之日起90日内　　D. 自调查之日起60日内

19. 下列选项中,不属于《行政处罚决定书》内容的是(　　)。

    A. 违法事实及证据

    B. 行政处罚种类和依据

    C. 行政处罚履行方式、期限和地点

    D. 告知享有陈述申辩的权利

20. 关于行政机关及其执法人员当场收缴罚款,下列说法正确的是(　　)。

A. 在边远、水上、交通不便地区作出罚款决定后,应当当场收缴罚款

B. 当事人不愿到指定的银行或者通过电子支付系统缴纳罚款的,应当当场收缴罚款

C. 在边远、水上、交通不便地区,行政机关按照普通程序作出罚款决定,未经当事人提出的,不得当场收缴

D. 在送达行政处罚决定时,当事人提出当场缴纳罚款的,执法人员应当当场收缴

21. 对行政机关作出的罚款决定,除当场缴纳外,当事人主动到银行或通过电子支付缴纳罚款的期限为( )日。

 A. 3　　　　　B. 7　　　　　C. 10　　　　　D. 15

22. 行政机关申请人民法院强制执行行政处罚决定前,应当催告当事人履行义务。催告期限为( )日。

 A. 7　　　　　B. 10　　　　　C. 15　　　　　D. 30

23. 行政机关申请人民法院强制执行的,人民法院的受理期限为( )。

 A. 当场受理　　B. 3日内　　C. 5日内　　D. 15日内

24. 根据《公职人员政务处分法》的规定,对公职人员给予记过处分的期限为( )个月。

 A. 3　　　　　B. 6　　　　　C. 12　　　　　D. 18

25. 根据《行政处罚法》的规定,违反法定的行政处罚程序的行政处罚行为,应对直接负责的主管人员和其他直接责任人员依法给予处分。下列情形中,明显违反法定程序的是( )。

 A. 交警在给违停车辆贴罚单时,因车主不在场,未听取驾驶员的陈述申辩,就开出罚单

 B. 市场监管部门拟对某违法经营的企业处以50万元罚款,因当事

人未申请,没有组织听证

C. 税务机关在对某企业纳税情况进行检查时,执法人员当场通知当事人在 15 日内缴纳 5 000 元罚款

D. 公安人员在未出示执法证件表明身份的情况下,对某娱乐场所进行了"明察暗访",在收集了有关违法证据后,才亮明身份,依法对该场所的违法行为进行了处罚

二、多选题(共 20 小题,每小题 2 分,计 40 分)

1. 2021 年修订《行政处罚法》的指导思想包括( )。

   A. 以习近平新时代中国特色社会主义思想为指导,深入贯彻党的十九大和十九届二中、三中、四中全会精神

   B. 全面贯彻习近平总书记全面依法治国新理念新思想新战略,适应推进全面依法治国的需要

   C. 落实完善行政执法体制、严格规范公正文明执法的改革要求

   D. 推进国家治理体系和治理能力现代化

2. 我国《行政处罚法》自颁布以来,除了 2021 年修订,还曾经过两次修正,对个别条文作了修改。这两次修正的年度分别是( )。

   A. 1996 年　　B. 2009 年　　C. 2015 年　　D. 2017 年

3. 下列属于行政处罚公正原则要求的有( )。

   A. 从实际处罚,作出行政处罚决定,必须有事实和法律依据

   B. 平等对待,不偏私、不歧视

   C. 过罚相当,处罚与其违法行为性质、情节及危害程度相当

   D. 接受监督,行政处罚依据必须公开

4. 下列选项中,无权权设定限制人身自由行政处罚的有( )。

   A. 法律　　　　　　　　　　B. 行政法规

   C. 规章　　　　　　　　　　D. 国务院规范性文件

5. 下列选项中,属于行政处罚种类的有( )。

 A. 通报批评   B. 警告

 C. 降低资质等级   D. 吊销许可证件

6. 下列属于行政处罚的有( )。

 A. 市场监管局对甲企业涉嫌冒用他人商品识别代码的产品予以先行登记保存

 B. 人民银行对乙金融机构抽逃出资的行为责令停业整顿

 C. 环保局对排污超标的丙企业作出责令停产6个月的决定

 D. 自然资源局责令丁个人限期拆除在非法占用的土地上新建的建筑物

7. 关于相对集中执法权的意义,下列说法正确的有( )。

 A. 有利于解决多头执法、职权交叉重复的问题

 B. 有利于解决行政机构膨胀的问题

 C. 有利于提高行政执法效率,降低执法成本

 D. 有利于建立"精简、统一、效能"的行政管理体制

8. 下列属于行政法规的有( )。

 A.《海关办理行政处罚案件程序规定》

 B.《金融违法行为处罚办法》

 C.《价格违法行为行政处罚规定》

 D.《财政违法行为处罚处分条例》

9. 根据新修订的《行政处罚法》规定,有权决定由一个行政机关集中行使有关行政机关的行政处罚权的有( )。

 A. 国务院

 B. 省、自治区、直辖市人民政府

 C. 国务院授权的计划单列市人民政府

 D. 省、自治区、直辖市人民大表大会

10. 下列可以授权具有管理公共事务职能的组织实施行政处罚的有（　　）。

    A. 行政法规 B. 地方性法规

    C. 政府规章 D. 具有行政处罚权的行政机关

11. 下列关于受委托组织必须符合的条件，说法正确的有（　　）。

    A. 必须是依法成立并具有管理公共事务职能的组织

    B. 必须是依法组建专门承担和开展被委托事务的组织

    C. 必须有熟悉有关法律、法规、规章和业务并取得行政执法资格的工作人员

    D. 需要进行技术检查或者技术鉴定的，必须有条件组织进行相应的技术检查或者技术鉴定

12. 我国《中华人民共和国种子法》（以下简称《种子法》）规定，违法经营、推广应当审定而未经审定通过的种子的可处以1万元以上5万元以下罚款。某省政府在其制定的《某省种子法实施办法》中规定，违法经营、推广应当审定而未经审定通过的种子的，可处以3万元以上5万元以下罚款。下列说法正确的有（　　）。

    A. 《实施办法》超越了《种子法》的规定，无效

    B. 《实施办法》没有超越《种子法》的规定，有效

    C. 国务院若认为《实施办法》超越了种子的规定，有权予以撤销

    D. 受处罚人不服处罚申请行政复议的同时，可以对《实施办法》一并请求审查

13. 行政执法机关移送涉嫌犯罪案件后，接到公安机关不予立案的通知，但认为依法应当由公安机关立案的，行政机关的正确做法有（　　）。

    A. 3日内提请作出不予立案决定的公安机关复议

    B. 3日内提请作出不予立案决定的公安机关的上级人民政府复议

C. 建议人民检察院依法进行立案监督

D. 向人民法院提起行政诉讼

14. 行政机关在实施行政处罚时,应当对调查收集的证据进行审核。下列属于对证据真实性审查的有( )。

   A. 审查证据形成的原因

   B. 审查发现证据时的客观环境

   C. 审查证据是否为原件、原物,复制件、复制品与原件、原物是否相符

   D. 审查取证的主体和人员是否适格

15. 关于行政执法机关收集证人证言的有关要求,下列说法正确的有( )。

   A. 应当写明证人的姓名、年龄、性别、职业、住址等基本情况

   B. 必须有证人的签名并捺指印

   C. 应当注明证人证言的出具日期

   D. 应当附有居民身份证复印件等证明证人身份的文件

16. 下列属于行政处罚决定书应当包括的主要内容的有( )。

   A. 违法事实的基本情况

   B. 认定违法事实的证据

   C. 行政处罚的履行方式和期限

   D. 当事人申请行政复议的途径和期限

17. 关于行政处罚决定的履行,下列说法正确的有( )。

   A. 当事人履行的期限一般由行政处罚决定书规定

   B. 当事人已申请复议或提起诉讼的,可以暂不履行

   C. 当事人有权申请暂缓或者分期缴纳

   D. 当事人有时需要当场缴纳罚款

18. 关于当事人确有经济困难,无法在行政处罚决定书载明的期限内缴纳罚款的,下列说法错误的有(　　)。

    A. 可以申请延期或者分期缴纳罚款,但需要加收滞纳金

    B. 可以申请延期或者分期缴纳罚款,是否批准由行政机关决定

    C. 只能申请延期缴纳罚款,不需要加收滞纳金

    D. 只能申请分期缴纳罚款,不需要加收滞纳金

19. 关于罚缴分离制度,下列说法正确的有(　　)。

    A. 除依法可以当场收缴的罚款外,作出行政处罚决定的行政机关及其执法人员不得自行收缴罚款

    B. 当事人收到行政处罚决定书之后,应当到指定的银行或者通过电子支付系统缴纳罚款

    C. 银行收到当事人缴纳的罚款后,应当将罚款直接上缴国库

    D. 执法人员当场收缴的罚款,应当直接缴至指定的银行,不得交至行政机关

20. 行政执法人员徇私舞弊,对依法应当移交司法机关追究刑事责任的不移交,情节严重的,可能涉嫌构成徇私舞弊不移交刑事案件罪。下列情形已达到该罪名立案追诉标准的有(　　)。

    A. 税务机关执法人员徇私舞弊不征、少征应征税款,致使国家税收损失累计达 10 万元以上的

    B. 公安机关工作人员以罚代刑,放纵犯罪嫌疑人继续进行违法犯罪活动的

    C. 行政执法部门主管领导阻止移送的

    D. 不移交刑事案件涉及 3 人次以上的

三、判断题(共 25 小题,每小题 0.8 分,计 20 分)

1. 《行政处罚法》是行政处罚领域的通用规范,为单行法律、法规设定行政

处罚和行政机关实施行政处罚提供了实体和程序等方面的基本遵循。

（　　）

2. 行政处罚只是维护行政管理秩序的一种手段，它无法替代其他法律手段，更无法替代道德、教育等其他手段在维持秩序方面的作用，具有其自身的局限性。（　　）

3. 除法律、法规外，规章、其他规范性文件一律不得设定行政处罚。

（　　）

4. 《行政处罚法》规定，国务院部门规章可以在法律、行政法规规定的给予行政处罚的行为、种类和幅度的范围内作出具体规定。这里的部门规章，仅指国务院部、委员会制定的规章，不包括国务院直属机构以及其他部门制定的规章。（　　）

5. 地方性法规拟补充设定行政处罚的，必要时，可以通过听证会、论证会等形式听取意见，并向制定机关作出说明。（　　）

6. 规范性文件一律不得设定行政许可、行政处罚、行政强制等事项，不得减损公民、法人和其他组织合法权益或者增加其义务。（　　）

7. 国务院部门规章只能在法律、行政法规规定的给予行政处罚的行为、种类和幅度的范围内作出具体规定，不能设定新的行政处罚。（　　）

8. 对依法不需要追究刑事责任或者免予刑事处罚，但应当给予行政处罚的，司法机关应当及时将案件移送有关行政机关。（　　）

9. 委托行政处罚的，委托行政机关要向本级人民政府或者实行垂直管理的上级行政机关备案委托书。（　　）

10. 行政处罚只能由具有行政处罚权的行政机关实施。（　　）

11. 对当事人的违法行为依法不予行政处罚的，行政机关应当采取书面方式对当事人进行教育。（　　）

12. 当事人系初次违法，且危害后果轻微并及时改正的，应当不予行政处罚。

（　　）

13. 行政机关认为违法行为涉嫌犯罪并移送司法机关后,司法机关认为依法不需要追究刑事责任或者免予刑事处罚,行政机关不得再作出行政处罚。（   ）

14. 行政执法机关向公安机关移送涉嫌犯罪案件前已经作出的警告,责令停产停业,暂扣或者吊销许可证、暂扣或者吊销执照的行政处罚决定,在案件移送后不停止执行。（   ）

15. 行政执法机关在实施行政处罚时,发现地方性法规与部门规章之间对同一事项的规定不一致,不能确定如何适用时,应逐级报由国务院提出意见,国务院认为应当适用地方性法规的,应当决定在该地方适用地方性法规的规定,国务院认为应当适用部门规章的,应当提请全国人民代表大会常务委员会裁决。（   ）

16. 行政机关工作人员未经执法资格考试合格,不得从事行政处罚等执法活动。（   ）

17. 行政机关实施行政处罚时,所收集的证据必须经查证属实,方可作为认定案件事实的根据。（   ）

18. 没收违法所得中的违法所得,一般是指当事人实施违法行为所取得的全部款项。（   ）

19. 商业银行、信用合作社等经中国人民银行批准代收罚款的,财政部门应当向其支付手续费。（   ）

20. 当事人逾期不履行行政处罚决定,并提起行政诉讼的,加处罚款的数额在行政诉讼期间不予计算。（   ）

21. 与行政处罚一样,行政强制措施除由法律、法规规定的行政机关实施外,也可以委托符合条件的组织实施。（   ）

22. 当事人对行政处罚决定不服,提起行政诉讼的,行政处罚不停止执行,当事人申请停止执行,由作出行政处罚决定的行政机关决定是否停止执行。（   ）

23. 对违法的建筑物、构筑物、设施等需要强制拆除的,行政机关应当发出公告,限期当事人自行拆除。期满不拆除的,由行政机关强制拆除。
（　　）

24. 公职人员因不明真相被裹挟或者被胁迫参与违法活动,经批评教育后确有悔改表现的,应当减轻或者免予政务处分。（　　）

25. 根据《行政处罚法》规定,行政机关对符合立案标准的案件不及时立案的,情节严重的,依法追究刑事责任。（　　）

四、案例分析题(共两小题,共计 15 分,其中第(一)题 5 分,第(二)题 10 分)

（一）

某科技公司因未在规定期限内办理所属期为 2021 年 9 月的增值税纳税申报,2021 年 12 月 25 日,某县税务局风险管理股针对该科技公司未按规定进行增值税纳税申报的行为进行了行政处罚,罚款金额 2 000 元,制作了 X 税罚〔2021〕066 号《税务行政处罚决定书》,并加盖风险管理股的公章,送达科技公司。

问题： 本案中,该县税务局风险管理股加盖自己的印章作出的《税务行政处罚决定书》效力如何,并请说明理由。

（二）

2021 年 11 月 2 日,行政机关对某网吧进行检查,并对检查情况进行了录像。执法人员要求该网吧出示网络文化经营许可证和营业执照,但网吧未能出示。行政机关根据检查的情况,按照《互联网上网服务营业场所管理条例》(2002 年)第二十七条"违反本条例的规定,擅自从事互联网上网服务经营活动的,由文化行政部门或者由文化行政部门会同公安机关依法予以取缔,查封其从事违法经营活动的场所,扣押从事违法经营活动的专用工具、设备;触犯刑律的,依照刑法关于非法经营罪的规定,依法追究刑事责任;尚不够刑事处罚的,由文化行政部门没收违法所得及其从事违法经营活动的专用工具、设备;违法经营额1万元以上的,并处违法经营额5倍以上10倍以下的罚款;违法经营额不足1万元的,并处1万元以上5万元以下的罚款。"的规定,当场查封了该网吧,并扣押了电脑主机32台。次日,行政机关向该网吧送达《没收违法经营财物通知书》,决定对已扣押的从事违法经营活动的电脑主机32台予以没收。

问题:

1. 该案例中,行政机关查封网吧并扣押电脑主机32台,后又予以没收的行为,是否属于行政处罚?

2. 该网吧不服行政机关没收电脑主机的行为提起行政复议,认为行政机关在执法程序违法,请求行政复议机关撤销《没收违法经营财物通知书》,你怎么看?

综合测试题(二)

试题满分：100分；作答时间：90分钟

一、单选题(共25小题,每小题1分,计25分)

1. 我国《行政处罚法》的制定依据是(　　)。
   A.《中华人民共和国宪法》
   B.《中华人民共和国立法法》
   C.《中华人民共和国国务院组织法》
   D.《中华人民共和国行政诉讼法》

2. 根据《行政处罚法》第二条的规定,行政处罚是指行政机关依法对违反行政管理秩序的公民、法人或者其他组织,以减损权益或者增加义务的方式予以惩戒的行为。"减损权益或者增加义务"体现了行政处罚的(　　)。
   A. 行政性　　B. 惩戒性　　C. 法定性　　D. 强制性

3. 尚未制定法律、行政法规的,国务院部门规章对违反行政管理秩序的行为,可以设定警告、通报批评或者一定数额罚款的行政处罚。其中,有权规定"一定数额罚款"限额的是(　　)。
   A. 全国人大常委会　　　　　B. 全国人大常委会法工委
   C. 制定规章的国务院部门　　D. 国务院

4. 下列选项中,属于国务院部门规章可以设定的行政处罚种类的是(　　)。
   A. 暂扣许可证件　　　　　　B. 降级资质等级

C. 限制开展生产经营活动　　　D. 通报批评

5. 行政机关的内设机构在没有法律、法规或者规章授权的情况下，以自己的名义作出行政处罚决定，当事人不服提起行政诉讼的，下列说法正确的是（　　）。

   A. 以该行政机关为被告

   B. 以该内设机构为被告

   C. 以该行政机关和内设机构为共同被告

   D. 应当先向该行政机关申请行政复议

6. 关于行政处罚行为侵犯当事人合法权益造成损害的赔偿义务机关，下列说法错误的是（　　）。

   A. 行政机关及其工作人员行使行政职权侵犯公民、法人和其他组织的合法权益造成损害的，该行政机关为赔偿义务机关

   B. 法律、法规授权的组织在行使授予的行政权力时侵犯公民、法人和其他组织的合法权益造成损害的，被授权的组织为赔偿义务机关

   C. 受行政机关委托的组织或者个人在行使受委托的行政权力时侵犯公民、法人和其他组织的合法权益造成损害的，受托的组织为赔偿义务机关

   D. 赔偿义务机关被撤销的，继续行使其职权的行政机关为赔偿义务机关

7. 根据《行政处罚法》的规定，行政处罚案件，两个以上行政机关都有管辖权的，首先应（　　）。

   A. 协商确定管辖机关

   B. 由最先立案的行政机关管辖

   C. 由共同的上一级行政机关指定管辖

   D. 由最先发现违法行为的行政机关管辖

8. 行政机关将案件移送司法机关后,司法机关认为依法不需要追究刑事责任,但应当给予行政处罚的,司法机关的正确做法是( )。

   A. 直接作出行政处罚决定

   B. 将案件退回移送的行政机关

   C. 及时将案件移送有关行政机关

   D. 与有关行政机关联合作出行政处罚决定

9. 根据《行政处罚法》的规定,对同一个违法行为违反多个法律规范应当给予罚款处罚的,应当( )。

   A. 分别予以处罚

   B. 按照罚款数额低的规定处罚

   C. 按照罚款数额高的规定处罚

   D. 按照多个违法行为的罚款数额合并处罚

10. 2021年新修订的《行政处罚法》确立了"首违不罚"的规则。关于"首违不罚",下列说法正确的是( )。

    A. 初次违法且违法行为轻微并及时改正,没有造成危害后果的,不予行政处罚

    B. 初次违法且违法行为轻微,主动消除危害后果的,不予行政处罚

    C. 初次违法且主动减轻违法行为危害后果的,可以不予行政处罚

    D. 初次违法且危害后果轻微并及时改正的,可以不予行政处罚

11. 根据海关行政处罚有关规定,关于同一当事人就同一批货物、物品分别实施了2个以上违反海关监管规定的行为且两者之间有因果关系的处罚适用,下列说法正确的是( )。

    A. 选择其中一个行为从重处罚,对其他违反海关监管规定的行为不再另行处罚

    B. 对其违反海关监管规定的数个行为分别给予处罚,合并执行

    C. 任选其中一个行为给予行政处罚,对其他违反海关监管规定的

行为不再另行处罚

D. 选择处罚较重的规定予以处罚

12. 某行政机关作出的行政处罚决定书没有援引任何法律、法规和规章依据,则该行政处罚(　　)。

　　A. 属于无效行政行为　　　　B. 属于可撤销行政行为

　　C. 属于违法行政行为　　　　D. 属于效力待定行政行为

13. 关于行政机关依照法律、行政法规规定利用电子技术监控设备收集的证据,下列说法正确的是(　　)。

　　A. 属于电子数据类证据　　　B. 属于视听资料类证据

　　C. 属于现场笔录类证据　　　D. 不能作为定案依据

14. 关于行政处罚案件书证的收集,下列说法错误的是(　　)。

　　A. 提供原件确有困难的,可以提供与原件核对无误的复印件、照片、节录本

　　B. 提供报表、图纸、会计账册、专业技术资料、科技文献等书证的,应当附有说明材料

　　C. 提供由有关部门保管的书证原件的复制件、影印件或者抄录件的,应当由原件保管单位核对无异后加盖其印章

　　D. 外文书证,应当附有由具有翻译资质的机构翻译的或者其他翻译准确的中文译本,由翻译机构盖章或者翻译人员签名

15. 行政机关为实施行政处罚,收集的下列证据材料中,可以作为定案依据的是(　　)。

　　A. 以利诱、欺诈方式获取的证据材料

　　B. 严重违反程序收集的证据材料

　　C. 未经事先告知对与当事人在会议室的谈话进行录音取得的视听资料

　　D. 不能正确表达意志的证人提供的证言

16. 某区城管部门拟对违规占道经营的王某当场作出行政处罚,根据《行政处罚法》规定,该城管部门当场作出罚款行政处罚的金额不得超过( )元。

   A. 50 B. 100 C. 200 D. 2 000

17. 关于行政机关办理行政处罚案件的期限,下列说法错误的是( )。

   A. 行政法规有权规定超过90日的期限
   B. 地方性法规有权规定小于90日的期限
   C. 部门规章有权规定小于90日的期限
   D. 地方政府规章不得规定超过90日的期限

18. 依法公开的行政处罚决定被撤销后,行政机关撤回行政处罚信息并公开说明理由的期限为( )日内。

   A. 3 B. 5 C. 7 D. 15

19. 税务机关检查发现,甲公司存在未按规定开具发票的违法行为,违法事实确凿且有法定依据。税务机关如果当场对甲公司作出罚款的行政处罚,则罚款的金额不能超过( )元。

   A. 1 000 B. 2 000 C. 3 000 D. 5 000

20. 行政机关按照《民事诉讼法》的规定,采用公告方式送达行政处罚决定书的,公告期限为( )日。

   A. 30 B. 45 C. 60 D. 90

21. 关于延期或者分期缴纳罚款,下列说法正确的是( )。

   A. 当事人确有经济困难的,可以自行决定延期或者分期缴纳罚款
   B. 行政机关发现当事人确有经济困难的,应主动通知当事人延期或者分期缴纳罚款
   C. 当事人延期或者分期缴纳罚款的,应当向行政机关提供担保
   D. 只能由当事人提出申请,经行政机关批准后,方可暂缓或者分期

缴纳

22. 行政机关在依法对行政处罚决定执行的过程中,被执行人死亡,经核查无遗产可供执行,也无义务承受人的,应当(　　)。

　　A. 中止执行　　B. 终结执行　　C. 执行结案　　D. 撤销案件

23. 经行政机关批准延期、分期缴纳罚款的,当事人逾期仍不缴纳,行政机关依法申请人民法院强制执行的,申请人民法院强制执行的期限计算起点为(　　)。

　　A. 行政处罚决定书的送达之日

　　B. 申请暂缓或者分期缴纳罚款批准之日

　　C. 提出暂缓或者分期缴纳罚款申请之日

　　D. 暂缓或者分期缴纳罚款期限结束之日

24. 关于行政处罚行为违法的法律责任,下列说法正确的是(　　)。

　　A. 由作出行政机关承担,对该机关的主要负责人给予处分

　　B. 由作出行政机关承担,对直接负责的主管人员和其他直接责任人员依法给予处分

　　C. 由执法人员承担,对执法人员依法给予处分

　　D. 由执法人员承担,对执法人员及其直接负责的主管人员给予处分

25. 全国人民代表大会常务委员会第二十五次会议于2021年1月22日修订通过了新《行政处罚法》,新修订后的《行政处罚法》的施行时间是(　　)。

　　A. 1996年10月1日　　　　B. 2017年9月1日

　　C. 2021年7月15日　　　　D. 2022年1月1日

二、多选题(共20小题,每小题2分,计40分)

1. 近年来,我国全面推行行政执法"三项制度"改革。其中,"三项制

度"是指（　　）。

　　A. 行政执法公示制度　　　　B. 重大执法决定法制审核制度

　　C. 执法全过程记录制度　　　　D. 公职律师与法律顾问制度

2. 行政处罚的属性，除制裁性外，还包括（　　）。

　　A. 物理性　　　B. 外部性　　　C. 法定性　　　D. 处分性

3. 下列行政处罚种类中，地方性法规有权设定的有（　　）。

　　A. 警告　　　　　　　　　　　B. 罚款

　　C. 吊销营业执照　　　　　　　D. 暂扣许可证件

4. 行政机关实施的下列行为中，属于行政处罚的有（　　）。

　　A. 扣押　　　　　　　　　　　B. 冻结

　　C. 限制从业　　　　　　　　　D. 责令停产停业

5. 行政主体，是指具有行政职权，以自己名义行使该职权，并对该职权行为独立承担法律责任的组织。具有行政主体资格的组织包括（　　）。

　　A. 行政机关　　　　　　　　　B. 被授权的行政机构

　　C. 法律、法规授权的组织　　　D. 受行政机关委托的组织

6. 关于行政处罚实施机关，下列说法正确的有（　　）。

　　A. 行政处罚由具有行政处罚权的行政机关在法定职权范围内实施

　　B. 限制人身自由的行政处罚权只能由公安机关行使

　　C. 法律、法规授权的具有管理公共事务职能的组织可以在法定授权范围内实施行政处罚

　　D. 受委托组织可以在委托范围内，以自己的名义实施行政处罚

7. 行政处罚委托书中应当载明的内容包括（　　）。

　　A. 委托的具体事项　　　　　　B. 委托的权限

　　C. 委托的期限　　　　　　　　D. 委托机关和受托组织的信息

8. 甲公司因虚开发票行为被市税务局稽查局没收违法所得 8 万元，并

处以罚款 20 万元。后该案已送司法机关追究刑事责任,被人民法院判处罚金 30 万元。下列说法正确的有( )。

A. 甲公司还需要缴纳罚金 10 万元

B. 甲公司还需要缴纳罚金 30 万元

C. 没收违法所得的处罚仍具有法律效力

D. 没收违法所得不再执行

9. 下列情形中,应当从轻或者减轻行政处罚的有( )。

A. 甲实施违法行为后,主动消除了违法行为危害后果

B. 乙实施违法行为后主动供述了行政机关尚未掌握的违法行为

C. 丙实施违法行为后配合行政机关查处违法行为有立功表现

D. 丁违法行为轻微并及时改正,没有造成危害后果

10. 关于行政处罚的追责时效,下列说法正确的有( )。

A. 违反税收法律、行政法规应当给予行政处罚的行为,在 5 年内未被发现的,不再给予行政处罚

B. 涉及金融安全且有危害后果的违法行为在 5 年内未被发现的,不再给予行政处罚

C. 海关管辖的应当给予行政处罚的违法行为,在 5 年内未被发现的,不再给予行政处罚

D. 违反治安管理行为在 6 个月内没有被公安机关发现的,不再处罚

11. 关于行政机关利用电子技术监控设备收集、固定违法事实,下列说法正确的有( )。

A. 必须经过法制和技术审核

B. 必须有法律、法规、规章为依据

C. 必须确保电子技术监控设备符合标准、设置合理、标志明显

D. 设置地点必须向社会公布

12. 关于回避,下列说法错误的有( )。

   A. 执法人员发现与案件有可能影响公正执法的关系,应当告知当事人申请回避的权利

   B. 当事人认为执法人员与案件有直接利害关系或者有其他关系可能影响公正执法的,有权申请回避

   C. 当事人申请执法人员回避的,是否回避,由行政机关负责人决定

   D. 在行政机关负责人作出回避与否的决定之前,行政机关应当停止案件调查

13. 下列证据材料中,属于证人证言的有( )。

   A. 知情人员提供的书面证词

   B. 委托评估机构出具的房地产评估报告

   C. 行政机关对案发现场有关人员制作的询问笔录

   D. 当事人提交的书面自述材料

14. 行政机关在作出行政处罚决定之前,应当告知当事人的事项包括( )。

   A. 拟作出的行政处罚种类

   B. 拟作出的行政处罚事实、理由

   C. 拟作出的行政处罚依据

   D. 申请行政复议或提起行政诉讼的期限和途径

15. 在办理行政处罚案件时,对下列情形,一般可以直接认定事实的有( )。

   A. 按照法律规定推定的事实

   B. 众所周知的事实

   C. 生效的人民法院裁判文书或者仲裁机构裁决文书确认的事实

   D. 无法与原件、原物核对的复制件

16. 行政机关拟作出的下列处罚决定中,当事人有权要求听证的

有(　　)。

A. 没收较大数额违法所得　　B. 降低资质等级

C. 限制从业　　D. 责令关闭

17. 公安机关对不适用简易程序,但事实清楚,违法嫌疑人自愿认错认罚,且对违法事实和法律适用没有异议的行政案件,可以通过简化取证方式和审核审批手续等措施快速办理,但对一些特殊案件不能适用。下列情形不适用快速办理的有(　　)。

A. 违法嫌疑人系盲、聋、哑人或者疑似精神病人的

B. 依法应当适用听证程序的案件

C. 可能作出 10 日以上行政拘留处罚的案件

D. 违法嫌疑人系未成年人的

18. 关于执法人员当场收缴罚款的处置,下列说法正确的有(　　)。

A. 必须自收缴罚款之日起 2 日内将罚款交付国库

B. 必须在收缴罚款之日起 2 日内交至行政机关,行政机关应当在 2 日内将罚款缴付指定的银行

C. 行政机关收到执法人员交回的罚款,应当在 3 日内将罚款缴付指定的银行

D. 在水上当场收缴的罚款,应当自抵岸之日起 2 日内交至行政机关

19. 下列说法正确的有(　　)。

A. 当事人不服行政处罚决定,申请行政复议或者提起行政诉讼,除法律另有规定外,复议或诉讼期间行政处罚不停止执行

B. 当事人对限制人身自由的行政处罚决定不服,申请行政复议或者提起行政诉讼的,可以向作出决定的机关提出暂缓执行申请

C. 当事人不服行政处罚决定,申请行政复议或者提起行政诉讼的,加处罚款的数额在行政复议或者行政诉讼期间不停止计算

D. 当事人不服行政处罚决定,申请行政复议的,行政机关认为需要停止执行的,可以停止执行

20. 行政责任的构成要件,除存在违法行为外,一般还包括(　　)。
   A. 存在行政法保护的主体的合法权益受到侵害的事实
   B. 行政违法行为与损害事实之间有因果关系
   C. 行政责任必须符合法律规定
   D. 须有主观上的故意或过失

三、判断题(共25小题,每小题0.8分,计20分)

1. 根据行政处罚法定原则要求,对当事人违反行政管理秩序的行为,行政机关必须依照《行政处罚法》规定的行政处罚种类作出行政处罚决定。　　　　　　　　　　　　　　　　　　(　　)

2. 行政处罚的目的,重在矫正和预防,罚款只是手段,不是目的,行政机关不得为了处罚而处罚。　　　　　　　　　　(　　)

3. 地方政府规章可以在法律、法规规定的给予行政处罚的行为、种类和幅度的范围内作出具体规定。　　　　　　　　(　　)

4. 尚未制定法律、法规的,地方政府规章对违反行政管理秩序的行为,可以设定一定数额罚款的行政处罚,罚款的限额由国务院规定。　　　　　　　　　　　　　　　　　　(　　)

5. 限制人身自由的行政处罚权只能由公安机关行使。(　　)

6. 行政机关委托其他组织实施行政处罚时,必须以书面方式进行,不得采用口头或者其他方式。　　　　　　　　　　(　　)

7. 法律、行政法规未作出规定的,国务院可以制定规范性文件临时授权事业单位实施行政处罚。　　　　　　　　　　(　　)

8. 《行政处罚法》规定的"一事不二罚"原则,是指针对同一个违法行为,不能给予两次以上的罚款,其他行政处罚种类不在此限。
　　　　　　　　　　　　　　　　　　　　　　(　　)

9. 违法行为人主动消除或者减轻违法行为危害后果,且配合行政机关查处违法行为有立功表现的,可不予行政处罚。（   ）

10. 根据《行政处罚法》的规定,对已满75周岁的人有违法行为的,应当从轻或者减轻处罚。（   ）

11. 行政机关认为违法行为涉嫌犯罪并移送司法机关后,司法机关认为依法不需要追究刑事责任或者免予刑事处罚,行政机关不得再作出行政处罚。（   ）

12. 行政机关作出的行政处罚决定违反法定程序构成重大且明显违法的,行政处罚无效。（   ）

13. 行政处罚听证程序,并非独立的决定程序,而是附属于普通程序的。（   ）

14. 行政机关在实施行政处罚时,以非法手段取得的证据,不得作为认定案件事实的根据。（   ）

15. 交通警察对于当场发现的违法行为,认为情节轻微、未影响道路通行和安全的,口头告知其违法行为的基本事实、依据,可以向违法行为人提出口头警告,不再作出书面行政处罚决定。（   ）

16. 行政机关依法作出不予行政处罚决定书,因为没有处罚的内容,所以不需要告知当事人申请行政复议或者提起行政诉讼的途径和期限。（   ）

17. 发生重大传染病疫情等突发事件,行政机关对违反突发事件应对措施的行为依法快速、从重处罚时,可以适当降低事实认定标准,简化适用程序,确保对违反行政秩序行为实施及时有效地打击和震慑。（   ）

18. 行政机关及其执法人员当场收缴罚款时,如果不出具财政部门统一制发的专用票据的,当事人有权向有关部门投诉或者举报,但不得拒绝缴纳罚款。（   ）

19. 当事人逾期不缴纳罚款,行政机关每日按罚款数额的3‰加处罚款的,加处罚款的数额最高只能与罚款的数额相等。（ ）

20. 行政机关在催告期间,有证据证明不履行行政处罚决定的当事人有转移或者隐匿财物迹象的,行政机关可以在催告期限届满前,作出立即强制执行决定。（ ）

21. 执法机关依法取得的罚没物品,在处置时,一律应当按照国家规定进行公开拍卖。（ ）

22. 行政机关不得对居民生活采取停止供水、供电、供热、供燃气等方式迫使当事人履行相关行政处罚决定。（ ）

23. 某网络主播因偷逃税被税务机关处以少缴税款4倍的罚款,该主播不服,以税务机关处罚过重为由申请行政复议,在行政复议过程中,该案不适用和解或调解。（ ）

24. 没有法定的行政处罚依据而作出行政处罚的,对行政机关直接负责的主管人员和其他直接责任人员依法给予处分。（ ）

25. 财政部门违反法律规定向行政机关返还罚款、没收的违法所得或者拍卖款项的,行政机关及有关责任人员应当承担法律责任。（ ）

四、案例分析题（共两小题,共计15分,其中第（一）题8分,第（二）题7分）

（一）

2021年6月23日,甲公司与乙公司签订订购合同,约定由乙公司为甲公司制作标有连用标识"乐活LOHAS"的礼盒、手拎袋、单粒包等包装产品。2021年8月,甲公司开始生产月饼,并将其当年度所生产的月饼划分为"秋爽""美满""星月""和谐""乐活"等总计23个类别。2021年9月初,甲公司将上述月饼投放市场,涉案"乐活"款月饼的手拎袋、内衬及月饼单粒包装盒外侧左下角显著位置均标注"乐活LOHAS"

标识。

丙公司经国家商标局核准于2021年7月14日取得"乐活LOHAS"注册商标,目前尚未在产品上使用该商标。2021年9月8日,S市市场监管局接到丙公司举报称甲公司生产销售的"乐活LOHAS"等月饼有商标侵权嫌疑,经过调查,认定甲公司的行为属于《商标法》第五十七条第一项所规定的侵犯注册商标专用权的行为,对甲公司作出了责令停止侵权行为并罚款人民币50万元的行政处罚决定。甲公司不服向S市人民政府申请行政复议。S市人民政府作出行政复议决定书,维持S市市场监管局作出的处罚决定。甲公司对此仍不服,遂向法院提起行政诉讼。

问题:

根据过罚相当原则,试分析本案中,市场监管部门作出的行政处罚行为是否合法适当,并说明理由。(相关法条:《商标法》第六十条规定,有《商标法》第五十七条所列侵犯注册商标专用权行为之一,引起纠纷的,由当事人协商解决;不愿协商或者协商不成的,商标注册人或者利害关系人可以向人民法院起诉,也可以请求工商行政管理部门处理。工商行政管理部门处理时,认定侵权行为成立的,责令立即停止侵权行为,没收、销毁侵权商品和主要用于制造侵权商品、伪造注册商标标识的工具,违法经营额5万元以上的,可以处违法经营额五倍以下的罚款,没有违法经营额或者违法经营额不足5万元的,可以处25万元以下的罚款。对5年内实施两次以上商标侵权行为或者有其他严重情节的,应当从重处罚。销售不知道是侵犯注册商标专用权的商品,能证明该商品是自己合法取得并说明提供者的,由工商行政管理部门责令停止销售。)

（二）

2021年3月28日，税务机关发现甲公司有让他人为自己虚开增值税专用发票行为，数额较大，已涉嫌构成犯罪。同年4月3日，税务机关以涉嫌虚开增值税专用发票罪将案件移送公安机关。同年5月17日，税务机关以甲公司虚开发票为由，处以罚款50万元。同年8月2日，人民法院判决甲公司构成虚开增值税专用发票罪，并处罚金30万元。

问题：案例中，税务机关对甲公司作出的行政处罚是否合法适当，并请说明理由。

综合测试题(三)

试题满分:100分;作答时间:90分钟

一、单选题(共25小题,每小题1分,计25分)

1. 2021年修订的《行政处罚法》开始施行的时间为( )。
   A. 2021年5月1日 B. 2021年7月15日
   C. 2021年10月1日 D. 2022年1月1日

2. 甲公司因违法行为受到行政处罚并被追究刑事责任,其违法行为同时对乙公司造成了损害,因甲公司财产不足以全部支付行政罚款和民事赔偿的情况,其应当( )。
   A. 优先支付民事赔偿 B. 优先承担行政责任
   C. 优先承担刑事责任 D. 按合理比例分摊偿付

3. 《行政处罚法》规定的"警告"属于( )。
   A. 行政处分 B. 行为罚 C. 声誉罚 D. 申诫罚

4. 下列行政行为中,属于行政处罚的是( )。
   A. 责令缴纳保证金 B. 责令恢复原状
   C. 责令改正违法行为 D. 责令停产停业

5. 尚未制定法律、法规的,地方政府规章对违反行政管理秩序的行为,可以设定警告、通报批评或者一定数额罚款的行政处罚。其中,有权规定"一定数额罚款"限额的是( )。
   A. 省(自治区、直辖市)人民代表大会常务委员会
   B. 省(自治区、直辖市)人民政府

C. 制定机关的上一级人民政府

D. 制定规章的人民政府同级人民代表大会

6. 根据《行政处罚法》的规定,当事人到期不缴纳罚款的,行政机关可每日按罚款数额的3‰加处罚款。这里的"加处罚款"属于（   ）。

   A. 行政处罚行为　　　　　　B. 行政强制措施

   C. 行政强制执行　　　　　　D. 行政处理行为

7. 根据《行政处罚法》的规定,国务院部门和省、自治区、直辖市人民政府及其有关部门应当定期组织评估行政处罚的实施情况和必要性,对不适当的行政处罚事项及种类、罚款数额等,应当提出修改或者废止的建议。按照国务院的有关要求,评估周期为（   ）。

   A. 每2年组织一次　　　　　B. 每3年组织一次

   C. 每4年组织一次　　　　　D. 每5年组织一次

8. 下列不属于法律、法规授权实施行政处罚行政机构的是（   ）。

   A. 县公安局城关派出所　　　B. 区税务局第九税务所

   C. 北街街道办事处　　　　　D. 县消防救援大队

9. 根据2021年新修订的《行政处罚法》的规定,下列属于国家在城市管理、市场监管等领域推行建立综合行政执法制度,相对集中行政处罚权。下列不属于规定领域的是（   ）。

   A. 生态环境　　　　　　　　B. 文化市场

   C. 农业　　　　　　　　　　D. 税务

10. 对行政机关移送的涉嫌犯罪案件,公安机关发现不属于本机关管辖的,下列处理方式正确的是（   ）。

    A. 不予接受

    B. 不予立案

    C. 在24小时内转送有管辖权的机关

    D. 退回移送的行政执法机关

11. 关于违法所得,下列说法符合《行政处罚法》规定的是(　　)。

　　A. 对当事人的违法所得,行政机关应当直接予以没收

　　B. 违法所得一般是指实施违法行为所取得的款项扣除实施违法活动的实际支出后的剩余款项

　　C. 地方性法规可以对违法所得的具体计算方式作出特别规定

　　D. 违法所得需要退赔的,应当对退赔后的余额予以没收

12. 根据《行政处罚法》的规定,对同一个违法行为违反多个法律规范应当给予罚款处罚的,应当(　　)。

　　A. 按照罚款数额高的规定处罚

　　B. 按照罚款数额低的规定处罚

　　C. 分别予以处罚

　　D. 按照多个违法行为的罚款数额合并处罚

13. 在实施行政处罚时,涉及相关法律、行政法规或者地方性法规已修改,但其实施性规定未被明文废止的情形下,有关如何适用,下列说法错误的是(　　)。

　　A. 实施性规定与修改后的法律、行政法规或者地方性法规相抵触的,不予适用

　　B. 因法律、行政法规或者地方性法规的修改,相应的实施性规定丧失依据而不能单独施行的,不予适用

　　C. 实施性规定与修改后的法律、行政法规或者地方性法规不相抵触的,可以适用

　　D. 实施性规定属于法规、规章的,应当适用,规章以下的其他规范性文件不予适用

14. 甲公司于2018年3月14日非法占有耕地建房存储货物。2021年5月11日,该企业拆除了该房屋,恢复耕地原状。对甲公司的行政处罚的追究时效开始计算日期为(　　)。

A. 2021年5月11日　　B. 2021年5月12日
C. 2018年3月14日　　D. 2018年3月15日

15. 根据海关行政处罚有关规定,关于同一当事人实施了走私和违反海关监管规定的行为且两者之间有因果关系的处罚适用,下列说法正确的是(　　)。

   A. 对走私行为的从重处罚,对其违反海关监管规定的行为不再另行处罚
   B. 对其走私行为和违反海关监管规定的行为分别给予处罚,合并执行
   C. 只对其走私行为给予行政处罚
   D. 选择处罚较重的规定予以处罚

16. 当事人对行政机关作出的行政处罚决定不服向人民法院起诉,人民法院经审理认为行政处罚事实不清,主要证据不足的,应当(　　)。

   A. 判决撤销或者部分撤销行政处罚决定
   B. 判决确认行政处罚无效
   C. 裁定被告重新作出行政处罚
   D. 判决确认违法,但不撤销行政行为

17. 关于行政处罚证据,下列说法中不正确的是(　　)。

   A. 能够证明案件真实情况的一切事实都是证据
   B. 证据必须是与案件有客观联系的事实
   C. 证据必须是客观存在的事实
   D. 证据的合法性是指证据的形式必须合法

18. 关于行政执法机关在办理行政处罚案件中收集视听资料证据,下列说法不正确的是(　　)。

   A. 必须提供原始载体
   B. 必须注明制作方法、制作时间、制作人

C. 必须附有该声音内容的文字记录

D. 必须采用合法手段

19. 公安机关实施行政处罚需要听证的,举行听证的期限为( )。

A. 收到听证申请之日起 10 日内

B. 收到听证申请之日起 15 日内

C. 发出听证通知之日起 10 日内

D. 发出听证通知之日起 15 日内

20. 行政机关采用电子方式送达行政处罚决定书的,送达日期为( )。

A. 行政机关通过特定系统发出送达信息的日期

B. 行政处罚决定书的制作日期

C. 送达信息到达受送达人特定系统的日期

D. 当事人在特定系统打开所送达文书的日期

21. 关于当事人确有经济困难,无法在行政处罚决定书载明的期限内缴纳罚款的,下列说法正确的是( )。

A. 可以申请延期或者分期缴纳罚款,但需要加收滞纳金

B. 可以申请延期或者分期缴纳罚款,是否批准由行政机关决定

C. 只能申请延期缴纳罚款,不需要加收滞纳金

D. 只能申请分期缴纳罚款,不需要加收滞纳金

22. 当事人对行政机关的处罚决定逾期不申请行政复议也不向人民法院起诉、又不履行的,作出处罚决定的行政机关申请人民法院强制执行的,有管辖权的人民法院一般为( )。

A. 行政机关所在地的基层人民法院

B. 当事人所在地的基层人民法院

C. 行政机关所在地的中级人民法院

D. 当事人所在地的中级人民法院

23. 行政机关作出行政处罚决定后,因情况紧急,为保障公共安全,申请人民法院立即执行的,经人民法院院长批准,人民法院应当(   )。

   A. 自作出执行裁定之日起3日内执行

   B. 自作出执行裁定之日起5日内执行

   C. 自行政机关提出申请之日起3日内执行

   D. 自行政机关提出申请之日起5日内执行

24. 执法人员张某私自驾驶本单位依法查扣的王某所有的私家车执行公务,途中发生交通事故,对此,下列说法正确的是(   )。

   A. 由张某承担法律责任,王某只能要求张某赔偿损失

   B. 由张某所在单位承担法律责任,王某可以要求单位赔偿损失

   C. 单位对被查扣的车辆有处置权,王某无权要求赔偿

   D. 张某的行为是为了执行公务,因此不需要承担法律责任

25. 徇私舞弊不移交刑事案件罪是指工商行政管理、税务、监察等行政执法人员,徇私舞弊,对依法应当移交司法机关追究刑事责任的案件不移交,情节严重的行为。下列情形中,未达到徇私舞弊不移交刑事案件罪立案追诉标准的是(   )。

   A. 不移交刑事案件涉及3人次的

   B. 对依法可能判处拘役、管制的犯罪案件不移交的

   C. 行政执法部门主管领导阻止移交的

   D. 司法机关提出意见后,无正当理由仍然不予移交的

二、多选题(共20小题,每小题2分,计40分)

1. 2021年修订《行政处罚法》的目的包括(   )。

   A. 贯彻落实党中央重大改革决策部署

   B. 推进国家治理体系和治理能力现代化

   C. 加强法治政府建设,完善行政处罚制度

D. 解决执法实践中遇到的突出问题

2. 关于具体行政行为的效力,下列哪些说法正确的有( )。

A. 具体行政行为废止前给予当事人的利益,在该行为废止后应收回

B. 可撤销的具体行政行为在被撤销之前,当事人应受其约束

C. 为某人设定专属权益的行政行为,如此人死亡其效力应终止

D. 对无效具体行政行为,任何人都可以向法院起诉主张其无效

3. 下列情形中,适用信赖保护原则的有( )。

A. 因城市规划修改,市自然资源局收回甲公司于3个月前通过拍卖取得的土地使用权

B. 为保护环境,县政府决定"关停并转"11家高污染企业

C. 因事实认定错误,市税务局稽查局撤销对某企业罚款50万元的决定

D. 基于政策考虑,市政府决定关闭证照齐全的8家"小矿厂"

4. "吊销许可证件"是行政处罚种类之一。下列属于法律规定的许可证件形式的有( )。

A. 资格证、资质证   B. 许可证、执照
C. 行政机关的批准文件   D. 行政机关的证明文件

5. 下列行政处罚种类,地方政府规章有权设定的有( )。

A. 警告   B. 通报批评
C. 降低资质等级   D. 限制从业

6. 行政处罚的主体实施行政处罚,必须具备的条件有( )。

A. 有实施相关行政处罚的法律依据

B. 有相应的行政处罚权

C. 有取得行政执法资格的工作人员

D. 有独立的经费,具有法人资格

7. 关于委托行政处罚,下列说法正确的有( )。

   A. 受委托行政机关应当监督受托组织实施行政处罚

   B. 受托组织对行政处罚的后果承担法律责任。

   C. 受托组织应当以委托行政机关名义实施行政处罚

   D. 受托组织只能在委托权限范围内实施行政处罚

8. 行政执法机关在依法查处违法行为过程中,根据违法事实涉及的金额、违法事实的情节、违法事实造成的后果等,判断是否涉嫌构成犯罪的依据包括( )。

   A. 刑法关于破坏社会主义市场经济秩序罪、妨害社会管理秩序罪等罪的规定

   B. 最高人民法院、最高人民检察院关于破坏社会主义市场经济秩序罪、妨害社会管理秩序罪等罪的司法解释

   C. 最高人民检察院、公安部关于经济犯罪案件的追诉标准

   D. 行政处罚法及有关规定

9. 关于违法行为的连续或者继续状态,下列说法正确的有( )。

   A. 违法行为的连续状态,是指当事人基于同一个违法故意,连续实施数个独立的行政违法行为,并触犯同一个行政处罚规定的情形

   B. 违反规划许可、工程建设强制性标准进行建设、设计、施工,因其带来的建设工程质量安全隐患和违反城乡规划的事实始终存在,应当认定其行为有继续状态

   C. 对非法占用土地的违法行为,在未恢复原状之前,应视为具有继续状态

   D. 违法行为有连续或者继续状态的,行政处罚追责时效从行为终了之日起计算

10. 根据2021年修订的《行政处罚法》的规定,下列情形中会导致行政

处罚无效的有（　　）。

A. 实施主体不具有行政主体资格

B. 行政处罚没有依据

C. 适用法律错误

D. 处罚显失公正

11. 证据的基本属性包括（　　）。

A. 真实性　　B. 合法性　　C. 关联性　　D. 规范性

12. 关于当场作出行政处罚决定的程序，下列说法正确的有（　　）。

A. 应当向当事人出示执法证件

B. 应当填写预定格式、编有号码的行政处罚决定书

C. 应当将行政处罚决定书当场交付当事人

D. 不需要向当事人告知申请听证的权利

13. 行政机关实施行政处罚，在作出行政处罚决定前，应当由行政机关负责人应当集体讨论决定的情形包括（　　）。

A. 对没有主观过错拟作出不予行政处罚的

B. 根据违法情节，拟从重作出行政处罚的

C. 对重大违法行为拟作出行政处罚的

D. 对情节复杂案件拟作出行政处罚的

14. 关于行政处罚听证主持人，下列说法正确的有（　　）。

A. 听证主持人由行政机关指定

B. 本案调查人员不得担任听证主持人

C. 听证主持人不适用回避

D. 听证主持人应当通过国家统一法律职业资格考试取得法律职业资格

15. 对道路交通违法行为的下列行政处罚，交通警察可以当场作出的有（　　）。

A. 警告　　　　　　　　　B. 50元罚款

C. 200元罚款　　　　　　D. 暂扣机动车驾驶证

16. 行政机关及其执法人员当场收缴罚款的,必须向当事人出具专用票据。根据《行政处罚法》的规定,有权制发专用票据的部门包括（　　）。

A. 国务院财政部门

B. 省、自治区、直辖市人民政府财政部门

C. 设区的市级人民政府财政部门

D. 县（区）人民政府

17. 行政执法机关按照简易程序对当事人当场作出的下列行政处罚决定中,可以当场收缴的有（　　）。

A. 罚款20元　　　　　　B. 罚款50元

C. 罚款100元　　　　　 D. 罚款200元

18. 下列行政行为中,依法可以提起行政诉讼的有（　　）。

A. 在刑事立案后,区公安局对涉嫌盗窃罪犯罪嫌疑人王某用于盗窃的汽车予以没收

B. 在刑事诉讼法中,县公安局没收被取保候审人陈某缴纳的保证金

C. 甲公司因骗取出口退税罪被刑事立案后,市税务局对其作出停止出口退税3年的决定

D. 乙公司因违法行为轻微,且属于首次违法,县税务局对其作出不予行政处罚决定

19. 根据主观过错在法律责任中的地位,法律责任可分为（　　）。

A. 过错责任　　　　　　B. 无过错责任

C. 公平责任　　　　　　D. 行政责任

20. 关于法律的制定、修改和解释,下列说法正确的有（　　）。

A. 全国人大及其常委会通过的法律均由国家主席签署主席令予以公布

B. 全国人大及其常委会通过的法律,解释权均属于全国人大常委会

C. 全国人大常委会的法律解释的效力仅次于法律

D. 全国人大常委会工作机构可以对有关具体问题的法律询问进行研究并起草答复,并报常务委员会审议通过

三、判断题(共 25 小题,每小题 0.8 分,计 20 分)

1. 行政机关不得在未查明违法事实的情况下,对一定区域、领域的公民、法人或者其他组织"一刀切"实施责令停产停业、责令关闭等行政处罚。( )

2. 国务院发布的规范性文件可以设定除限制人身自由、吊销营业执照以外的行政处罚。( )

3. 地方政府规章只能在法律、法规规定的给予行政处罚的行为、种类和幅度的范围内作出具体规定,不能设定新的行政处罚。( )

4. 除《行政处罚法》第九条已明确列举的行政处罚种类外,其他法律、行政法规不得设立新的行政处罚种类。( )

5. 除行政机关外,具有管理公共事务职能的组织可以在法定授权范围内以自己的名义实施行政处罚。( )

6. 不是所有的行政机关都具有行政处罚权,行政机关以外的其他国家机关也享有一定行政处罚权。( )

7. 交通警察对道路交通安全违法行为适用简易程序处罚的,可以由一名交通警察作出行政处罚决定。( )

8. 行政处罚相对人主动消除或者减轻违法行为危害后果,且配合行政机关查处违法行为有立功表现的,可不予行政处罚。( )

9. 违法行为在2年内未被发现的,不再给予行政处罚。任何机关只要启动调查、取证和立案程序,均可视为"发现"。（　　）

10. 知识产权领域的违法案件,行政执法机关根据调查收集的证据和查明的案件事实,认为存在犯罪的合理嫌疑,但需要公安机关采取措施进一步获取证据以判断是否达到刑事案件立案追诉标准的,应当直接向公安机关移送。（　　）

11. 行政执法机关向公安机关移送涉嫌犯罪案件前,已经依法对当事人罚款的,人民法院判处罚金时,依法折抵相应罚金。（　　）

12. 当事人要求行政执法人员回避的,在行政机关负责人作出决定之前,应当中止对案件的调查处理。（　　）

13. 在行政机关依法告知的期限内,当事人未提出陈述申辩意见的,视为放弃陈述申辩,行政机关可以直接作出行政处罚决定书。（　　）

14. 海关在作出行政处罚决定前应当告知当事人拟作出的行政处罚内容及事实、理由、依据,并且告知当事人依法享有的陈述、申辩、要求听证等权利。如果拟作出不予行政处罚决定,则不需要经过前述告知程序。（　　）

15. 行政处罚听证程序,是为了充分保障当事人的陈述申辩权利,因此,行政机关组织听证的费用应由当事人承担。（　　）

16. 除涉及国家秘密、商业秘密和个人隐私的外,行政机关作出的行政处罚决定均应当依法予以公开。（　　）

17. 刑事案件转为行政处罚案件办理的,刑事案件办理过程中收集的证据材料,经依法收集、审查后,可以作为行政处罚案件定案的根据。（　　）

18. 行政机关及其执法人员当场收缴罚款的,仅适用于行政机关采用简易程序作出处罚决定的某些情形,适用普通程序作出行政处罚决定的,一律不得当场收缴罚款。（　　）

19. 当事人对公安机关作出的拘留行政处罚决定不服,申请行政复议或者提起行政诉讼的,可以向行政复议机关或者人民法院申请暂缓执行。( )

20. 情况紧急的,行政机关可以在夜间或者法定节假日实施行政强制执行。( )

21. 对决定给予行政拘留处罚的人,在处罚前已经采取强制措施限制人身自由的时间,应当折抵。( )

22. 对逾期不履行行政处罚决定的当事人实施行政强制执行,行政机关可以在不损害公共利益和他人合法权益的情况下,与当事人达成执行协议。( )

23. 罚没物品处置前存在破损、污秽等情形的,在有利于加快处置的情况下,且清理、修复费用低于变卖收入的,可以进行适当清理、修复。( )

24. 当事人对行政处罚决定不服申请行政复议或者提起行政诉讼的,行政处罚不停止执行,行政机关已开始计算加处罚款的,在行政复议或者行政诉讼期间继续计算。( )

25. 根据《公职人员政务处分法》规定,公职人员因过失犯罪被判处有期徒刑的,应当予以开除。( )

四、案例分析题(共计 15 分)

2021年3月31日,某区公安分局作出〔2021〕第056号行政处罚决定书(以下简称056号处罚决定书),决定对焦某不实举报行为给予焦某治安罚款200元的行政处罚。在056号处罚决定书已经发生法律效力后,同年7月4日,公安分局告知焦某,由于上级机关反映处罚过轻,所以要撤销056号处罚决定书,重新查处,重新裁决。同年7月13日,公安分局作出〔2021〕第047号行政处罚决定书(以下简称047号处罚决定书),决定给予焦某治安拘留10日的行政处罚。焦某不服申请复议,市公安局以事实不清为由撤销了047号处罚决定书,要求公安分局重新作出具体行政行为。同年11月19日,公安分局作出087号处罚决定书,决定给予焦某治安拘留15日的行政处罚。

问题: 本案例中,公安机关的做法是否合法适当,并请阐述理由。

综合测试题参考答案及解析

综合测试题(一)参考答案及解析

一、单选题

1. C

   解析：我国《行政处罚法》于1996年3月17日第八届全国人民代表大会第四次会议通过，所以，C选项符合题意。

2. B

   解析：根据《行政处罚法》第二条："行政处罚是指行政机关依法对违反行政管理秩序的公民、法人或者其他组织，以减损权益或者增加义务的方式予以惩戒的行为。"对违法行为矫正是行政处罚最重要的目的之一，惩戒性是其核心特征。所以，B选项最符合题意。

3. A

   解析：根据《行政强制法》第二条规定，行政强制措施，是指行政机关在行政管理过程中，为制止违法行为、防止证据损毁、避免危害发生、控制危险扩大等情形，依法对公民的人身自由实施暂时性限制，或者对公民、法人或者其他组织的财物实施暂时性控制的行为。所以，A选项符合题意。

4. C

   解析：根据《行政处罚法》第九条规定，行政处罚的种类有：警告、通报批评;罚款、没收违法所得、没收非法财物;暂扣许可证件、降低资质等级、吊销许可证件;限制开展生产经营活动、责令停产停业、责令关闭、限制从业;行政拘留;法律、行政法规规定的其他行政处罚。拘役不是行政处罚,属于刑罚的种类,所以,C选项符合题意。

5. C

解析:行为罚也称能力罚,是对违法行为人所采取的限制或者剥夺其特定行为能力的处罚形式。"限制开展生产经营活动"属于行为罚。所以,C选项符合题意。

6. D

解析:责令当事人改正或者限期改正违法行为不是行政处罚。D选项正确。责令当事人改正或者限期改正违法行为不属于行政复议的受案范围,逾期不改正的,行政机关可以依法作出行政处罚决定,不能直接强制执行,A、B、C选项不正确。

7. A

解析:《最高人民法院关于适用〈中华人民共和国行政诉讼法〉的解释》(法释〔2018〕1号)第二十条第一款规定,行政机关组建并赋予行政管理职能但不具有独立承担法律责任能力的机构,以自己的名义作出行政行为,当事人不服提起诉讼的,应当以组建该机构的行政机关为被告。因此,A选项符合题意。

8. B

解析:《行政处罚法》第二十条第一款规定,行政机关依照法律、法规、规章的规定,可以在其法定权限内书面委托符合《行政处罚法》第二十一条规定条件的组织实施行政处罚。行政机关不得委托其他组织或者个人实施行政处罚。第二款规定,委托书应当载明委托的具体事项、权限、期限等内容。委托行政机关和受委托组织应当将委托书向社会公布。因此,只有B选项正确。

综合测试题参考答案及解析

9. C

解析：根据《市场监督管理行政处罚程序规定》(2021年修订)第十条:"网络交易平台经营者和通过自建网站、其他网络服务销售商品或者提供服务的网络交易经营者的违法行为由其住所地县级以上市场监督管理部门管辖。平台内经营者的违法行为由其实际经营地县级以上市场监督管理部门管辖。网络交易平台经营者住所地县级以上市场监督管理部门先行发现违法线索或者收到投诉、举报的,也可以进行管辖。"C选项正确。

10. A

解析：根据《行政执法机关移送涉嫌犯罪案件的规定》(2020年修订)第九条第一款:"行政执法机关接到公安机关不予立案的通知书后,认为依法应当由公安机关决定立案的,可以自接到不予立案通知书之日起3日内,提请作出不予立案决定的公安机关复议,也可建议人民检察院依法进行立案监督。"A选项符合题意。

11. A

解析：根据《行政执法机关移送涉嫌犯罪案件的规定》(2020年修订)第十二条:"行政执法机关对公安机关决定立案的案件,应当自接到立案通知书之日起3日内将涉案物品以及与案件有关的其他材料移交公安机关,并办结交接手续;法律、行政法规另有规定的,依照其规定。"A选项符合题意。

12. D

解析：根据《行政处罚法》第三十三条第二款:"当事人有证据足以证明没有主观过错的,不予行政处罚。法律、行政法规另有规定的,从其规定。"D选项符合题意。

13. D

解析：根据《发票管理办法》(2019年修订)第三十七条第一款:"违

反本办法第二十二条第二款的规定虚开发票的,由税务机关没收违法所得;虚开金额在1万元以下的,可以并处5万元以下的罚款;虚开金额超过1万元的,并处5万元以上50万元以下的罚款;构成犯罪的,依法追究刑事责任。"税务机关行政处罚正确。一事不二罚是指二次以上罚款的处罚,没收违法所得与罚款可以同时适用,不违反一事不二罚原则。因此,D选项说法正确。

14. D

解析:只有行政机关作出行政处罚决定后,当事人才享有依法申请行政复议、提起行政诉讼的救济权。D选项符合题意。在行政处罚案件调查、取证过程中,当事人享有知情权、申辩权和要求听证的权利,也享有投诉、举报等监督权利。

15. C

解析:行政机关不得因当事人陈述、申辩而给予更重的处罚,其中,"更重"既包括从重处罚,也包括加重处罚。A、B选项不符合题意。如果发现新的违法事实,则不受"不得因当事人陈述、申辩而给予更重的处罚"限制。因此,D选项错误。

16. D

解析:根据《行政处罚法》第五十四条第一款:"除本法第五十一条规定的可以当场作出的行政处罚外,行政机关发现公民、法人或者其他组织有依法应当给予行政处罚的行为的,必须全面、客观、公正地调查,收集有关证据;必要时,依照法律、法规的规定,可以进行检查。"A、B、C选项均属于证据收集的原则。高效原则不是行政处罚证据收集的原则,D选项符合题意。

17. B

解析:根据《最高人民法院关于行政诉讼证据若干问题的规定》(法释〔2002〕21号)第三十七条:"涉及国家秘密、商业秘密和个人隐私或者法律规定的其他应当保密的证据,不得在开庭时公开质证。"B选项符合题意。

18. A

解析：根据《行政处罚法》第六十条:"行政机关应当自行政处罚案件立案之日起九十日内作出行政处罚决定。法律、法规、规章另有规定的,从其规定。"A选项符合题意。

19. D

解析：陈述申辩权是《行政处罚事项告知书》中应当告知的内容。当事人对《行政处罚决定书》不服的,享有申请行政复议或提起行政诉讼的权利。所以,只有D选项符合题意。

20. C

解析：《行政处罚法》第六十九条规定,在边远、水上、交通不便地区,行政机关及其执法人员依照《行政处罚法》第五十一条、第五十七条的规定作出罚款决定后,当事人到指定的银行或者通过电子支付系统缴纳罚款确有困难,经当事人提出,行政机关及其执法人员可以当场收缴罚款。A、B、D选项说法均不符合规定。C选项,当场收缴罚款,一种是对适用普通程序当场作出的罚款决定,200元以下的,或者不当场收缴事后难以执行的,可以当场收缴;另一种是在边远、水上、交通不便地区,无论是适用简易程序还是普通程序作出罚款决定,当场收缴都以当事人提出为前提。因此,C选项说法是正确的,符合题意。

21. D

解析：根据《行政处罚法》第六十七条第三款:"当事人应当自收到行政处罚决定书之日起十五日内,到指定的银行或者通过电子支付系统缴纳罚款。银行应当收受罚款,并将罚款直接上缴国库。"D选项符合题意。

22. B

　　解析：根据《行政强制法》第五十四条："行政机关申请人民法院强制执行前,应当催告当事人履行义务。催告书送达十日后当事人仍未履行义务的,行政机关可以向所在地有管辖权的人民法院申请强制执行;……"B选项符合题意。

23. C

　　解析：根据《行政强制法》第五十六条第一款："人民法院接到行政机关强制执行的申请,应当在五日内受理。"C选项符合题意。

24. C

　　解析：根据《公职人员政务处分法》第八条："政务处分的期间为：（一）警告,六个月;（二）记过,十二个月;（三）记大过,十八个月;（四）降级、撤职,二十四个月。政务处分决定自作出之日起生效,政务处分期自政务处分决定生效之日起计算。"C选项符合题意。

25. C

　　解析：根据《行政处罚法》第五十一条："违法事实确凿并有法定依据,对公民处以二百元以下、对法人或者其他组织处以三千元以下罚款或者警告的行政处罚的,可以当场作出行政处罚决定。法律另有规定的,从其规定。"C选项,税务机关罚款5 000元,应当适用普通程序,当场作出违反法定程序,最符合题意。

二、多选题

1. ABCD

　　解析：全国人大常委会法制工作委员会副主任许安标2020年6月28日在第十三届全国人民代表大会常务委员会第二十次会议上,所作《关于〈中华人民共和国行政处罚法（修订草案）〉的说明》中指出："修改工作坚持以习近平新时代中国特色社会主义思想为指导,深入贯彻党的十九大和十九届二中、三中、四中全会精神,全面贯彻习近平总书记全面依法治国新理念新思想新战略,适应推进全面依法治国的需要,落实完善行政执法体制、严格规范公正文明执法的改革要求,推进国家治理体系和治理能力现代化。"因此,A、B、C、D四个选项均符合题意。

2. BD

解析:《行政处罚法》于1996年3月17日第八届全国人民代表大会第四次会议通过,根据2009年8月27日第十一届全国人民代表大会常务委员会第十次会议《关于修改部分法律的决定》第一次修正,根据2017年9月1日第十二届全国人民代表大会常务委员会第二十九次会议《关于修改〈中华人民共和国法官法〉等八部法律的决定》第二次修正,2021年1月22日第十三届全国人民代表大会常务委员会第二十五次会议修订。因此,B、D选项符合题意。

3. ABC

解析:D选项属于公开原则的要求,只有A、B、C选项符合题意。

4. BCD

解析:根据《行政处罚法》第十条规定,法律可以设定各种行政处罚。限制人身自由的行政处罚,只能由法律设定。因此,B、C、D选项符合题意。

5. ABCD

解析:根据《行政处罚法》第九条规定,行政处罚的种类有:警告、通报批评;罚款、没收违法所得、没收非法财物;暂扣许可证件、降低资质等级、吊销许可证件;限制开展生产经营活动、责令停产停业、责令关闭、限制从业;行政拘留;法律、行政法规规定的其他行政处罚。因此,A、B、C、D四个选项均符合题意。

6. BCD

解析：先予登记保存是行政机关在案件调查取证过程中采取的措施，不属于行政处罚，A选项不符合题意。根据《行政处罚法》第九条："行政处罚的种类：(一)警告、通报批评；(二)罚款、没收违法所得、没收非法财物；(三)暂扣许可证件、降低资质等级、吊销许可证件；(四)限制开展生产经营活动、责令停产停业、责令关闭、限制从业；(五)行政拘留；(六)法律、行政法规规定的其他行政处罚。"责令停业整顿、责令停产均属于行政处罚，因此，B、C选项符合题意。根据《土地管理法》第八十三条："依照本法规定，责令限期拆除在非法占用的土地上新建的建筑物和其他设施的，建设单位或者个人必须立即停止施工，自行拆除；对继续施工的，作出处罚决定的机关有权制止。建设单位或者个人对责令限期拆除的行政处罚决定不服的，可以在接到责令限期拆除决定之日起十五日内，向人民法院起诉；期满不起诉又不自行拆除的，由作出处罚决定的机关依法申请人民法院强制执行，费用由违法者承担。"责令限期拆除为行政处罚。因此，D选项也符合题意。

7. ABCD

解析：相对集中执法权，有利于解决多头执法、职权交叉重复的问题，有利于解决行政机构膨胀的问题，有利于提高行政执法效率，降低执法成本，有利于建立"精简、统一、效能"的行政管理体制，A、B、C、D四个选项说法均符合题意。

8. BCD

解析：《海关办理行政处罚案件程序规定》(2021年修订)属于部门规章，A选项不符合题意。《金融违法行为处罚办法》《价格违法行为行政处罚规定》《财政违法行为处罚处分条例》均为国务院制定的行政法规。B、C、D选项符合题意。

综合测试题参考答案及解析

9. AB

   解析：根据《行政处罚法》第十八条第二款规定，国务院或者省、自治区、直辖市人民政府可以决定一个行政机关行使有关行政机关的行政处罚权。只有 A、B 选项符合题意。

10. AB

    解析：根据《行政处罚法》第十九条规定，法律、法规可以授权具有管理公共事务职能的组织可以在法定授权范围内实施行政处罚。法规包括行政法规和地方性法规，所以，A、B 选项符合题意。

11. ACD

    解析：根据《行政处罚法》第二十一条规定，受委托组织必须符合以下条件：(1)依法成立并具有管理公共事务职能；(2)有熟悉有关法律、法规、规章和业务并取得行政执法资格的工作人员；(3)需要进行技术检查或者技术鉴定的，应当有条件组织进行相应的技术检查或者技术鉴定。B 选项的说法不正确。

12. AC

    解析：根据《行政处罚法》第十四条第一款："地方政府规章可以在法律、法规规定的给予行政处罚的行为、种类和幅度的范围内作出具体规定。"题目中，某省政府在其制定的《某省种子法实施办法》中规定的处罚幅度起点超越了上位法《种子法》规定的幅度，应属无效，所以，A 选项正确，B 选项错误。

    根据《立法法》第九十七条："改变或者撤销法律、行政法规、地方性法规、自治条例和单行条例、规章的权限是：……(三)国务院有权改变或者撤销不适当的部门规章和地方政府规章；……"C 选项正确。

    根据《行政复议法》第七条："公民、法人或者其他组织认为行政机关的具体行政行为所依据的下列规定不合法，在对具体行政行为申请行政复议时,可以一并向行政复议机关提出对该规定的审查申请:(一)国务院部门的规定;(二)县级以上地方各级人民政府及其工作部门的规定;(三)乡、镇人民政府的规定。前款所列规定不含国务院部、委员会规章和地方人民政府规章。规章的审查依照法律、行政法规办理。"地方政府规章,不属于可以附带审查的范围,所以,D选项说法错误。

13. AC

解析:根据《行政执法机关移送涉嫌犯罪案件的规定》(2020年修订)第九条:"行政执法机关接到公安机关不予立案的通知书后,认为依法应当由公安机关决定立案的,可以自接到不予立案通知书之日起3日内,提请作出不予立案决定的公安机关复议,也可以建议人民检察院依法进行立案监督。作出不予立案决定的公安机关应当自收到行政执法机关提请复议的文件之日起3日内作出立案或者不予立案的决定,并书面通知移送案件的行政执法机关。移送案件的行政执法机关对公安机关不予立案的复议决定仍有异议的,应当自收到复议决定通知书之日起3日内建议人民检察院依法进行立案监督。公安机关应当接受人民检察院依法进行的立案监督。"只有A、C选项符合题意。

14. ABC

解析:参照《最高人民法院关于行政诉讼证据若干问题的规定》(法释〔2002〕21号)第五十六条:"法庭应当根据案件的具体情况,从以下方面审查证据的真实性:(一)证据形成的原因;(二)发现证据时的客观环境;(三)证据是否为原件、原物,复制件、复制品与原件、原物是否相符;(四)提供证据的人或者证人与当事人是否具有利害关系;(五)影响证据真实性的其他因素。"A、B、C选项均符合题意。审查取证的主体和人员是否适格,属于对证据合法性的审查。因此,D选项不符合题意。

15. ACD

解析: 参照《最高人民法院关于行政诉讼证据若干问题的规定》(法释〔2002〕21号)第十三条:"根据行政诉讼法第三十一条第一款第(四)项的规定,当事人向人民提供证人证言的,应当符合下列要求:(一)写明证人的姓名、年龄、性别、职业、住址等基本情况;(二)有证人的签名,应当以盖章等方式证明;(三)注明出具日期;(四)附有居民身份证复印件等证明证人身份的文件。"B选项说法不正确,A、C、D选项符合题意。

16. ABCD

解析: 根据《行政处罚法》第五十九条规定,行政机关依照《行政处罚法》第五十七条的规定给予行政处罚,应当制作行政处罚决定书。行政处罚决定书应当载明下列事项:(1)当事人的姓名或者名称、地址;(2)违反法律、法规、规章的事实和证据;(3)行政处罚的种类和依据;(4)行政处罚的履行方式和期限;(5)申请行政复议、提起行政诉讼的途径和期限;(6)作出行政处罚决定的行政机关名称和作出决定的日期。行政处罚决定书必须盖有作出行政处罚决定的行政机关的印章。A、B、C、D四个选项均符合题意。

17. ACD

解析:《行政处罚法》第六十六条规定,行政处罚决定依法作出后,当事人应当在行政处罚决定书载明的期限内,予以履行。当事人确有经济困难,需要延期或者分期缴纳罚款的,经当事人申请和行政机关批准,可以暂缓或者分期缴纳。可见,当事人确有经济困难的情况下,经当事人申请和行政机关批准,可以暂缓或者分期缴纳,不是任何情况下都必须在行政处罚决定书载明的期限内予以履行,经申请和批准的情况下,也可以不在行政处罚决定书载明的期限内予以履行。《行政处罚法》第六十八条规定,依照《行政处罚法》第五十一条的规定当场作出行政处罚决定,有下列情形之一,执法人员可以当场收缴罚款:(1)依法给予100元以下罚款的;(2)不当场收缴事后难以执行的。A、C、D选项符合题意。

18. ACD

    解析:根据《行政处罚法》第六十六条:"行政处罚决定依法作出后,当事人应当在行政处罚决定书载明的期限内,予以履行。当事人确有经济困难,需要延期或者分期缴纳罚款的,经当事人申请和行政机关批准,可以暂缓或者分期缴纳。"B选项说法正确,C、D选项错误。经行政机关批准延期、分期缴纳罚款的,暂缓或者分期缴纳罚款期限内不加收滞纳金,不计算加处罚款,因此A选项说法错误。因此,A、C、D选项符合题意。

19. ABC

    解析:根据《行政处罚法》第六十七条规定,作出罚款决定的行政机关应当与收缴罚款的机构分离。除依照《行政处罚法》第六十八条、第六十九条的规定当场收缴的罚款外,作出行政处罚决定的行政机关及其执法人员不得自行收缴罚款。当事人应当自收到行政处罚决定书之日起15日内,到指定的银行或者通过电子支付系统缴纳罚款。银行应当收受罚款,并将罚款直接上缴国库。A、B、C选项说法正确。

    根据《行政处罚法》第七十一条规定,执法人员当场收缴的罚款,应当自收缴罚款之日起2日内,交至行政机关;在水上当场收缴的罚款,应当自抵岸之日起2日内交至行政机关;行政机关应当在2日内将罚款缴付指定的银行。因此,D选项说法错误。

20. BCD

    解析:A选项,涉嫌构成徇私舞弊不征少征税款罪,不符合题意。

根据《最高人民检察院关于渎职侵权犯罪案件立案标准的规定》(高检发释字〔2006〕2号):"徇私舞弊不移交刑事案件罪是指工商行政管理、税务、监察等行政执法人员,徇私舞弊,对依法应当移交司法机关追究刑事责任的案件不移交,情节严重的行为。涉嫌下列情形之一的,应予立案:1.对依法可能判处3年以上有期徒刑、无期徒刑、死刑的犯罪案件不移交的;2.不移交刑事案件涉及3人次以上的;3.司法机关提出意见后,无正当理由仍然不予移交的;4.以罚代刑,放纵犯罪嫌疑人,致使犯罪嫌疑人继续进行违法犯罪活动的;5.行政执法部门主管领导阻止移交的;6.隐瞒、毁灭证据,伪造材料,改变刑事案件性质的;7.直接负责的主管人员和其他直接责任人员为牟取本单位私利而不移交刑事案件,情节严重的;8.其他情节严重的情形。"B、C、D选项均符合题意。

三、判断题

1. 正确

    解析:全国人大常委会法制工作委员会副主任许安标在《关于〈中华人民共和国行政处罚法(修订草案)〉的说明》中指出,从行政处罚法是行政处罚领域的通用规范出发,认真总结实践经验,发展和完善行政处罚的实体和程序规则,为单行法律、法规设定行政处罚和行政机关实施行政处罚提供基本遵循。所以,题目说法正确。

2. 正确

    解析:如题,行政处罚只是维护行政管理秩序的一种手段,它无法替代其他法律手段,更无法替代道德、教育等其他手段在维持秩序方面的作用,具有其自身的局限性。题目说法正确。

3. 错误

    解析:规章可以设定警告、通报批评或者一定数额罚款的行政处罚。

4. 错误

    解析：2021年修订的《行政处罚法》第十三条规定，国务院部门规章可以在法律、行政法规规定的给予行政处罚的行为、种类和幅度的范围内作出具体规定。修订前的规定为："国务院部、委员会制定的规章可以在法律、行政法规规定的给予行政处罚的行为、种类和幅度的范围内作出具体规定。"可见，修订后的规定，不再局限于国务院部、委员会制定的规章。因此，题目说法不正确。

5. 错误

    解析：《行政处罚法》第十二条第三款规定，法律、行政法规对违法行为未作出行政处罚规定，地方性法规为实施法律、行政法规，可以补充设定行政处罚。拟补充设定行政处罚的，应当通过听证会、论证会等形式广泛听取意见，并向制定机关作出书面说明。地方性法规报送备案时，应当说明补充设定行政处罚的情况。可见，地方性法规拟补充设定行政处罚的，是"应当"通过听证会、论证会等形式听取意见，并向制定机关作出说明，而不是"必要时可以"。因此，题目说法错误。

6. 正确

    解析：规范性文件不得设定行政许可、行政处罚、行政强制等事项，不得减损公民、法人和其他组织合法权益或者增加其义务。题目说法正确。

7. 错误

    解析：根据《行政处罚法》第十三条："国务院部门规章可以在法律、行政法规规定的给予行政处罚的行为、种类和幅度的范围内作出具体规定。尚未制定法律、行政法规的，国务院部门规章对违反行政管理秩序的行为，可以设定警告、通报批评或者一定数额罚款的行政处罚。罚款的限额由国务院规定。"题目说法错误。

综合测试题参考答案及解析

8. 正确

    解析：根据《行政处罚法》第二十七条第一款："违法行为涉嫌犯罪的，行政机关应当及时将案件移送司法机关，依法追究刑事责任。对依法不需要追究刑事责任或者免予刑事处罚，但应当给予行政处罚的，司法机关应当及时将案件移送有关行政机关。"题目说法正确。

9. 正确

    解析：《国务院关于进一步贯彻实施〈中华人民共和国行政处罚法〉的通知》（国发〔2021〕26号）要求，委托行政机关要向本级人民政府或者实行垂直管理的上级行政机关备案委托书，司法行政等部门要加强指导、监督。所以，题目说法正确。

10. 错误

    解析：根据《行政处罚法》第十九条、第二十条的规定，除具有行政处罚权的行政机关外，法律法规授权组织和行政机关依法委托组织均可在授权或者委托范围内实施行政处罚。

11. 错误

    解析：根据《行政处罚法》第三十三条第三款："对当事人的违法行为依法不予行政处罚的，行政机关应当对当事人进行教育。"行政机关对当事人进行教育，并未要求必须采用书面方式，因此，题目表述不正确。

12. 错误

    解析：根据《行政处罚法》第三十三条第一款："违法行为轻微并及时改正，没有造成危害后果的，不予行政处罚。初次违法且危害后果轻微并及时改正的，可以不予行政处罚。"是"可以"不予处罚，而非"应当"，因此，题目表述错误。

13. 错误

    解析：根据《行政处罚法》第二十七条第一款："违法行为涉嫌犯罪

的,行政机关应当及时将案件移送司法机关,依法追究刑事责任。对依法不需要追究刑事责任或者免予刑事处罚,但应当给予行政处罚的,司法机关应当及时将案件移送有关行政机关。"司法机关认为依法不需要追究刑事责任或者免予刑事处罚,但应当给予行政处罚的,行政机关应当依法给予行政处罚。因此,题目说法错误。

14. 正确

    解析:根据《行政执法机关移送涉嫌犯罪案件的规定》(2020年修订)第十一条第二款:"行政执法机关向公安机关移送涉嫌犯罪案件前已经作出的警告,责令停产停业,暂扣或者吊销许可证、暂扣或者吊销执照的行政处罚决定,不停止执行。"题目的说法正确。

15. 正确

    解析:《立法法》第九十五条规定,地方性法规、规章之间不一致时,由有关机关依照下列规定的权限作出裁决:(1)同一机关制定的新的一般规定与旧的特别规定不一致时,由制定机关裁决;(2)地方性法规与部门规章之间对同一事项的规定不一致,不能确定如何适用时,由国务院提出意见,国务院认为应当适用地方性法规的,应当决定在该地方适用地方性法规的规定;认为应当适用部门规章的,应当提请全国人民代表大会常务委员会裁决,题目说法正确。

16. 正确

    解析:根据《中共中央关于全面推进依法治国若干重大问题的决定》:"严格实行行政执法人员持证上岗和资格管理制度,未经执法资格考试合格,不得授予执法资格,不得从事执法活动。"题目说法正确。

17. 正确

    解析:根据《行政处罚法》第四十六条第二款:"证据必须经查证属实,方可作为认定案件事实的根据。"题目表述正确。

综合测试题参考答案及解析

18. **正确**

    解析：《行政处罚法》第二十八条第二款规定,当事人有违法所得,除依法应当退赔的外,应当予以没收。违法所得是指实施违法行为所取得的款项。法律、行政法规、部门规章对违法所得的计算另有规定的,从其规定。题目说法正确。

19. **正确**

    解析：根据《罚款决定与罚款收缴分离实施办法》第五条第一款："经中国人民银行批准有代理收付款项业务的商业银行、信用合作社(以下简称代收机构),可以开办代收罚款的业务。"和第十四条："财政部门应当向代收机构支付手续费,具体标准由财政部制定。"题目说法正确。

20. **正确**

    解析：根据《行政处罚法》第七十三条第三款："当事人申请行政复议或者提起行政诉讼的,加处罚款的数额在行政复议或者行政诉讼期间不予计算。"题目说法正确。

21. **错误**

    解析：根据《行政强制法》第十七条第一款："行政强制措施由法律、法规规定的行政机关在法定职权范围内实施。行政强制措施权不得委托。"题目说法错误。

22. **错误**

    解析：根据《行政处罚法》第七十三条第一款："当事人对行政处罚决定不服,申请行政复议或者提起行政诉讼的,行政处罚不停止执行,法律另有规定的除外。"和《行政诉讼法》第五十六条："诉讼期间,不停止行政行为的执行。但有下列情形之一的,裁定停止执行：(一)被告认为需要停止执行的;(二)原告或者利害关系人申请停止执行,人民法院认为该行政行为的执行会造成难以弥补的损失,并且停止执行不损害国家利益、社会公共利益的;(三)人民法院认为该行政行为的执行会给国家利益、社会公共利益造成重大损害的;(四)法律、法规规定停止执行的。"当事人(原告)申请停止执行的,人民法院认为该行政行为的执行会造成难以弥补的损失,并且停止执行不损害国家利益、社会公共利益的,由法院裁定停止执行,被告(行政机关)无权决定。因此,题目说法错误。

23. 错误

    解析:根据《行政强制法》第四十四条:"对违法的建筑物、构筑物、设施等需要强制拆除的,应当由行政机关予以公告,限期当事人自行拆除。当事人在法定期限内不申请行政复议或者提起行政诉讼,又不拆除的,行政机关可以依法强制拆除。"当事人在法定期限内不申请行政复议或者提起行政诉讼,又不拆除的,行政机关才可以依法强制拆除,所以,题目说法错误。

24. 错误

    解析:根据《公职人员政务处分法》第十二条第二款:"公职人员因不明真相被裹挟或者被胁迫参与违法活动,经批评教育后确有悔改表现的,可以减轻、免予或者不予政务处分。"题目说法错误。

25. 错误

    解析:根据《行政处罚法》第七十六条:"行政机关实施行政处罚,有下列情形之一,由上级行政机关或者有关机关责令改正,对直接负责的主管人员和其他直接责任人员依法给予处分:(一)没有法定的行政处罚依据的;(二)擅自改变行政处罚种类、幅度的;(三)违反法定的行政处罚程序的;(四)违反本法第二十条关于委托处罚的规定的;(五)执法人员未取得执法证件的。行政机关对符合立案标准的案件不及时立案的,依照前款规定予以处理。"题目说法错误。

四、案例分析题

(一) 答案要点：

根据《行政处罚法》第三十八条规定，行政处罚没有依据或者实施主体不具有行政主体资格的，行政处罚无效。该《税务行政处罚决定书》无效。该案例中，风险管理股属于县税务局内设机构，不具有独立的税务行政处罚主体资格，不得以自己的名义对外执法，实施处罚应以设立该机构的税务机关名义进行，即行政处罚决定应由以县税务局的名义作出，加盖县税务局的公章。

(二) 答案要点：

问题1：

查封与扣押属于行政强制措施，不是行政处罚。没收从事违法经营的电脑主机32台属于"没收非法财物"的行政处罚。

问题2：

1. 案例中行政机关执法存在的程序问题。

(1)《没收违法经营工具通知书》文书错误，没收非法财物属于行政处罚，应当依法作出《行政处罚决定书》。

(2)《行政处罚法》第四十四条："行政机关在作出行政处罚决定之前，应当告知当事人拟作出的行政处罚内容及事实、理由、依据，并告知当事人依法享有的陈述、申辩、要求听证等权利。"

第六十三条第一款："行政机关拟作出下列行政处罚决定，应当告知当事人有要求听证的权利，当事人要求听证的，行政机关应当组织听证：……（二）没收较大数额违法所得、没收较大价值非法财物；……"

第六十二条："行政机关及其执法人员在作出行政处罚决定之前，未依照本法第四十四条、第四十五条的规定向当事人告知拟作出的行政处罚内容及事实、理由、依据，或者拒绝听取当事人的陈述、申辩，不得作出行政处罚决定;当事人明确放弃陈述或者申辩权利的除外。"

根据上述规定等,行政机关在作出行政处罚前应当告知被处罚人有要求听证的权利,本案例行政机关没有向网吧告知拟作出行政处罚的内容及事实、理由、依据及依法享有的陈述、申辩和听证权利,违反了法定程序。

2.《没收违法经营财物通知书》应属无效。根据《行政处罚法》第三十八条第二款:"违反法定程序构成重大且明显违法的,行政处罚无效。"本案例中,行政机关的实施行政处罚,违反法定程序且构成重大且明显违法,应属无效。行政复议机关应当确认该处罚行为无效。

综合测试题(二)参考答案及解析

一、单选题

1. A

    解析:根据《行政处罚法》第一条:"为了规范行政处罚的设定和实施,保障和监督行政机关有效实施行政管理,维护公共利益和社会秩序,保护公民、法人或者其他组织的合法权益,根据宪法,制定本法。"A选项符合题意。

2. B

    解析:减损权益或者增加义务是行政处罚惩戒性的具体体现,是制裁的核心。所以,B选项符合题意。

3. D

    解析:根据《行政处罚法》第十三条第二款:"尚未制定法律、行政法规的,国务院部门规章对违反行政管理秩序的行为,可以设定警告、通报批评或者一定数额罚款的行政处罚。罚款的限额由国务院规定。"D选项符合题意。

综合测试题参考答案及解析

4. D

解析： 根据《行政处罚法》第十三条第二款的规定，尚未制定法律、行政法规的，国务院部门规章对违反行政管理秩序的行为，可以设定警告、通报批评或者一定数额罚款的行政处罚。罚款的限额由国务院规定。所以，D 选项符合题意。

5. A

解析： 行政机关的内设机构在没有法律、法规或者规章授权的情况下，以自己的名义作出具体行政行为，当事人不服提起行政诉讼的，应当以该行政机关为被告。所以，A 选项符合题意。

6. C

解析：《国家赔偿法》第七条规定，行政机关及其工作人员行使行政职权侵犯公民、法人和其他组织的合法权益造成损害的，该行政机关为赔偿义务机关。两个以上行政机关共同行使行政职权时侵犯公民、法人和其他组织的合法权益造成损害的，共同行使行政职权的行政机关为共同赔偿义务机关。法律、法规授权的组织在行使授予的行政权力时侵犯公民、法人和其他组织的合法权益造成损害的，被授权的组织为赔偿义务机关。受行政机关委托的组织或者个人在行使受委托的行政权力时侵犯公民、法人和其他组织的合法权益造成损害的，委托的行政机关为赔偿义务机关。赔偿义务机关被撤销的，继续行使其职权的行政机关为赔偿义务机关；没有继续行使其职权的行政机关的，撤销该赔偿义务机关的行政机关为赔偿义务机关。因此，A、B、D 选项说法正确。C 选项错误，赔偿义务机关应当是委托的行政机关，符合题意。

7. B

解析： 根据《行政处罚法》第二十五条："两个以上行政机关都有管辖权的，由最先立案的行政机关管辖。对管辖发生争议的，应当协商解决，协商不成的，报请共同的上一级行政机关指定管辖；也可以直接由共同的上一级行政机关指定管辖。"B选项最符合题意。

8. C

解析：根据《行政处罚法》第二十七条第一款："违法行为涉嫌犯罪的，行政机关应当及时将案件移送司法机关，依法追究刑事责任。对依法不需要追究刑事责任或者免予刑事处罚，但应当给予行政处罚的，司法机关应当及时将案件移送有关行政机关。"C选项最符合题意。

9. C

解析：《行政处罚法》第二十九条规定，同一违法行为违反多个法律规范应当给予罚款处罚的，按照罚款数额高的规定处罚。只有C选项符合题意。

10. D

解析：根据《行政处罚法》第三十三条第一款："违法行为轻微并及时改正，没有造成危害后果的，不予行政处罚。初次违法且危害后果轻微并及时改正的，可以不予行政处罚。"只有D选项符合题意。

11. D

解析：根据《海关行政处罚实施条例》（中华人民共和国国务院令第420号）第五十一条第二款："同一当事人就同一批货物、物品分别实施了2个以上违反海关监管规定的行为且二者之间有因果关系的，依照本实施条例分别规定的处罚幅度，择其重者处罚。"D选项符合题意。

12. A

解析：根据《行政处罚法》第三十八条第一款："行政处罚没有依据或者实施主体不具有行政主体资格的，行政处罚无效。"只有A选项符合题意。

综合测试题参考答案及解析

13. **A**

    解析：行政机关依照法律、行政法规规定利用电子技术监控设备收集的证据,属于电子数据类证据。所以,A 选项正确。

14. **C**

    解析：参照《最高人民法院关于行政诉讼证据若干问题的规定》(法释〔2002〕21 号)第十条第一款:"根据行政诉讼法第三十一条第一款第(一)项的规定,当事人向人民法院提供书证的,应当符合下列要求:(一)提供书证的原件,原本、正本和副本均属于书证的原件。提供原件确有困难的,可以提供与原件核对无误的复印件、照片、节录本;(二)提供由有关部门保管的书证原件的复制件、影印件或者抄录件的,应当注明出处,经该部门核对无异后加盖其印章;(三)提供报表、图纸、会计账册、专业技术资料、科技文献等书证的,应当附有说明材料;(四)被告提供的被诉具体行政行为所依据的询问、陈述、谈话类笔录,应当有行政执法人员、被询问人、陈述人、谈话人签名或者盖章。"和第十七条:"当事人向人民法院提供外文书证或者外国语视听资料的,应当附有由具有翻译资质的机构翻译的或者其他翻译准确的中文译本,由翻译机构盖章或者翻译人员签名。"C 选项错误,提供由有关部门保管的书证原件的复制件、影印件或者抄录件的,应当注明出处,经该部门核对无异后加盖其印章,而不是原件保管单位。

15. **C**

    解析：参照《最高人民法院关于行政诉讼证据若干问题的规定》(法释〔2002〕21 号)第五十七条:"下列证据材料不能作为定案依据:(一)严重违反法定程序收集的证据材料;(二)以偷拍、偷录、窃听等手段获取侵害他人合法权益的证据材料;(三)以利诱、欺诈、胁迫、暴力等不正当手段获取的证据材料;(四)当事人无正当事由超出举证期限提供的证据材料;(五)在中华人民共和国领域以外或者在中华人民共和国香港特别行政区、澳门特别行政区和台湾地区形成的未办理法定证明手续的证据材料;(六)当事人无正当理由拒不提供原件、原物,又无其他证据印证,且对方当事人不予认可的证据的复制件或者复制品;(七)被当事人或者他人进行技术处理而无法辨明真伪的证据材料;(八)不能正确表达意志的证人提供的证言;(九)不具备合法性和真实性的其他证据材料。"以偷拍、偷录、窃听等手段获取侵害他人合法权益的证据材料。未经事先告知对谈话过程进行录音,且在办公场所进行,并未侵害当事人合法权益,因此,可以作为定案依据。因此,C选项符合题意。A、B、D选项均不符合题意。

16. C

    解析:根据《行政处罚法》第五十一条:"违法事实确凿并有法定依据,对公民处以二百元以下、对法人或者其他组织处以三千元以下罚款或者警告的行政处罚的,可以当场作出行政处罚决定。法律另有规定的,从其规定。"只有C选项符合题意。

17. D

    解析:根据《行政处罚法》第六十条:"行政机关应当自行政处罚案件立案之日起九十日内作出行政处罚决定。法律、法规、规章另有规定的,从其规定。"法律、法规、规章均有权对该期限作出特别规定,所以A、B、C选项说法正确,D选项说法错误,符合题意。

18. A

    解析:根据《行政处罚法》第四十八条:"具有一定社会影响的行政处罚决定应当依法公开。公开的行政处罚决定被依法变更、撤销、确认违法或者确认无效的,行政机关应当在三日内撤回行政处罚决定信息并公开说明理由。"只有A选项符合题意。

综合测试题参考答案及解析

19. C

解析：根据《行政处罚法》第五十一条："违法事实确凿并有法定依据,对公民处以二百元以下、对法人或者其他组织处以三千元以下罚款或者警告的行政处罚的,可以当场作出行政处罚决定。法律另有规定的,从其规定。"只有C选项符合题意。

20. A

解析：根据《民事诉讼法》(2021年修正)第九十五条第一款："受送达人下落不明,或者用本节规定的其他方式无法送达的,公告送达。自发出公告之日起,经过三十日,即视为送达。"只有A选项符合题意。

21. D

解析：《行政处罚法》第六十六条规定,当事人确有经济困难,需要延期或者分期缴纳罚款的,经当事人申请和行政机关批准,可以暂缓或者分期缴纳。据此,只有D选项符合题意。

22. B

解析：《行政强制法》第四十条规定,有下列情形之一的,终结执行：(1)公民死亡,无遗产可供执行,又无义务承受人的；(2)法人或者其他组织终止,无财产可供执行,又无义务承受人的；(3)执行标的灭失的；(4)据以执行的行政决定被撤销的；(5)行政机关认为需要终结执行的其他情形。所以,只有B选项符合题意。

23. D

解析：根据《行政处罚法》第七十二条第二款："行政机关批准延期、分期缴纳罚款的,申请人民法院强制执行的期限,自暂缓或者分期缴纳罚款期限结束之日起计算。"D选项符合题意。

24. B

解析：行政行为的法律责任由作出该行政行为的行政主体承担,对直接负责的主管人员和其他直接责任人追究法律责任。所以,B 选项最符合题意。

25. C

解析:《行政处罚法》第八十六条规定,《行政处罚法》自 2021 年 7 月 15 日起施行。所以,C 选项符合题意。

二、多选题

1. ABC

    解析:《国务院办公厅关于全面推行行政执法公示制度执法全过程记录制度重大执法决定法制审核制度的指导意见》(国办发〔2018〕118 号)提出,《中共中央关于全面推进依法治国若干重大问题的决定》和《法治政府建设实施纲要(2015—2020 年)》对全面推行行政执法公示制度、执法全过程记录制度、重大执法决定法制审核制度(以下统称"三项制度")作出了具体部署、提出了明确要求。所以,只有 A、B、C 选项符合题意。

2. BCD

    解析:制裁性、外部性、法定性、处分性均属于行政处罚行为的属性。物理性是行政强制的属性。所以,只有 B、C、D 选项符合题意。

3. ABD

    解析:根据《行政处罚法》第十二条规定,地方性法规可以设定除限制人身自由、吊销营业执照以外的行政处罚。因此,C 选项不符合题意,只有 A、B、D 选项符合题意。

4. CD

    解析:根据《行政处罚法》第九条规定,行政处罚的种类有:警告、通报批评;罚款、没收违法所得、没收非法财物;暂扣许可证件、降低资质等级、吊销许可证件;限制开展生产经营活动、责令停产停业、责令关闭、限制从业;行政拘留;法律、行政法规规定的其他行政处罚。扣押和冻结属于行政强制措施。所以,只有C、D选项符合题意。

5. ABC

   解析:具有行政主体资格的组织包括行政机关,被授权的行政机构,法律、法规授权的组织。受行政机关委托的组织不具有行政主体资格,只有D选项不符合题意。

6. AC

   解析:根据《行政处罚法》第十七条:"行政处罚由具有行政处罚权的行政机关在法定职权范围内实施。"A选项说法正确。根据《行政处罚法》第十八条第三款:"限制人身自由的行政处罚权只能由公安机关和法律规定的其他机关行使"B选项说法错误。根据《行政处罚法》第十九条:"法律、法规授权的具有管理公共事务职能的组织可以在法定授权范围内实施行政处罚。"C选项说法正确。根据《行政处罚法》第二十条第四款:"受委托组织在委托范围内,以委托行政机关名义实施行政处罚;不得再委托其他组织或者个人实施行政处罚。"D选项说法错误。

7. ABCD

   解析:《行政处罚法》第二十条第二款规定,委托书应当载明委托的具体事项、权限、期限等内容。同时,作为行政处罚委托书,必须有明确的委托方和受托方。因此,A、B、C、D四个选项均符合题意。

8. AC

   解析:罚款应当折抵罚金,因此,A选项说法正确,B选项说法错误。没收违法所得的处罚仍具有法律效力,应当执行,C选项说法正确,D选项说法错误。

9. ABC

解析：根据《行政处罚法》第三十二条："当事人有下列情形之一,应当从轻或者减轻行政处罚：(一)主动消除或者减轻违法行为危害后果的；(二)受他人胁迫或者诱骗实施违法行为的；(三)主动供述行政机关尚未掌握的违法行为的；(四)配合行政机关查处违法行为有立功表现的；(五)法律、法规、规章规定其他应当从轻或者减轻行政处罚的。"A、B、C选项符合题意。根据《行政处罚法》第三十三条第一款："违法行为轻微并及时改正,没有造成危害后果的,不予行政处罚。初次违法且危害后果轻微并及时改正的,可以不予行政处罚。"D选项属于不予行政处罚的情形,不符合题意。

10. ABD

解析：根据《税收征收管理法》第八十六条："违反税收法律、行政法规应当给予行政处罚的行为,在五年内未被发现的,不再给予行政处罚。"A选项说法正确。根据《行政处罚法》第三十六条第一款："违法行为在二年内未被发现的,不再给予行政处罚；涉及公民生命健康安全、金融安全且有危害后果的,上述期限延长至五年。法律另有规定的除外。"B选项说法正确。根据《治安管理处罚法》第二十二条："违反治安管理行为在六个月内没有被公安机关发现的,不再处罚。"D选项说法正确。根据《关于公布〈中华人民共和国海关办理行政处罚案件程序规定〉的令》(海关总署第250号令)第六十条："违法行为在二年内未被发现的,不再给予行政处罚；涉及公民生命健康安全、金融安全且有危害后果的,上述期限延长至五年。法律另有规定的除外。"C选项说法错误。

11. ACD

解析：根据《行政处罚法》第四十一条第一款："行政机关依照法律、行政法规规定利用电子技术监控设备收集、固定违法事实的,应当经过法制和技术审核,确保电子技术监控设备符合标准、设置合理、标志明显,设置地点应当向社会公布。"利用电子技术监控设备收集、固定违法事实的,要依照法律、行政法规的规定,地方性法规、规章不能作为依据,因此,B选项说法错误。A、C、D选项均符合题意。

12. AD

解析：根据《行政处罚法》第四十三条："执法人员与案件有直接利害关系或者有其他关系可能影响公正执法的,应当回避。当事人认为执法人员与案件有直接利害关系或者有其他关系可能影响公正执法的,有权申请回避。当事人提出回避申请的,行政机关应当依法审查,由行政机关负责人决定。决定作出之前,不停止调查。"B、C选项说法正确,不符合题意。执法人员发现与案件有可能影响公正执法的关系,应当回避,而是不是告知当事人申请回避的权利。无论是否存在回避的情形,行政机关均应当告知当事人有申请回避的权利。因此,A选项说法错误。在行政机关负责人作出回避与否的决定之前,行政机关不停止案件调查,D选项说法错误。因此,只有A、D选项符合题意。

13. AC

解析：评估报告应属于鉴定意见,B选项不符合题意。当事人书面自述材料应属于当事人陈述,而非证人证言,D选项不符合题意。A、C选项属于证人证言,符合题意。

14. ABC

解析：根据《行政处罚法》第四十四条："行政机关在作出行政处罚决定之前,应当告知当事人拟作出的行政处罚内容及事实、理由、依据,并告知当事人依法享有的陈述、申辩、要求听证等权利。"D选项错误,A、B、C选项符合题意。

15. ABC

    解析：《最高人民法院关于行政诉讼证据若干问题的规定》(法释〔2002〕21号)第六十八条规定,下列事实法庭可以直接认定:(1)众所周知的事实;(2)自然规律及定理;(3)按照法律规定推定的事实;(4)已经依法证明的事实;(5)根据日常生活经验法则推定的事实。前款(1)、(3)、(4)、(5)项,当事人有相反证据足以推翻的除外。第七十条规定,生效的人民法院裁判文书或者仲裁机构裁决文书确认的事实,可以作为定案依据。但是如果发现裁判文书或者裁决文书认定的事实有重大问题的,应当中止诉讼,通过法定程序予以纠正后恢复诉讼。因此,A、B、C选项说法不符合题意。D选项,"无法与原件、原物核对的复制件",不得单独作为定案依据,应当予以补强。

16. ABCD

    解析：根据《行政处罚法》第六十三条第一款："行政机关拟作出下列行政处罚决定,应当告知当事人有要求听证的权利,当事人要求听证的,行政机关应当组织听证:(一)较大数额罚款;(二)没收较大数额违法所得、没收较大价值非法财物;(三)降低资质等级、吊销许可证件;(四)责令停产停业、责令关闭、限制从业;(五)其他较重的行政处罚;(六)法律、法规、规章规定的其他情形。"A、B、C、D四个选项均符合题意。

17. ABCD

    解析：根据《公安机关办理行政案件程序规定》(2020年修改)第四十一条："行政案件具有下列情形之一的,不适用快速办理:(一)违法嫌疑人系盲、聋、哑人,未成年人或者疑似精神病人的;(二)依法应当适用听证程序的;(三)可能作出十日以上行政拘留处罚的;(四)其他不宜快速办理的。"A、B、C、D四个选项均符合题意。

18. BD

解析：根据《行政处罚法》第七十一条的规定，执法人员当场收缴的罚款，应当自收缴罚款之日起2日内，交至行政机关；在水上当场收缴的罚款，应当自抵岸之日起2日内交至行政机关；行政机关应当在2日内将罚款缴付指定的银行。只有B、D选项说法正确。

19. ABD

解析：《行政处罚法》第七十三条规定，当事人对行政处罚决定不服，申请行政复议或者提起行政诉讼的，行政处罚不停止执行，法律另有规定的除外。当事人对限制人身自由的行政处罚决定不服，申请行政复议或者提起行政诉讼的，可以向作出决定的机关提出暂缓执行申请。符合法律规定情形的，应当暂缓执行。当事人申请行政复议或者提起行政诉讼的，加处罚款的数额在行政复议或者行政诉讼期间不予计算。因此，A、B选项说法正确，C选项说法错误。

《行政复议法》第二十一条规定，行政复议期间具体行政行为不停止执行；但是，有下列情形之一的，可以停止执行：(1)被申请人认为需要停止执行的；(2)行政复议机关认为需要停止执行的；(3)申请人申请停止执行，行政复议机关认为其要求合理，决定停止执行的；(4)法律规定停止执行的。因此，D选项说法正确。

20. ABCD

解析：行政责任的构成要件一般包括：(1)存在行政违法行为；(2)存在行政法保护的主体的合法权益受到侵害的事实；(3)行政违法行为与损害事实之间有因果关系；(4)行政责任必须符合法律规定；(5)须有主观上的故意或过失。因此，A、B、C、D四个选项均符合题意。

三、判断题

1. 错误

解析：《行政处罚法》第四条规定，公民、法人或者其他组织违反行政管理秩序的行为,应当给予行政处罚的,依照《行政处罚法》由法律、法规、规章规定,并由行政机关依照《行政处罚法》规定的程序实施。《行政处罚法》是行政处罚的基本法、程序法,行政机关实施行政处罚,应当依照法律、法规、规章的实体法规定,按照《行政处罚法》规定的程序进行。行政机关作出行政处罚决定的处罚种类,应当有单行法的另行授权。因此,题目说法错误。

2. 正确

   解析:《国务院关于进一步贯彻实施〈中华人民共和国行政处罚法〉的通知》(国发〔2021〕26号)强调,行政机关要坚持执法为民,通过行政处罚预防、纠正和惩戒违反行政管理秩序的行为,维护公共利益和社会秩序,保护公民、法人或者其他组织的合法权益,不得违法实施行政处罚,不得为了处罚而处罚,坚决杜绝逐利执法,严禁下达罚没指标。因此,题目说法正确。

3. 正确

   解析:《行政处罚法》第十四条第一款规定,地方政府规章可以在法律、法规规定的给予行政处罚的行为、种类和幅度的范围内作出具体规定。题目说法正确。

4. 错误

   解析:《行政处罚法》第十四条第二款规定,尚未制定法律、法规的,地方政府规章对违反行政管理秩序的行为,可以设定警告、通报批评或者一定数额罚款的行政处罚。罚款的限额由省、自治区、直辖市人民代表大会常务委员会规定。题目说法错误。

5. 错误

   解析:《行政处罚法》第十八条第三款规定,限制人身自由的行政处罚权只能由公安机关和法律规定的其他机关行使。题目说法错误。

6. 正确

 解析：《行政处罚法》第二十条第一款规定，行政机关依照法律、法规、规章的规定，可以在其法定权限内书面委托符合《行政处罚法》第二十一条规定条件的组织实施行政处罚。题目说法正确。

7. 错误

 解析：根据《行政处罚法》第十九条："法律、法规授权的具有管理公共事务职能的组织可以在法定授权范围内实施行政处罚。"只有法律、法规可以授权行政机关以外的其他组织实施行政处罚，题目说法错误。

8. 正确

 解析：根据《行政处罚法》第二十九条："对当事人的同一个违法行为，不得给予两次以上罚款的行政处罚。同一个违法行为违反多个法律规范应当给予罚款处罚的，按照罚款数额高的规定处罚。"题目说法正确。

9. 错误

 解析：根据《行政处罚法》第三十二条："当事人有下列情形之一，应当从轻或者减轻行政处罚：（一）主动消除或者减轻违法行为危害后果的；（二）受他人胁迫或者诱骗实施违法行为的；（三）主动供述行政机关尚未掌握的违法行为的；（四）配合行政机关查处违法行为有立功表现的；（五）法律、法规、规章规定其他应当从轻或者减轻行政处罚的。"，"配合行政机关查处违法行为有立功表现的"属于应当从轻或者减轻行政处罚的情形，因此，题目说法错误。

10. 错误

 解析：《行政处罚法》并无此规定，题目表述不正确。《刑法》中关于刑事责任承担有类似规定。因此，题目说法错误。

11. 错误

 解析：根据《行政处罚法》第二十七条："违法行为涉嫌犯罪的，行政机关应当及时将案件移送司法机关,依法追究刑事责任。对依法不需要追究刑事责任或者免予刑事处罚,但应当给予行政处罚的,司法机关应当及时将案件移送有关行政机关。"司法机关认为依法不需要追究刑事责任或者免予刑事处罚,但仍然构成行政违法依法需要给予行政处罚的,行政机关应当作出行政处罚决定。因此,题目说法错误。

12. 正确

   解析:根据《行政处罚法》第三十八条第二款:"违反法定程序构成重大且明显违法的,行政处罚无效。"题目说法正确。

13. 正确

   解析:行政处罚中的听证程序,并非独立的决定程序,而是附属于普通程序的。题目说法正确。

14. 正确

   解析:根据《行政处罚法》第四十六条第三款:"以非法手段取得的证据,不得作为认定案件事实的根据。"题目说法正确。

15. 正确

   解析:根据《公安部关于修改〈道路交通安全违法行为处理程序规定〉的决定》(中华人民共和国公安部令第157号)第四十二条:"交通警察对于当场发现的违法行为,认为情节轻微、未影响道路通行和安全的,口头告知其违法行为的基本事实、依据,向违法行为人提出口头警告,纠正违法行为后放行。"题目说法正确。

16. 错误

   解析:不予行政处罚决定涉及对违法行为的认定,是具体行政行为,属于行政复议和行政诉讼的受案范围,应当告知当事人申请行政复议或者提起行政诉讼的途径和期限。题目说法错误。

17. 错误

   解析:《国务院关于进一步贯彻实施〈中华人民共和国行政处罚法〉

的通知》(国发〔2021〕26号)明确要求,发生重大传染病疫情等突发事件,行政机关对违反突发事件应对措施的行为依法快速、从重处罚时,也要依法合理保护当事人的合法权益。因此,题目说法错误。

18. 错误

    解析:根据《行政处罚法》第七十条:"行政机关及其执法人员当场收缴罚款的,必须向当事人出具国务院财政部门或者省、自治区、直辖市人民政府财政部门统一制发的专用票据;不出具财政部门统一制发的专用票据的,当事人有权拒绝缴纳罚款。"题目说法不正确。

19. 正确

    解析:根据《行政处罚法》第七十二条:"当事人逾期不履行行政处罚决定的,作出行政处罚决定的行政机关可以采取下列措施:(一)到期不缴纳罚款的,每日按罚款数额的百分之三加处罚款,加处罚款的数额不得超出罚款的数额;……"题目说法正确。

20. 正确

    解析:根据《行政强制法》第三十七条:"经催告,当事人逾期仍不履行行政决定,且无正当理由的,行政机关可以作出强制执行决定。……在催告期间,对有证据证明有转移或者隐匿财物迹象的,行政机关可以作出立即强制执行决定。"题目说法正确。

21. 错误

    解析:根据《关于印发〈罚没财物管理办法〉的通知》(财税〔2020〕54号)第十六条:"执法机关依法取得的罚没物品,除法律、行政法规禁止买卖的物品或者财产权利、按国家规定另行处置外,应当按照国家规定进行公开拍卖。……"题目说法正确。

22. 正确

    解析:根据《行政强制法》第四十三条第二款:"行政机关不得对居民生活采取停止供水、供电、供热、供燃气等方式迫使当事人履行相关行政决定。"题目说法正确。

23. 错误

    解析：根据《税务行政复议规则》第八十六条："对下列行政复议事项，按照自愿、合法的原则，申请人和被申请人在行政复议机关作出行政复议决定以前可以达成和解，行政复议机关也可以调解：（一）行使自由裁量权作出的具体行政行为，如行政处罚、核定税额、确定应税所得率等。……"题目说法错误。

24. 正确

    解析：根据《行政处罚法》第七十六条的规定，没有法定的行政处罚依据的行政处罚，应由上级行政机关或者有关机关责令改正，对直接负责的主管人员和其他直接责任人员依法给予处分。题目说法正确。

25. 错误

    解析：根据《行政处罚法》第七十八条："行政机关违反本法第六十七条的规定自行收缴罚款的，财政部门违反本法第七十四条的规定向行政机关返还罚款、没收的违法所得或者拍卖款项的，由上级行政机关或者有关机关责令改正，对直接负责的主管人员和其他直接责任人员依法给予处分。"财政部门违反法律规定向行政机关返还罚款、没收的违法所得或者拍卖款项的，对财政部门直接负责的主管人员和其他直接责任人员依法给予处分。题目说法错误。

四、案例分析题

（一）答案要点：

《行政处罚法》第五条第二款规定："设定和实施行政处罚必须以事实为依据，与违法行为的事实、性质、情节以及社会危害程度相当。"案例中市场监管部门依法对行政相对人的商标侵权行为实施行政处罚时,应遵循过罚相当原则,合理行使自由裁量权;也就是说,在保证行政管理目标实现的同时,兼顾保护行政相对人的合法权益,行政处罚以达到行政执法目的和目标为限,并尽可能使相对人的权益遭受最小的损害。如果未考虑应当考虑的因素,违背过罚相当原则,可能导致行政结果显失公正。

S市市场监管局在对甲公司进行行政处罚时,责令其停止侵权行为即足以达到保护注册商标专用权以及保障消费者和相关公众利益的行政执法目的,但其并未考虑甲公司主观上无过错,侵权性质、行为和情节显著轻微,尚未造成实际危害后果等因素,对甲公司并处50万元罚款,使行政处罚的结果与违法行为的社会危害程度之间明显不适当,其行政处罚缺乏妥当性和必要性,应当认定属于显失公正的行政处罚。

(二)答案要点:

税务机关对甲公司作出的行政处罚决定不当。《最高人民法院关于在司法机关对当事人虚开增值税专用发票罪立案侦查之后刑事判决之前,税务机关又以同一事实以偷税为由对同一当事人能否作出行政处罚问题的答复》(2008年9月19日〔2008〕行他字第1号):根据《行政执法机关移送涉嫌犯罪案件的规定》第三条、第五条、第八条、第十一条的规定,税务机关在移送公安机关之前已经给予当事人罚款处罚的,法院在判处罚金时应当折抵罚金。税务机关在发现涉嫌犯罪并移送公安机关进行刑事侦查后,不再针对同一违法行为作出行为罚和申诫罚以外的行政处罚;刑事被告人构成涉税犯罪并被处以人身和财产的刑罚后,税务机关不应再作出罚款的行政处罚。如当事人行为不构成犯罪,则公安机关应将案件退回税务机关,税务机关可依法追究当事人的行政违法责任。因此,行政机关发现涉嫌犯罪并移送公安机关进行刑事侦查后,不再针对同一违法行为作出行为罚和申诫罚以外的行政处罚。等司法机关的结论作出后,如当事人行为不构成犯罪,则司法机关应将案件退回行政机关,行政机关可依法追究当事人的行政违法责任。

综合测试题(三)参考答案及解析

一、单选题

1. B

    解析:我国《行政处罚法》于1996年3月17日第八届全国人民代表大会第四次会议通过2021年修订的《行政处罚法》于2021年7月15日开始施行。

2. A

    解析:根据《民法典》第一百八十七条:"民事主体因同一行为应当承担民事责任、行政责任和刑事责任的,承担行政责任或者刑事责任不影响承担民事责任;民事主体的财产不足以支付的,优先用于承担民事责任。"只有A选项说法符合题意。

3. D

    解析:警告和通报批评属于申诫罚,D选项符合题意。

4. D

    解析:《行政处罚法》第九条规定,行政处罚的种类:(1)警告、通报批评;(2)罚款、没收违法所得、没收非法财物;(3)暂扣许可证件、降低资质等级、吊销许可证件;(4)限制开展生产经营活动、责令停产停业、责令关闭、限制从业;(5)行政拘留;(6)法律、行政法规规定的其他行政处罚。只有D选项,责令停产停业属于行政处罚的种类。

5. A

解析：根据《行政处罚法》第十四条第二款："尚未制定法律、法规的,地方政府规章对违反行政管理秩序的行为,可以设定警告、通报批评或者一定数额罚款的行政处罚。罚款的限额由省、自治区、直辖市人民代表大会常务委员会规定。"A选项符合题意。

6. C

解析：加处罚款属于执行罚,是行政强制执行机关对拒不履行不作为义务或者不可为他人代履行的作为义务的义务主体,课以新的金钱给付义务,以迫使其履行的强制执行。因此,C选项符合题意。

7. D

解析：《国务院关于进一步贯彻实施〈中华人民共和国行政处罚法〉的通知》(国发〔2021〕26号)明确："国务院部门和省、自治区、直辖市人民政府及其有关部门要认真落实行政处罚定期评估制度,结合立法计划规划每5年分类、分批组织一次评估。"据此,D选项符合题意。

8. C

解析：街道办事处属于市辖区政府、不设区的市政府设立的派出机关,属于行政机关的范畴。公安派出所、税务所、消防大队属于行政机构。因此,只有C选项符合题意。

9. D

解析：根据《行政处罚法》第十八条："国家在城市管理、市场监管、生态环境、文化市场、交通运输、应急管理、农业等领域推行建立综合行政执法制度,相对集中行政处罚权。"D选项不属于上述范围。

10. C

解析：根据《行政执法机关移送涉嫌犯罪案件的规定》(2020修订)第七条："公安机关对行政执法机关移送的涉嫌犯罪案件,应当在涉嫌犯罪案件移送书的回执上签字；其中，不属于本机关管辖的，应当在24小时内转送有管辖权的机关，并书面告知移送案件的行政执法机关。"只有C选项符合题意。

11. D

解析：根据《行政处罚法》第二十八条第二款："当事人有违法所得，除依法应当退赔的外，应当予以没收。违法所得是指实施违法行为所取得的款项。法律、行政法规、部门规章对违法所得的计算另有规定的，从其规定。"A选项错误，D选项符合题意。B选项不符合题意，不符合《行政处罚法》关于违法所得计算的规定。C选项错误，法律、行政法规、部门规章可以对违法所得的计算作特别规定，地方性法规、地方政府规章均无权作特别规定。

12. A

解析：《行政处罚法》第二十九条规定，同一违法行为违反多个法律规范应当给予罚款处罚的，按照罚款数额高的规定处罚。A选项符合题意。

13. D

解析：参照《最高人民法院关于印发〈关于审理行政案件适用法律规范问题的座谈会纪要〉的通知》（法〔2004〕96号）："法律、行政法规或者地方性法规修改后，其实施性规定未被明文废止的，人民法院在适用时应当区分下列情形：实施性规定与修改后的法律、行政法规或者地方性法规相抵触的，不予适用；因法律、行政法规或者地方性法规的修改，相应的实施性规定丧失依据而不能单独施行的，不予适用；实施性规定与修改后的法律、行政法规或者地方性法规不相抵触的，可以适用。"D选项说法错误。

14. A

解析：甲公司的非法占地行为处于继续状态，对其行政处罚的追究时效应当从违法行为终了之日起计算,即2021年5月11日,因此,A选项符合题意。

15. A

解析：根据《海关行政处罚实施条例》(中华人民共和国国务院令第420号)第五十一条第一款："同一当事人实施了走私和违反海关监管规定的行为且二者之间有因果关系的,依照本实施条例对走私行为的规定从重处罚,对其违反海关监管规定的行为不再另行处罚。"只有A选项说法正确,符合题意。

16. A

解析：根据《行政诉讼法》第七十条："行政行为有下列情形之一的,人民法院判决撤销或者部分撤销,并可以判决被告重新作出行政行为：(一)主要证据不足的；(二)适用法律、法规错误的；(三)违反法定程序的；(四)超越职权的；(五)滥用职权的；(六)明显不当的。"只有A选项符合题意。

17. D

解析：合法性,是指证据必须由当事人按照法定程序提供,或由法定机关、法定人员按照法定的程序调查、收集和审查。合法性,包括证据的收集主体、收集程序和证据形式合法。因此,D选项表述不正确。

18. A

解析：参照《最高人民法院关于行政诉讼证据若干问题的规定》(法释〔2002〕21号)第十二条："根据行政诉讼法第三十一条第一款第(三)项的规定,当事人向人民法院提供计算机数据或者录音、录像等视听资料的,应当符合下列要求：(一)提供有关资料的原始载体。提供原始载体确有困难的,可以提供复制件；(二)注明制作方法、制作时间、制作人和证明对象等；(三)声音资料应当附有该声音内容的文字记录。"提供原始载体,但提供原始载体确有困难的,也可以提供复制件,因此,提供原始载体并非绝对必须的要求。因此,A 选项说法错误,符合题意。

19. A

解析:根据《公安机关办理行政案件程序规定》(2020 年修改)第一百三十七条:"听证应当在公安机关收到听证申请之日起十日内举行。除涉及国家秘密、商业秘密、个人隐私的行政案件外,听证应当公开举行。"A 选项符合题意。

20. C

解析:根据《民事诉讼法》(2021 年修正)第九十条:"经受送达人同意,人民法院可以采用能够确认其收悉的电子方式送达诉讼文书。通过电子方式送达的判决书、裁定书、调解书,受送达人提出需要纸质文书的,人民法院应当提供。采用前款方式送达的,以送达信息到达受送达人特定系统的日期为送达日期。"C 选项符合题意。

21. B

解析:根据《行政处罚法》第六十六条:"行政处罚决定依法作出后,当事人应当在行政处罚决定书载明的期限内,予以履行。当事人确有经济困难,需要延期或者分期缴纳罚款的,经当事人申请和行政机关批准,可以暂缓或者分期缴纳。"C、D 选项错误。经行政机关批准延期、分期缴纳罚款的,暂缓或者分期缴纳罚款期限内不加收滞纳金,不计算加处罚款,因此 A 选项错误。

22. A

解析:根据《最高人民法院关于适用〈中华人民共和国行政诉讼法〉的解释》(法释〔2018〕1 号)第一百五十七条:"行政机关申请人民法院强制执行其行政行为的,由申请人所在地的基层人民法院受理;执行对象为不动产的,由不动产所在地的基层人民法院受理。基层人民法院认为执行确有困难的,可以报请上级人民法院执行;上级人民法院可以决定由其执行,也可以决定由下级人民法院执行。"只有A选项符合题意。

23. B

    解析:根据《行政强制法》第五十九条:"因情况紧急,为保障公共安全,行政机关可以申请人民法院立即执行。经人民法院院长批准,人民法院应当自作出执行裁定之日起五日内执行。"B选项符合题意。

24. B

    解析:根据《行政处罚法》第八十条规定,行政机关使用或者损毁查封、扣押的财物,对当事人造成损失的,应当依法予以赔偿,对直接负责的主管人员和其他直接责任人员依法给予处分。张某的行为,对外代表其单位,王某有权要求执法单位承担赔偿责任。行政机关对张某的行为,依法给予处分。因此,B选项说法正确,符合题意。

25. B

    解析:根据《最高人民检察院关于渎职侵权犯罪案件立案标准的规定》:"(十二)徇私舞弊不移交刑事案件案(第四百零二条)徇私舞弊不移交刑事案件罪是指工商行政管理、税务、监察等行政执法人员,徇私舞弊,对依法应当移交司法机关追究刑事责任的案件不移交,情节严重的行为。涉嫌下列情形之一的,应予立案:1.对依法可能判处3年以上有期徒刑、无期徒刑、死刑的犯罪案件不移交的;2.不移交刑事案件涉及3人次以上的;3.司法机关提出意见后,无正当理由仍然不予移交的;4.以罚代刑,放纵犯罪嫌疑人,致使犯罪嫌疑人继续进行违法犯罪活动的;5.行政执法部门主管领导阻止移交的;6.隐瞒、毁灭证据,伪造材料,改变刑事案件性质的;7.直接负责的主管人员和其他直接责任人员为牟取本单位私利而不移交刑事案件,情节严重的;8.其他情节严重的情形。"B选项所述情形,未达到徇私舞弊不移交刑事案件罪立案追诉标准,符合题意。

二、多选题

1. ABCD

    解析:全国人大常委会法制工作委员会副主任许安标2020年6月28日在第十三届全国人民代表大会常务委员会第二十次会议上,所作关于《中华人民共和国行政处罚法(修订草案)》的说明中指出,"为贯彻落实党中央重大改革决策部署,推进国家治理体系和治理能力现代化,加强法治政府建设,完善行政处罚制度,解决执法实践中遇到的突出问题,有必要修改行政处罚法。"因此,A、B、C、D选项均符合题意。

2. BC

    解析:具体行政行为的废止,其在废止前有效,废止后才归于无效,因此,A选项说法错误。可撤销的具体行政行为在被撤销之前具有拘束力、确定力,当事人应当受其约束,所以,B选项说法正确。专属权益具有人身依附性,因当事人的死亡而其效力终止,C选项手法正确。无效具体行政行为自始无效,但只有行政相对人或其他利害关系人才能向人民法院起诉,所以,D选项说法错误。

3. ABD

    解析:罚款决定是侵益行政行为,撤销该决定,不适用信赖保护原则。因此,只有C选项不符合题意。

4. ABCD

    解析:根据《行政许可法》第三十九条:"行政机关作出准予行政许可的决定,需要颁发行政许可证件的,应当向申请人颁发加盖本行政机关印章的下列行政许可证件:(一)许可证、执照或者其他许可证书;(二)资格证、资质证或者其他合格证书;(三)行政机关的批准文件或者证明文件;(四)法律、法规规定的其他行政许可证件。"A、B、C、D 选项均符合题意。

5. AB

   解析:根据《行政处罚法》第十四条第二款规定,尚未制定法律、法规的,地方政府规章对违反行政管理秩序的行为,可以设定警告、通报批评或者一定数额罚款的行政处罚。罚款的限额由省、自治区、直辖市人民代表大会常务委员会规定。所以,只有 A、B 选项符合题意。

6. ABC

   解析:"有独立的经费,具有法人资格"不是行政处罚实施机关必须具备的条件。法律、法规授权的行政机关内设机构、派出机构不具有法人资格,没有独立的经费,并不影响其成为行政处罚的实施主体。所以,D 选项不符合题意。

7. ACD

   解析:根据《行政处罚法》第二十条第三款:"委托行政机关对受委托组织实施行政处罚的行为应当负责监督,并对该行为的后果承担法律责任。"B 选项错误。

8. ABC

   解析:根据《国务院关于修改〈行政执法机关移送涉嫌犯罪案件的规定〉的决定》(中华人民共和国国务院令第 730 号)第三条第一款:"行政执法机关在依法查处违法行为过程中,发现违法事实涉及的金额、违法事实的情节、违法事实造成的后果等,根据刑法关于破坏社会主义市场经济秩序罪、妨害社会管理秩序罪等罪的规定和最高人民法院、最高人民检察院关于破坏社会主义市场经济秩序罪、妨害社会管理秩序罪等罪的司法解释以及最高人民检察院、公安部关于经济犯罪案件的追诉标准等规定,涉嫌构成犯罪,依法需要追究刑事责任的,必须依照本规定向公安机关移送。"A、B、C选项符合题意。

9. ABCD

解析:根据《国务院法制办公室对湖北省人民政府法制办公室〈关于如何确认违法行为连续或继续状态的请示〉的复函》(国法函〔2005〕442号):"《中华人民共和国行政处罚法》第二十九条中规定的违法行为的连续状态,是指当事人基于同一个违法故意,连续实施数个独立的行政违法行为,并触犯同一个行政处罚规定的情形。"A选项正确。

根据《全国人大法工委对关于违反规划许可、工程建设强制性标准建设、设计违法行为追诉时效有关问题的意见》(法工办发〔2012〕20号):"违反规划许可、工程建设强制性标准进行建设、设计、施工,其行为有继续状态,应当自纠正违法行为之日起计算行政处罚追诉时效。",B选项正确。根据《最高人民法院行政审判庭关于如何计算土地违法行为追诉时效的答复》(〔1997〕法行字第26号):"对非法占用土地的违法行为,在未恢复原状之前,应视为具有继续状态,其行政处罚的追诉时效,应根据行政处罚法第二十九条第二款的规定,从违法行为终了之日起计算;破坏耕地的违法行为是否具有连续或继续状态,应根据案件的具体情况区别对待。"C选项说法正确。

根据《行政处罚法》第三十六条第二款:"前款规定的期限,从违法行为发生之日起计算;违法行为有连续或者继续状态的,从行为终了之日起计算。"D选项说法正确。

10. AB

解析:根据《行政处罚法》第三十八条:"行政处罚没有依据或者实

施主体不具有行政主体资格的,行政处罚无效。违反法定程序构成重大且明显违法的,行政处罚无效。"A、B 选项正确。

11. ABC

解析:证据的基本属性包括真实性、合法性和关联性。D 选项不符合题意。

12. ABCD

解析:根据《行政处罚法》第五十二条第一款:"执法人员当场作出行政处罚决定的,应当向当事人出示执法证件,填写预定格式、编有号码的行政处罚决定书,并当场交付当事人。当事人拒绝签收的,应当在行政处罚决定书上注明。"A、B、C 选项符合题意。

根据《行政处罚法》第六十三条:"行政机关拟作出下列行政处罚决定,应当告知当事人有要求听证的权利,当事人要求听证的,行政机关应当组织听证:(一)较大数额罚款;(二)没收较大数额违法所得、没收较大价值非法财物;(三)降低资质等级、吊销许可证件;(四)责令停产停业、责令关闭、限制从业;(五)其他较重的行政处罚;(六)法律、法规、规章规定的其他情形。"当场作出的行政处罚决定的,达不到申请听证的条件,不需要告知当事人要求听证的权利,D 选项说法正确。

13. CD

解析:根据《行政处罚法》第五十七条第二款:"对情节复杂或者重大违法行为给予行政处罚,行政机关负责人应当集体讨论决定。"只有 C、D 选项符合题意。

14. AB

解析:根据《行政处罚法》第六十四条:"听证应当依照以下程序组织:……(四)听证由行政机关指定的非本案调查人员主持;当事人认为主持人与本案有直接利害关系的,有权申请回避;……"A、

B 选项说法正确,C 选项说法错误。《行政处罚法》并未规定听证主持人应当通过国家统一法律职业资格考试取得法律职业资格,因此,D 选项不选。

15. ABC

    解析:根据《道路交通安全法》(2021 年修正)第一百零七条第一款:"对道路交通违法行为人予以警告、二百元以下罚款,交通警察可以当场作出行政处罚决定,并出具行政处罚决定书。"A、B、C 选项符合题意。

16. AB

    解析:根据《行政处罚法》第七十条规定,行政机关及其执法人员当场收缴罚款的,必须向当事人出具国务院财政部门或者省、自治区、直辖市人民政府财政部门统一制发的专用票据。因此,只有 A、B 选项符合题意。

17. ABC

    解析:根据《行政处罚法》第六十八条:"依照本法第五十一条的规定当场作出行政处罚决定,有下列情形之一,执法人员可以当场收缴罚款:(一)依法给予一百元以下罚款的;(二)不当场收缴事后难以执行的。"100 元以下罚款的,可以当场收缴,因此,A、B、C 选项符合题意。

18. ACD

    解析:没收保证金,不属于行政诉讼的受案范围。B 选项不符合题意。没收作案工具、停止出口退税权属于行政处罚行为,属于行政诉讼受案范围。当事人对不予行政处罚决定不服的,可以依法提起行政诉讼。A、C、D 选项符合题意。

19. ABC

    解析:根据主观过错在法律责任中的地位,可以把法律责任分为过错责任、无过错责任和公平责任。A、B、C 选项符合题意。

20. AB

解析：根据《立法法》第二十五条："全国人民代表大会通过的法律由国家主席签署主席令予以公布。"和第四十四条："常务委员会通过的法律由国家主席签署主席令予以公布。"A 选项正确。

根据《立法法》第四十五条第一款："法律解释权属于全国人民代表大会常务委员会。"B 选项正确。

根据《立法法》第五十条："全国人民代表大会常务委员会的法律解释同法律具有同等效力。"C 选项错误。

根据《立法法》第六十四条："全国人民代表大会常务委员会工作机构可以对有关具体问题的法律询问进行研究予以答复，并报常务委员会备案。"D 选项错误。

因此，只有 A、B 选项正确。

三、判断题

1. 正确

   解析：《国务院关于进一步贯彻实施〈中华人民共和国行政处罚法〉的通知》（国发〔2021〕26号）明确要求，行政机关不得在未查明违法事实的情况下，对一定区域、领域的公民、法人或者其他组织"一刀切"实施责令停产停业、责令关闭等行政处罚。因此，题目说法正确。

2. 错误

   解析：根据《行政处罚法》第十六条："除法律、法规、规章外，其他规范性文件不得设定行政处罚。"题目说法错误。

3. 错误

   解析：根据《行政处罚法》第十四条："地方政府规章可以在法律、法规规定的给予行政处罚的行为、种类和幅度的范围内作出具体规定。尚未制定法律、法规的,地方政府规章对违反行政管理秩序的行为,可以设定警告、通报批评或者一定数额罚款的行政处罚。罚款的限额由省、自治区、直辖市人民代表大会常务委员会规定。"题目说法错误。

4. 错误

   解析:《行政处罚法》第九条第(六)项,允许其他法律、行政法规依法设立不属于前五项列举的行政处罚种类的行政处罚。题目说法错误。

5. 正确

   解析:《行政处罚法》第十九条规定,法律、法规授权的具有管理公共事务职能的组织可以在法定授权范围内实施行政处罚。题目说法正确。

6. 错误

   解析:《行政处罚法》第十七条规定,行政处罚由具有行政处罚权的行政机关在法定职权范围内实施。有的行政机关并没有法律行政处罚权,不得实施行政处罚。行政机关以外的其他国家机关,如国家监察委员会、人民法院、人民检察院等国家机关,依法享有司法制裁权,不属于行政处罚权。所以,题目说法错误。

7. 正确

   解析:根据《公安部关于修改〈道路交通安全违法行为处理程序规定〉的决定》(公安部令第157号)第四十四条:"适用简易程序处罚的,可以由一名交通警察作出,并应当按照下列程序实施:……"题目说法正确。

8. 错误

   解析:根据《行政处罚法》第三十二条:"当事人有下列情形之一,应当从轻或者减轻行政处罚：(一)主动消除或者减轻违法行为危害后果的；(二)受他人胁迫或者诱骗实施违法行为的；(三)主动供述行政机关尚未掌握的违法行为的；(四)配合行政机关查处违法行为有立功表现的；(五)法律、法规、规章规定其他应当从轻或者减轻行政处罚的。"题目说法错误。

9. 正确

   解析：《行政处罚法》第三十六条第二款规定，前款规定的期限，从违法行为发生之日起计算；违法行为有连续或者继续状态的，从行为终了之日起计算。题目说法正确。

10. 正确

    解析：根据《行政执法机关移送涉嫌犯罪案件的规定》(2020年修订)第三条第二款："知识产权领域的违法案件，行政执法机关根据调查收集的证据和查明的案件事实，认为存在犯罪的合理嫌疑，需要公安机关采取措施进一步获取证据以判断是否达到刑事案件立案追诉标准的，应当向公安机关移送。"题目说法正确。

11. 正确

    解析：根据《行政执法机关移送涉嫌犯罪案件的规定》(2020年修订)第十一条第三款："依照行政处罚法的规定，行政执法机关向公安机关移送涉嫌犯罪案件前，已经依法给予当事人罚款的，人民法院判处罚金时，依法折抵相应罚金。"题目说法正确。

12. 错误

    解析：根据《行政处罚法》第四十三条："执法人员与案件有直接利害关系或者有其他关系可能影响公正执法的，应当回避。当事人认为执法人员与案件有直接利害关系或者有其他关系可能影响公正执法的，有权申请回避。当事人提出回避申请的，行政机关应当依法审查，由行政机关负责人决定。决定作出之前，不停止调查。"题目说法错误。

13. 正确

    解析： 当事人在法定期限内未进行陈述申辩的，行政机关依法作出行政处罚决定，并无不当。题目说法正确。

14. 错误

    解析： 根据《关于公布〈中华人民共和国海关办理行政处罚案件程序规定〉的令》（海关总署第250号令）第六十六条："海关在作出行政处罚决定或者不予行政处罚决定前，应当告知当事人拟作出的行政处罚或者不予行政处罚内容及事实、理由、依据，并且告知当事人依法享有的陈述、申辩、要求听证等权利。海关未依照前款规定履行告知义务，或者拒绝听取当事人的陈述、申辩，不得作出行政处罚决定或者不予行政处罚决定。在履行告知义务时，海关应当制发行政处罚告知单或者不予行政处罚告知单，送达当事人。"题目说法错误。

15. 错误

    解析： 根据《行政处罚法》第六十三条第二款："当事人不承担行政机关组织听证的费用。"题目说法错误。

16. 错误

    解析： 《行政处罚法》第四十八条规定，具有一定社会影响的行政处罚决定应当依法公开。法律只要求对具有一定社会影响的行政处罚决定公开，所以，题目说法错误。

17. 正确

    解析： 参考《关于公布〈中华人民共和国海关办理行政处罚案件程序规定〉的令》（海关总署第250号令）第二十一条："刑事案件转为行政处罚案件办理的，刑事案件办理过程中收集的证据材料，经依法收集、审查后，可以作为行政处罚案件定案的根据。"题目说法正确。

18. 错误

    解析：根据《行政处罚法》第六十九条："在边远、水上、交通不便地区，行政机关及其执法人员依照本法第五十一条、第五十七条的规定作出罚款决定后，当事人到指定的银行或者通过电子支付系统缴纳罚款确有困难，经当事人提出，行政机关及其执法人员可以当场收缴罚款。"依照第五十七条的规定作出罚款决定，即适用普通程序，如果在边远、水上、交通不便地区，当事人到指定的银行或者通过电子支付系统缴纳罚款确有困难，经当事人提出，行政机关及其执法人员可以当场收缴罚款。因此，题目说法错误。

19. 错误

    解析：根据《行政处罚法》第七十三条第二款："当事人对限制人身自由的行政处罚决定不服，申请行政复议或者提起行政诉讼的，可以向作出决定的机关提出暂缓执行申请。符合法律规定情形的，应当暂缓执行。"暂缓执行申请，应向作出决定的机关提出，而不是行政复议机关或人民法院，所以，题目说法错误。

20. 正确

    解析：根据《行政强制法》第四十三条第一款："行政机关不得在夜间或者法定节假日实施行政强制执行。但是，情况紧急的除外。"题目说法正确。

21. 正确

    解析：根据《治安管理处罚法》第九十二条规定，对决定给予行政拘留处罚的人，在处罚前已经采取强制措施限制人身自由的时间，应当折抵。限制人身自由一日，折抵行政拘留一日。所以，题目说法正确。

22. 正确

    解析：根据《行政强制法》第四十二条："实施行政强制执行，行政机关可以在不损害公共利益和他人合法权益的情况下,与当事人达成执行协议。执行协议可以约定分阶段履行;当事人采取补救措施的,可以减免加处的罚款或者滞纳金。"题目说法正确。

23. 正确

    解析:根据《关于印发〈罚没财物管理办法〉的通知》(财税〔2020〕54号)第十五条:"罚没物品处置前存在破损、污秽等情形的,在有利于加快处置的情况下,且清理、修复费用低于变卖收入的,可以进行适当清理、修复。"题目说法正确。

24. 错误

    解析:《行政处罚法》第七十三条规定,当事人对行政处罚决定不服,申请行政复议或者提起行政诉讼的,行政处罚不停止执行,法律另有规定的除外。当事人对限制人身自由的行政处罚决定不服,申请行政复议或者提起行政诉讼的,可以向作出决定的机关提出暂缓执行申请。符合法律规定情形的,应当暂缓执行。当事人申请行政复议或者提起行政诉讼的,加处罚款的数额在行政复议或者行政诉讼期间不予计算。据此,在行政复议或者行政诉讼期间,行政处罚不停止执行,但加处罚款的数额在行政复议或者行政诉讼期间不予计算,所以,题目说法错误。

25. 错误

    解析:根据《公职人员政务处分法》规定,公职人员因过失犯罪被判处有期徒刑,刑期超过3年的予以开除。所以,题目说法错误。

四、案例分析题

答案要点:

公安机关的做法不合法。

(1)公安分局认定焦某的行为触犯了治安管理处罚有关规定,并据此作出056号处罚决定书,给予焦某治安罚款200元的处罚。该处罚决定并不存在事实不清、证据不足、程序违法、等情形,是合法的行政处罚决定,并已发生法律效力。依法作出的行政处罚决定一旦生效,其法律效力不仅及于行政相对人,也及于行政机关,不能随意被撤销。已经生效的行政处罚决定如果随意被撤销,也就意味着行政处罚行为本身带有随意性,不利于社会秩序的恢复和稳定。

(2)错误的行政处罚决定,只能依照法定程序纠正。056号处罚决定书依照法定程序作出,是合法且已经发生法律效力的处罚决定,不存在依法应当撤销的情形,不能仅因交管部门认为处罚过轻即随意撤销。

(3)《行政处罚法》第四十五条规定,当事人有权进行陈述和申辩。行政机关必须充分听取当事人的意见,对当事人提出的事实、理由和证据,应当进行复核;当事人提出的事实、理由或者证据成立的,行政机关应当采纳。行政机关不得因当事人陈述、申辩而给予更重的处罚。行政处罚决定权掌握在行政机关手中。在行政处罚程序中始终贯彻允许当事人陈述和申辩的原则,只能有利于事实的查明和法律的正确适用,不会混淆是非,更不会因此而使违法行为人逃脱应有的惩罚。法律规定不得因当事人申辩而加重处罚,就是对当事人申辩进行鼓励的手段。无论是行政处罚程序还是行政复议程序,都不得因当事人进行申辩而加重对其处罚。公安分局作出给予焦某治安拘留10日的047号处罚决定书后,焦某以处罚明显过重为由申请复议,这是一种申辩行为。复议机关以事实不清为由撤销了047号处罚决定书后,公安分局在没有调查取得任何新证据的情况下,在87号处罚决定书中决定给予焦某治安拘留15日的处罚。这加重了的行政处罚明显违反行政处罚法规定,也背离了行政复议法的立法本意。

附 录

《行政处罚法》新旧条文对照与修订说明

新	旧	修订说明
中华人民共和国行政处罚法 （1996年3月17日第八届全国人民代表大会第四次会议通过 根据2009年8月27日第十一届全国人民代表大会常务委员会第十次会议《关于修改部分法律的决定》第一次修正 根据2017年9月1日第十二届全国人民代表大会常务委员会第二十九次会议《关于修改〈中华人民共和国法官法〉等八部法律的决定》第二次修正 2021年1月22日第十三届全国人民代表大会常务委员会第二十五次会议修订）	中华人民共和国行政处罚法 （1996年3月17日第八届全国人民代表大会第四次会议通过 根据2009年8月27日第十一届全国人民代表大会常务委员会第十次会议《关于修改部分法律的决定》第一次修正 根据2017年9月1日第十二届全国人民代表大会常务委员会第二十九次会议《关于修改〈中华人民共和国法官法〉等八部法律的决定》第二次修正）	

(续表)

新	旧	修订说明
第一章 总则	**第一章 总则**	
第一条 为了规范行政处罚的设定和实施,保障和监督行政机关有效实施行政管理,维护公共利益和社会秩序,保护公民、法人或者其他组织的合法权益,根据宪法,制定本法。	**第一条** 为了规范行政处罚的设定和实施,保障和监督行政机关有效实施行政管理,维护公共利益和社会秩序,保护公民、法人或者其他组织的合法权益,根据宪法,制定本法。	
第二条 行政处罚是指行政机关依法对违反行政管理秩序的公民、法人或者其他组织,以减损权益或者增加义务的方式予以惩戒的行为。		【新增】新增行政处罚的定义。
第三条 行政处罚的设定和实施,适用本法。	**第二条** 行政处罚的设定和实施,适用本法。	
第四条 公民、法人或者其他组织违反行政管理秩序的行为,应当给予行政处罚的,依照本法由法律、法规、规章规定,并由行政机关依照本法规定的程序实施。	**第三条** 公民、法人或者其他组织违反行政管理秩序的行为,应当给予行政处罚的,依照本法由法律、法规、规章规定,并由行政机关依照法定的程序实施。没有法定依据或者不遵守法定程序的,行政处罚无效。	【拆分】第二款拆分作为新法第三十八条,并作了修改。

(续表)

新	旧	修订说明
第五条 行政处罚遵循公正、公开的原则。设定和实施行政处罚必须以事实为依据,与违法行为的事实、性质、情节以及社会危害程度相当。对违法行为给予行政处罚的规定必须公布;未经公布的,不得作为行政处罚的依据。	**第四条** 行政处罚遵循公正、公开的原则。设定和实施行政处罚必须以事实为依据,与违法行为的事实、性质、情节以及社会危害程度相当。对违法行为给予行政处罚的规定必须公布;未经公布的,不得作为行政处罚的依据。	
第六条 实施行政处罚,纠正违法行为,应当坚持处罚与教育相结合,教育公民、法人或者其他组织自觉守法。	**第五条** 实施行政处罚,纠正违法行为,应当坚持处罚与教育相结合,教育公民、法人或者其他组织自觉守法。	
第七条 公民、法人或者其他组织对行政机关所给予的行政处罚,享有陈述权、申辩权;对行政处罚不服的,有权依法申请行政复议或者提起行政诉讼。公民、法人或者其他组织因行政机关违法给予行政处罚受到损害的,有权依法提出赔偿要求。	**第六条** 公民、法人或者其他组织对行政机关所给予的行政处罚,享有陈述权、申辩权;对行政处罚不服的,有权依法申请行政复议或者提起行政诉讼。公民、法人或者其他组织因行政机关违法给予行政处罚受到损害的,有权依法提出赔偿要求。	
第八条 公民、法人或者其他组织因违法行为受到行政处罚,其违法行为对他人造成损害的,应当依法承担民事责任。违法行为构成犯罪,应当依法追究刑事责任,不得以行政处罚代替刑事处罚。	**第七条** 公民、法人或者其他组织因违法行为受到行政处罚,其违法行为对他人造成损害的,应当依法承担民事责任。违法行为构成犯罪,应当依法追究刑事责任,不得以行政处罚代替刑事处罚。	

（续表）

新	旧	修订说明
第二章 行政处罚的种类和设定 **第九条** 行政处罚的种类： （一）警告、通报批评； （二）罚款、没收违法所得、没收非法财物； （三）暂扣许可证件、降低资质等级、吊销许可证件； （四）限制开展生产经营活动、责令停产停业、责令关闭、限制从业； （五）行政拘留； （六）法律、行政法规规定的其他行政处罚。	**第二章 行政处罚的种类和设定** **第八条** 行政处罚的种类： （一）警告； （二）罚款； （三）没收违法所得、没收非法财物； （四）责令停产停业； （五）暂扣或者吊销许可证、暂扣或者吊销执照； （六）行政拘留； （七）法律、行政法规规定的其他行政处罚。	【修改】增加通报批评、降低资质等级等行政处罚种类。
第十条 法律可以设定各种行政处罚。限制人身自由的行政处罚，只能由法律设定。	**第九条** 法律可以设定各种行政处罚。限制人身自由的行政处罚，只能由法律设定。	
第十一条 行政法规可以设定除限制人身自由以外的行政处罚。 法律对违法行为已经作出行政处罚规定，行政法规需要作出具体规定的，必须在法律规定的给予行政处罚的行为、种类和幅度的范围内规定。	**第十条** 行政法规可以设定除限制人身自由以外的行政处罚。 法律对违法行为已经作出行政处罚规定，行政法规需要作出具体规定的，必须在法律规定的给予行政处罚的行为、种类和幅度的范围内规定。	【新增】新增第三款。

(续表)

新	旧	修订说明
法律对违法行为未作出行政处罚规定，行政法规为实施法律，可以补充设定行政处罚。拟补充设定行政处罚的，应当通过听证会、论证会等形式广泛听取意见，并向制定机关作出书面说明。行政法规报送备案时，应当说明补充设定行政处罚的情况。	**第十条** 行政法规可以设定除限制人身自由以外的行政处罚。 法律对违法行为已经作出行政处罚规定，行政法规需要作出具体规定的，必须在法律规定的给予行政处罚的行为、种类和幅度的范围内规定。	【新增】新增第三款。
第十二条 地方性法规可以设定除限制人身自由、吊销营业执照以外的行政处罚。 法律、行政法规对违法行为需要作出具体规定的，必须在法律、行政法规规定的给予行政处罚的行为、种类和幅度的范围内规定。 法律、行政法规对违法行为未作出行政处罚规定，地方性法规为实施法律、行政法规，可以补充设定行政处罚。拟补充设定行政处罚的，应当通过听证会、论证会等形式广泛听取意见，并向制定机关作出书面说明。地方性法规报送备案时，应当说明补充设定行政处罚的情况。	**第十一条** 地方性法规可以设定除限制人身自由、吊销企业营业执照以外的行政处罚。 法律、行政法规对违法行为已经作出具体规定的，地方性法规需要作出具体规定的，必须在法律、行政法规规定的给予行政处罚的行为、种类和幅度的范围内规定。	【新增】新增第三款。

（续表）

新	旧	修订说明
第十三条 国务院部门规章可以在法律、行政法规规定的给予行政处罚的行为、种类和幅度的范围内作出具体规定。尚未制定法律、行政法规的，国务院部门规章对违反行政管理秩序的行为，可以设定警告、通报批评或者一定数额罚款的行政处罚。罚款的限额由国务院规定。	**第十二条** 国务院部、委员会制定的规章可以在法律、行政法规规定的给予行政处罚的行为、种类和幅度的范围内作出具体规定。尚未制定法律、行政法规的，前款规定的国务院部、委员会制定的规章对违反行政管理秩序的行为，可以设定警告或者一定数量罚款的行政处罚。罚款的限额由国务院规定。国务院可以授权具有行政处罚权的直属机构依照本条第一款、第二款的规定，规定行政处罚。	【修改】1.与《立法法》衔接，修改部门规章的表述；2.增加部门规章设定"通报批评"的规定。【删除】删除第三款。
第十四条 地方政府规章可以在法律、法规规定的给予行政处罚的行为、种类和幅度的范围内作出具体规定。尚未制定法律、法规的，地方政府规章对违反行政管理秩序的行为，可以设定警告、通报批评或者一定数额罚款的行政处罚。罚款的限额由省、自治区、直辖市人民代表大会常务委员会规定。	**第十三条** 省、自治区、直辖市人民政府和省、自治区人民政府所在地的市人民政府以及经国务院批准的较大的市人民政府制定的规章可以在法律、法规规定的给予行政处罚的行为、种类和幅度的范围内作出具体规定。尚未制定法律、法规的，前款规定的人民政府制定的规章对违反行政管理秩序的行为，可以设定警告或者一定数量罚款的行政处罚。罚款的限额由省、自治区、直辖市人民代表大会常务委员会规定。	【修改】1.与立法法衔接，修改地方政府规章的表述；2.增加地方政府规章设定"通报批评"的规定。

(续表)

新	旧	修订说明
第十五条 国务院部门和省、自治区、直辖市人民政府及其有关部门应当定期组织评估行政处罚的实施情况和必要性,对不适当的行政处罚事项及种类、罚款数额等,应当提出修改或者废止的建议。		【新增】新增本条。
第十六条 除法律、法规、规章外,其他规范性文件不得设定行政处罚。	**第十四条** 除本法第九条、第十条、第十一条、第十二条以及第十三条的规定外,其他规范性文件不得设定行政处罚。	【优化】优化行政处罚的设定权限的文字表述。
第三章 行政处罚的实施机关	**第三章 行政处罚的实施机关**	
第十七条 行政处罚由具有行政处罚权的行政机关在法定职权范围内实施。	**第十五条** 行政处罚由具有行政处罚权的行政机关在法定职权范围内实施。	
第十八条 国家在城市管理、市场监管、生态环境、文化市场、交通运输、应急管理、农业等领域推行建立综合行政执法制度,相对集中行政处罚权。	**第十六条** 国务院或者经国务院授权的省、自治区、直辖市人民政府可以决定一个行政机关行使有关行政机关的行政处罚权,但限制人身自由的行政处罚权只能由公安机关行使。	【新增】新增第一款。 【修改】限制人身自由的处罚主体增加"法律规定的其他机关"。

(续表)

新	旧	修订说明
第十六条 国务院或者省、自治区、直辖市人民政府可以决定一个行政机关行使有关行政机关的行政处罚权，限制人身自由的行政处罚权只能由公安机关和法律规定的其他机关行使。	**第十六条** 国务院或者经国务院授权的省、自治区、直辖市人民政府可以决定一个行政机关行使有关行政机关的行政处罚权，但限制人身自由的行政处罚权只能由公安机关行使。	【新增】新增第一款。 【修改】限制人身自由的处罚主体增加"法律规定的其他机关"。
第十九条 法律、法规授权的具有管理公共事务职能的组织可以在法定授权范围内实施行政处罚。	**第十七条** 法律、法规授权的具有管理公共事务职能的组织可以在法定授权范围内实施行政处罚。	
第二十条 行政机关依照法律法规规章的规定，可以在其法定权限内书面委托符合本法第二十一条规定条件的组织或者个人实施行政处罚。行政机关不得委托其他组织或者个人实施行政处罚。委托书应当载明委托的具体事项、权限、期限等内容。委托行政机关和受委托组织应当将委托书向社会公布。委托行政机关对受委托组织实施行政处罚的行为应当负责监督，并对该行为的后果承担法律责任。受委托组织在委托范围内，以委托行政机关名义实施行政处罚；不得再委托其他任何组织或者个人实施行政处罚。	**第十八条** 行政机关依照法律、法规或者规章的规定，可以在其法定权限内委托符合本法第十九条规定条件的组织实施行政处罚。行政机关不得委托其他组织或者个人实施行政处罚。委托行政机关对受委托组织实施行政处罚的行为应当负责监督，并对该行为的后果承担法律责任。受委托组织在委托范围内，以委托行政机关名义实施行政处罚；不得再委托其他任何组织或者个人实施行政处罚。	【新增】增加第二款，明确了委托书的内容。

(续表)

新	旧	修订说明
第二十一条 受委托组织必须符合以下条件： （一）依法成立并具有管理公共事务职能； （二）有熟悉有关法律、法规、规章和业务并取得行政执法资格的工作人员； （三）需要进行技术检查或者技术鉴定的，有条件组织进行相应的技术检查或者技术鉴定。	**第十九条** 受委托组织必须符合以下条件： （一）依法成立的管理公共事务的事业组织； （二）具有熟悉有关法律、法规、规章和业务的工作人员； （三）对违法行为需要进行技术检查或者技术鉴定的，应当有条件组织进行相应的技术检查或者技术鉴定。	【修改】增加工作人员应取得行政执法资格要求。
第四章 行政处罚的管辖和适用	**第四章 行政处罚的管辖和适用**	
第二十二条 行政处罚由违法行为发生地的行政机关管辖。法律、行政法规、部门规章另有规定的，从其规定。	**第二十条** 行政处罚由违法行为发生地的县级以上地方人民政府具有行政处罚权的行政机关管辖。法律、行政法规另有规定的除外。	【拆分】拆分为新法第二十二条与第二十三条； 【修改】增加了部门规章可以对管辖作特别规定。
第二十三条 行政处罚由县级以上地方人民政府具有行政处罚权的行政机关管辖。法律、行政法规另有规定的，从其规定。		

(续表)

新	旧	修订说明
第二十四条 省、自治区、直辖市根据当地实际情况，可以决定将基层管理迫切需要且能够有效承接的县级人民政府部门的行政处罚权交由能够有效承接的乡镇人民政府、街道办事处行使，并定期组织评估。决定应当公布。 承接行政处罚权的乡镇人民政府、街道办事处应当加强执法能力建设，按照规定范围、依照法定程序实施行政处罚。 有关地方人民政府及其部门应当加强组织协调、业务指导、执法监督，建立健全行政处罚协调配合机制，完善评议、考核制度。		【新增】新增本条。
第二十五条 两个以上行政机关都有管辖权的，由最先立案的行政机关管辖。 对管辖发生争议的，应当协商解决，协商不成的，报请共同的上一级行政机关指定管辖；也可以直接由共同的上一级行政机关指定管辖。	**第二十一条** 对管辖发生争议的，报请共同的上一级行政机关指定管辖。	【修改】细化争议管辖的解决方式。
第二十六条 行政机关因实施行政处罚的需要，可以向有关机关提出协助请求。协助事项属于被请求协助机关职权范围内的，应当依法予以协助。		【新增】新增本条，关于执法协助的规定。

(续表)

新	旧	修订说明
第二十七条 违法行为涉嫌犯罪的,行政机关应当及时将案件移送司法机关,依法追究刑事责任。对依法不需要给予行政处罚,但应当追究刑事责任的,司法机关应当及时将案件移送有关行政机关。 行政处罚实施机关与司法机关之间应当加强协调配合,建立健全案件移送制度,加强证据材料移交、接收衔接,完善案件处理信息通报机制。	**第二十二条** 违法行为构成犯罪的,行政机关必须将案件移送司法机关,依法追究刑事责任。	【修改】"必须"改成"应当及时";增加了不需要追究刑事责任或者免予刑事处罚的"反向移送"制度; 【新增】新增第二款,规定了行刑衔接与信息通报机制。
第二十八条 行政机关实施行政处罚时,应当责令当事人改正或者限期改正违法行为。 当事人有违法所得,除依法应当退赔的外,应当予以没收。违法所得是指实施违法行为所取得的款项。法律、行政法规、部门规章对违法所得的计算另有规定的,从其规定。	**第二十三条** 行政机关实施行政处罚时,应当责令当事人改正或者限期改正违法行为。	【新增】新增第二款,关于"违法所得"的定义及处理。

(续表)

新	旧	修订说明
第二十九条 对当事人的同一个违法行为,不得给予两次以上罚款的行政处罚。同一个违法行为违反多个法律规范应当给予罚款处罚的,按照罚款数额高的规定处罚。	**第二十四条** 对当事人的同一个违法行为,不得给予两次以上罚款的行政处罚。	【修改】明确了竞合情形下的处罚适用。
第三十条 不满十四周岁的未成年人有违法行为的,不予行政处罚,责令监护人加以管教;已满十四周岁不满十八周岁的未成年人有违法行为的,应当从轻或者减轻行政处罚。	**第二十五条** 不满十四周岁的人有违法行为的,不予行政处罚,责令监护人加以管教;已满十四周岁不满十八周岁的人有违法行为的,从轻或者减轻行政处罚。	【优化】优化文字表述。
第三十一条 精神病人、智力残疾人在不能辨认或者不能控制自己行为时有违法行为的,不予行政处罚,但应当责令其监护人严加看管和治疗。间歇性精神病人在精神正常时有违法行为的,应当给予行政处罚。尚未完全丧失辨认或者控制自己行为能力的精神病人、智力残疾人有违法行为的,可以从轻或者减轻行政处罚。	**第二十六条** 精神病人在不能辨认或者不能控制自己行为时有违法行为的,不予行政处罚,但应当责令其监护人严加看管和治疗。间歇性精神病人在精神正常时有违法行为的,应当给予行政处罚。	【修改】增加了"尚未完全丧失辨认或者控制自己行为能力的精神病人、智力残疾人有违法行为的,可以从轻或者减轻行政处罚。"的规定。

(续表)

新	旧	修订说明
第三十二条 当事人有下列情形之一，应当从轻或者减轻行政处罚： （一）主动消除或者减轻违法行为危害后果的； （二）受他人胁迫或者诱骗实施违法行为的； （三）主动供述行政机关尚未掌握的违法行为的； （四）配合行政机关查处违法行为有立功表现的； （五）法律、法规、规章规定其他应当从轻或者减轻行政处罚的。	第二十七条 当事人有下列情形之一的，应当依法从轻或者减轻行政处罚： （一）主动消除或者减轻违法行为危害后果的； （二）受他人胁迫有违法行为的； （三）配合行政机关查处违法行为有立功表现的； （四）其他依法从轻或者减轻行政处罚的。	【修改】第（二）项增加"诱骗"；第（五）项增加"法律、法规、规章规定"； 【新增】第（三）项。 【拆分】第二款作为新法第三十三条。
第三十三条 违法行为轻微并及时改正，没有造成危害后果的，不予行政处罚。初次违法且危害后果轻微并及时改正的，可以不予行政处罚。 当事人有证据足以证明没有主观过错的，不予行政处罚。法律、行政法规另有规定的，从其规定。 对当事人的违法行为不予行政处罚的，行政机关应当对当事人进行教育。	第二十七条第二款 违法行为轻微并及时纠正，没有造成危害后果的，不予行政处罚。	【新增】新增了首违不罚的规定。 【新增】新增第二款、第三款。

328

(续表)

新	旧	修订说明
第三十四条 行政机关可以依法制定行政处罚裁量基准,规范行使行政处罚裁量权。行政处罚裁量基准应当向社会公布。		【新增】新增本条。
第三十五条 违法行为构成犯罪,人民法院判处拘役或者有期徒刑时,行政机关已经给予当事人行政拘留的,应当依法折抵相应刑期。 违法行为构成犯罪,人民法院判处罚金时,行政机关已经给予当事人罚款的,应当折抵相应罚金;行政机关尚未给予当事人罚款的,不再给予罚款。	**第二十八条** 违法行为构成犯罪,人民法院判处拘役或者有期徒刑时,行政机关已经给予当事人行政拘留的,应当依法折抵相应刑期。 违法行为构成犯罪,人民法院判处罚金时,行政机关已经给予当事人罚款的,应当折抵相应罚金。	【修改】在第二款后增加"行政机关尚未给予当事人罚款的,不再给予罚款。"的规定。
第三十六条 违法行为在二年内未被发现的,不再给予行政处罚;涉及公民生命健康安全、金融安全且有危害后果的,上述期限延长至五年。法律另有规定的除外。 前款规定的期限,从违法行为发生之日起计算;违法行为有连续或者继续状态的,从行为终了之日起计算。	**第二十九条** 违法行为在二年内未被发现的,不再给予行政处罚。法律另有规定的除外。 前款规定的期限,从违法行为发生之日起计算;违法行为有连续或者继续状态的,从行为终了之日起计算。	【修改】增加"涉及公民生命健康安全、金融安全且有危害后果"的期限。

（续表）

新	旧	修订说明
第三十七条 实施行政处罚，适用违法行为发生时的法律、法规、规章的规定。但是，作出行政处罚决定时，法律、法规、规章已被修改或者废止，且新的规定处罚较轻或者不认为是违法的，适用新的规定。		【新增】新增本条。
第三十八条 行政处罚没有依据或者实施主体不具有行政主体资格的，行政处罚无效。违反法定程序构成重大且明显违法的，行政处罚无效。	**第三条第二款** 没有法定依据或者不遵守法定程序的，行政处罚无效。	【修改】增加行政处罚无效情形；修改违反法定程序必须构成"重大且明显违法"的程度。
第五章 行政处罚的决定	**第五章 行政处罚的决定**	
第一节 一般规定		
第三十九条 行政处罚的实施机关、立案依据、实施程序和救济渠道等信息应当公示。		【新增】新增本条，关于信息公示的要求。

(续表)

新	旧	修订说明
第四十条 公民、法人或者其他组织违反行政管理秩序的行为,依法应当给予行政处罚的,行政机关必须查明事实;违法事实不清、证据不足的,不得给予行政处罚。	**第三十条** 公民、法人或者其他组织违反行政管理秩序的行为,依法应当给予行政处罚的,行政机关必须查明事实;违法事实不清的,不得给予行政处罚。	【修改】增加"证据不足的"的情形。
第四十一条 行政机关依照法律、行政法规规定利用电子技术监控设备收集、固定违法事实的,应当经过法制和技术审核,确保电子技术监控设备符合标准,设置合理,标志明显,设置地点应当向社会公布。电子技术监控设备记录违法事实应当真实、清晰、完整、准确。行政机关应当审核经审核内容是否符合要求;未经审核或者经审核不符合要求的,不得作为行政处罚的证据。行政机关应当及时告知当事人违法事实,并采取信息化手段或者其他措施,为当事人查询、陈述和申辩提供便利。不得限制或者变相限制当事人享有的陈述权、申辩权。		【新增】新增本条,第一款、第二款明确了电子技术监控设备收集证据的要求;第三款明确违法事实告知、陈述申辩的有关要求。

(续表)

新	旧	修订说明
第四十二条 行政处罚应当由具有行政执法资格的执法人员实施。执法人员不得少于两人，法律另有规定的除外。执法人员应当文明执法，尊重和保护当事人合法权益。	**第三十七条** 行政机关在调查或者进行检查时，执法人员不得少于两人，并应当向当事人或者有关人员出示证件。当事人或者有关人员应当如实回答询问，并协助调查或者检查，不得阻挠。询问或者检查应当制作笔录。	【修改】明确执法人员应当具有行政执法资格的要求。【新增】增加第二款关于文明执法的要求。【拆分】第二句作为新法第五十五条第二款。
第四十三条 执法人员与案件有直接利害关系或者有其他关系可能影响公正执法的，应当回避。当事人认为执法人员与案件有直接利害关系或者有其他关系可能影响公正执法的，有权申请回避。当事人提出回避申请的，行政机关应当依法审查，决定作出之前，不停止调查。	**第三十七条第三款** 执法人员与当事人有直接利害关系的，应当回避。	【修改】修改完善了回避情形的表述。

（续表）

新	旧	修订说明
第四十三条 执法人员与案件有直接利害关系或者有其他关系可能影响公正执法的，应当回避。当事人认为执法人员与案件有直接利害关系或者有其他关系可能影响公正执法的，有权申请回避。当事人提出回避申请的，行政机关应当依法审查，由行政机关负责人决定。决定作出之前，不停止调查。	**第三十七条第三款** 执法人员与当事人有直接利害关系的，应当回避。	【新增】第二款，明确了当事人申请回避的权利。第三款，明确了回避的决定作出以及决定作出之前不停止调查的规定。
第四十四条 行政机关在作出行政处罚决定之前，应当告知当事人拟作出的行政处罚内容及事实、理由、依据，并告知当事人依法享有的陈述、申辩、要求听证等权利。	**第三十一条** 行政机关在作出行政处罚决定之前，应当告知当事人作出行政处罚决定的事实、理由及依据，并告知当事人依法享有的权利。	【修改】细化了告知"陈述、申辩、要求听证"等"权利"内容。
第四十五条 当事人有权进行陈述和申辩。行政机关必须充分听取当事人的意见，对当事人提出的事实、理由和证据，应当进行复核；当事人提出的事实、理由或者证据成立的，行政机关应当采纳。行政机关不得因当事人陈述、申辩而给予更重的处罚。	**第三十二条** 当事人有权进行陈述和申辩。行政机关必须充分听取当事人的意见，对当事人提出的事实、理由和证据，应当进行复核，当事人提出的事实、理由或者证据成立的，行政机关应当采纳。行政机关不得因当事人申辩而加重处罚。	【优化】优化了有关文字表述。

(续表)

新	旧	修订说明
第四十六条 证据包括：（一）书证；（二）物证；（三）视听资料；（四）电子数据；（五）证人证言；（六）当事人的陈述；（七）勘验笔录、现场笔录、鉴定意见。 证据必须经查证属实，方可作为认定案件事实的根据。 以非法手段取得的证据，不得作为认定案件事实的根据。		【新增】新增本条。
第四十七条 行政机关应当依法以文字、音像等形式，对行政处罚的启动、调查取证、审核、决定、送达、执行等进行全过程记录，归档保存。		【新增】新增本条。
第四十八条 具有一定社会影响的行政处罚决定应当依法公开。 公开的行政处罚决定被依法变更、撤销、确认违法或者确认无效的，行政机关应当在三日内撤回行政处罚决定信息并公开说明理由。		【新增】新增本条。

(续表)

新	旧	修订说明
第四十九条 发生重大传染病疫情等突发事件，为了控制、减轻和消除突发事件引起的社会危害，行政机关对违反突发事件应对措施的行为，依法从快、从重处罚。		【新增】新增本条。
第五十条 行政机关及其工作人员对实施行政处罚过程中知悉的国家秘密、商业秘密或者个人隐私，应当依法予以保密。		【新增】新增本条。
第二节 简易程序	第一节 简易程序	
第五十一条 违法事实确凿并有法定依据，对公民处以二百元以下、对法人或者其他组织处以三千元以下罚款或者警告的行政处罚的，可以当场作出行政处罚决定。法律另有规定的，从其规定。	**第三十三条** 违法事实确凿并有法定依据，对公民处以五十元以下、对法人或者其他组织处以一千元以下罚款或者警告的行政处罚的，可以当场作出行政处罚决定。当事人应当依照本法第四十六条、第四十七条、第四十八条的规定履行行政处罚决定。	【修改】简易程序适用罚款额有变化；【拆分】后一句作为新法第五十三条。

(续表)

新	旧	修订说明
第五十二条 执法人员当场作出行政处罚决定的,应当向当事人出示执法证件,填写预定格式、编有号码的行政处罚决定书,并当场交付当事人。当事人拒绝签收的,应当在行政处罚决定书上注明。 前款规定的行政处罚决定书应当载明当事人的违法行为、行政处罚依据、罚款数额、时间、地点以及申请行政复议、提起行政诉讼的途径和期限以及行政机关名称,并由执法人员签名或者盖章。执法人员当场作出的行政处罚决定,应当报所属行政机关备案。	**第三十四条** 执法人员当场作出行政处罚决定的,应当向当事人出示执法身份证件,填写预定格式、编有号码的行政处罚决定书,应当场交付当事人。 前款规定的行政处罚决定书应当载明当事人的违法行为、行政处罚依据、罚款数额、时间、地点以及行政机关名称,并由执法人员签名或者盖章。执法人员当场作出的行政处罚决定,必须报所属行政机关备案。	【修改】增加了当事人拒绝签收的处理,增加了行政处罚决定书载明的内容:种类、救济途径和期限。 【优化】优化了相关文字表述。
第五十三条 对当场作出的行政处罚决定,当事人应当依照本法第六十七条至第六十九条的规定履行。	**第三十三条** 违法事实确凿并有法定依据,对公民处以五十元以下、对法人或者其他组织处以一千元以下罚款或者警告的行政处罚的,可以当场作出行政处罚决定。当事人应当依照本法第四十六条、第四十七条、第四十八条的规定履行行政处罚决定。	【拆分】第三十三条第二句单独作为新法第五十三条,并优化了文字表述。
	第三十五条 当事人对当场作出的行政处罚决定不服的,可以依法申请行政复议或者提起行政诉讼。	【删除】删除本条。

(续表)

新	旧	修订说明
第三节 普通程序	第二节 一般程序	
第五十四条 除本法第五十一条规定的可以当场作出的行政处罚外，行政机关发现公民、法人或者其他组织有依法应当给予行政处罚的行为的，必须全面、客观、公正地调查，收集有关证据，必要时，依照法律、法规的规定，可以进行检查。符合立案标准的，行政机关应当及时立案。	**第三十六条** 除本法第三十三条规定的可以当场作出的行政处罚外，行政机关发现公民、法人或者其他组织有依法应当给予行政处罚的行为的，必须全面、客观、公正地调查，收集有关证据，必要时，依照法律、法规的规定，可以进行检查。	【新增】新增第二款，明确了"立案"的要求。
第五十五条 执法人员在调查或者进行检查时，应当主动向当事人或者有关人员出示执法证件。执法人员不出示执法证件的，当事人或者有关人员有权要求执法人员出示执法证件。执法人员不出示执法证件的，当事人或者有关人员有权拒绝接受调查或者检查。当事人或者有关人员应如实回答询问，并协助调查或者检查，不得阻挠。询问或者检查应当制作笔录。	**第三十七条** 行政机关在调查或者进行检查时，执法人员不得少于两人，并应当向当事人或者有关人员出示证件。当事人或者有关人员应当如实回答询问，并协助调查或者检查，不得阻挠。询问或者检查应当制作笔录。行政机关在收集证据时，可以采取抽样取证的方法；在证据可能灭失或者以后难以取得的情况下，经行政机关负责人批准，可以先行登记保存，在此期间，当事人或者有关人员不得销毁或者转移证据。执法人员与当事人有直接利害关系的，应当回避。	【修改】第一款拆分为两款，新增了不出示执法证件当事人有权拒绝的规定。【拆分】第二款单独作为新法第五十六条，第三款作为第五十三条第一款，第四款作为第四十三条第一款。
第五十六条 行政机关在收集证据时，可以采取抽样取证的方法；在证据可能灭失或者以后难以取得的情况下，经行政机关负责人批准，可以先行登记保存，在此期间，当事人或者有关人员不得销毁或者转移证据。		

337

新	旧	修订说明
第五十七条 调查终结,行政机关负责人应当对调查结果进行审查,根据不同情况,分别作出如下决定: (一)确有应受行政处罚的违法行为的,根据情节轻重及具体情况,作出行政处罚决定; (二)违法行为轻微,依法可以不予行政处罚的,不予行政处罚; (三)违法事实不能成立的,不予行政处罚; (四)违法行为涉嫌犯罪的,移送司法机关。 对情节复杂或者重大违法行为给予行政处罚的,行政机关负责人应当集体讨论决定。	第三十八条 调查终结,行政机关负责人应当对调查结果进行审查,根据不同情况,分别作出如下决定: (一)确有应受行政处罚的违法行为的,根据情节轻重及具体情况,作出行政处罚决定; (二)违法行为轻微,依法可以不予行政处罚的,不予行政处罚; (三)违法事实不能成立的,不得给予行政处罚; (四)违法行为构成犯罪的,移送司法机关。 对情节复杂或者重大违法行为给予较重的行政处罚,行政机关的负责人应当集体讨论决定。 在行政机关负责人作出决定之前,应当由从事行政处罚决定审核的人员进行审核。行政机关中初次从事行政处罚决定审核的人员,应当通过国家统一法律职业资格考试取得法律职业资格。	【拆分】第三款单独拆分,作为新法第五十八条,并进行了修改完善;
第五十八条 有下列情形之一,在行政机关负责人作出行政处罚的决定之前,应当由从事行政处罚决定法制审核的人员进行法制审核;未经法制审核或者审核未通过的,不得作出决定: (一)涉及重大公共利益的; (二)直接关系当事人或者第三人重大权益,经过听证程序的; (三)案件情况疑难复杂、涉及多个法律关系的; (四)法律、法规规定应当进行法制审核的其他情形。 行政机关中初次从事行政处罚决定法制审核的人员,应当通过国家统一法律职业资格考试取得法律职业资格。		【修改】明确了法制审核的范围。

(续表)

新	旧	修订说明
第五十九条 行政机关依照本法第五十七条的规定给予行政处罚，应当制作行政处罚决定书。行政处罚决定书应当载明下列事项： （一）当事人的姓名或者名称、地址； （二）违反法律、法规、规章的事实和证据； （三）行政处罚的种类和依据； （四）行政处罚的履行方式和期限； （五）申请行政复议、提起行政诉讼的途径和期限； （六）作出行政处罚决定的行政机关名称和作出决定的日期。 行政处罚决定书必须盖有作出行政处罚决定的行政机关的印章。	**第三十九条** 行政机关依照本法第三十八条的规定给予行政处罚，应当制作行政处罚决定书。行政处罚决定书应当载明下列事项： （一）当事人的姓名或者名称、地址； （二）违反法律、法规或者规章的事实和证据； （三）行政处罚的种类和依据； （四）行政处罚的履行方式和期限； （五）不服行政处罚决定，申请行政复议或者提起行政诉讼的途径和期限； （六）作出行政处罚决定的行政机关名称和作出决定的日期。 行政处罚决定书必须盖有作出行政处罚决定的行政机关的印章。	【优化】删除第（五）项的"不服"，优化文字表述。
第六十条 行政机关应当自行政处罚案件立案之日起九十日内作出行政处罚决定。法律、法规、规章另有规定的，从其规定。		【新增】新增本条，明确处罚决定作出的期限。
第六十一条 行政处罚决定书应当在宣告后当场交付当事人；当事人不在场的，行政机关应当在七日内依照《中华人民共和国民事诉讼法》的有关规定，将行政处罚决定书送达当事人。当事人同意并签订确认书的，行政机关可以采用传真、电子邮件等方式，将行政处罚决定书送达当事人。	**第四十条** 行政处罚决定书应当在宣告后当场交付当事人；当事人不在场的，行政机关应当在七日内依照民事诉讼法的有关规定，将行政处罚决定书送达当事人。	【新增】新增第二款，明确电子送达方式及相关要求。

(续表)

新	旧	修订说明
第六十二条 行政机关及其执法人员在作出行政处罚决定之前,未依照本法第四十四条、第四十五条的规定向当事人告知拟作出的行政处罚内容及事实、依据、理由,或者拒绝听取当事人的陈述、申辩,不得作出行政处罚决定;当事人明确放弃陈述或者申辩权利的除外。	**第四十一条** 行政机关及其执法人员在作出行政处罚决定之前,不依照本法第三十一条、第三十二条的规定向当事人告知给予行政处罚的事实、理由和依据,或者拒绝听取当事人的陈述、申辩,行政处罚决定不能成立;当事人放弃陈述或者申辩权利的除外。	【优化】优化部分文字表述。
第四节 听证程序 **第六十三条** 行政机关拟作出下列行政处罚决定,应当告知当事人有要求听证的权利,当事人要求听证的,行政机关应当组织听证: (一)较大数额罚款; (二)没收较大数额违法所得、没收较大价值非法财物; (三)降低资质等级、吊销许可证件; (四)责令停产停业、责令关闭、限制从业; (五)其他较重的行政处罚; (六)法律、法规、规章规定的其他情形。 当事人不承担行政机关组织听证的费用。	**第三节 听证程序** **第四十二条** 行政机关作出责令停产停业、吊销许可证或者执照、较大数额罚款等行政处罚决定之前,应当告知当事人有要求听证的权利;当事人要求听证的,行政机关应当组织听证。听证依照以下程序组织: (一)当事人要求听证的,应当在行政机关告知后三日内提出; (二)行政机关应当在举行听证的七日前,通知当事人举行听证的时间、地点; (三)除涉及国家秘密、商业秘密或者个人隐私外,听证公开举行;	【拆分】新法在原第四十二条基础上拆分为第六十三、六十四条两条; 【修改】增加了听证的范围。 【修改】提出听证期限由"三日"改为"五日",增加"有关人员"作为听证通知对象;

(续表)

新	旧	修订说明
第六十四条 听证应当依照以下程序组织： （一）当事人要求举行听证的，应当在行政机关告知后五日内提出； （二）行政机关应当在举行听证的七日前，通知当事人及有关人员听证的时间、地点； （三）除涉及国家秘密、商业秘密或者个人隐私依法予以保密外，听证公开举行； （四）听证由行政机关指定的非本案调查人员主持；当事人认为主持人与本案有直接利害关系的，有权申请回避； （五）当事人可以亲自参加听证，也可以委托一至二人代理； （六）当事人及其代理人无正当理由拒不出席听证或者未经许可中途退出听证的，视为放弃听证权利，行政机关终止听证； （七）举行听证时，调查人员提出当事人违法的事实、证据和行政处罚建议，当事人进行申辩和质证； （八）听证应当制作笔录。笔录应当交当事人或者其代理人核对无误后签字或者盖章。当事人或者其代理人拒绝签字或者盖章的，由听证主持人在笔录中注明。	（四）听证由行政机关指定的非本案调查人员主持；当事人认为主持人与本案有直接利害关系的，有权申请回避； （五）当事人可以亲自参加听证，也可以委托一至二人代理； （六）举行听证时，调查人员提出当事人违法的事实、证据和行政处罚建议，当事人进行申辩和质证； （七）听证应当制作笔录，笔录应当交当事人审核无误后签字或者盖章。 当事人对限制人身自由的行政处罚有异议的，依照治安管理处罚法有关规定执行。	【增加】第（六）项，听证终止的规定。 【修改】第（八）项，增加当拒绝签章的处理规定。 【删除】第三款。

341

（续表）

新	旧	修订说明
第六十五条 听证结束后,行政机关应当根据听证笔录,依照本法第五十七条的规定,作出决定。	**第四十三条** 听证结束后,行政机关依照本法第三十八条的规定,作出决定。	【修改】增加"应当根据听证笔录"作出处罚决定的要求。
第六章 行政处罚的执行	**第六章 行政处罚的执行**	
第六十六条 行政处罚决定依法作出后,当事人应当在行政处罚决定书载明的期限内,予以履行。 当事人确有经济困难,需要延期或者分期缴纳罚款的,经当事人申请和行政机关批准,可以暂缓或者分期缴纳。	**第四十四条** 行政处罚决定依法作出后,当事人应当在行政处罚决定书的期限内,予以履行。 **第五十二条** 当事人确有经济困难,需要延期或者分期缴纳罚款的,经当事人申请和行政机关批准,可以暂缓或者分期缴纳。	【整合】将原第五十二条调整为新法第六十六条第二款。
第六十七条 作出罚款决定的行政机关应当与收缴罚款的机构分离。 除依照本法第六十八条、第六十九条的规定当场收缴的罚款外,作出行政处罚决定的行政机关及其执法人员不得自行收缴罚款。 当事人应当自收到行政处罚决定书之日起十五日内,到指定的银行或者通过电子支付系统缴纳罚款,并将罚款直接上缴国库。	**第四十六条** 作出罚款决定的行政机关应当与收缴罚款的机构分离。 除依照本法第四十七条、第四十八条的规定当场收缴的罚款外,作出行政处罚决定的行政机关及其执法人员不得自行收缴罚款。 当事人应当自收到行政处罚决定书之日起十五日内,到指定的银行缴纳罚款,银行应当收受罚款,并将罚款直接上缴国库。	【修改】新增"电子支付系统"。

(续表)

新	旧	修订说明
第六十八条 依照本法第五十一条的规定作出行政处罚决定，有下列情形之一，执法人员可以当场收缴罚款： （一）依法给予一百元以下罚款的； （二）不当场收缴事后难以执行的。	**第四十七条** 依照本法第三十三条的规定作出行政处罚决定，有下列情形之一，执法人员可以当场收缴罚款： （一）依法给予二十元以下罚款的； （二）不当场收缴事后难以执行的。	【修改】金额由"二十元以下"修改为"一百元以下"。
第六十九条 在边远、水上、交通不便地区，行政机关及其执法人员依照本法第五十条、第五十七条的规定作出罚款决定后，当事人到指定的银行或者通过电子支付系统缴纳罚款确有困难，经当事人提出，行政机关及其执法人员可以当场收缴罚款。	**第四十八条** 在边远、水上、交通不便地区，行政机关及其执法人员依照本法第三十二条、第三十三条的规定作出罚款决定后，当事人向指定的银行缴纳罚款确有困难，经当事人提出，行政机关及其执法人员可以当场收缴罚款。	【修改】增加"通过电子支付系统"。
第七十条 行政机关及其执法人员当场收缴罚款的，必须向当事人出具国务院财政部门或者省、自治区、直辖市人民政府财政部门统一制发的专用票据；不出具财政部门统一制发的专用票据的，当事人有权拒绝缴纳罚款。	**第四十九条** 行政机关及其执法人员当场收缴罚款的，必须向当事人出具省、自治区、直辖市财政部门统一制发的罚款收据；不出具财政部门统一制发的罚款收据的，当事人有权拒绝缴纳罚款。	【修改】增加"国务院财政部门"作为统一制发票据主体，将"罚款收据"修改为"专用票据"。

343

(续表)

新	旧	修订说明
第七十一条 执法人员当场收缴的罚款，应当自收缴罚款之日起二日内，交至行政机关；在水上当场收缴的罚款，应当自抵岸之日起二日内交至行政机关；行政机关应当在二日内将罚款缴付指定的银行。	**第五十条** 执法人员当场收缴的罚款，应当自收缴罚款之日起二日内，交至行政机关；在水上当场收缴的罚款，应当自抵岸之日起二日内交至行政机关；行政机关应当在二日内将罚款缴付指定的银行。	
第七十二条 当事人逾期不履行行政处罚决定的，作出行政处罚决定的行政机关可以采取下列措施： （一）到期不缴纳罚款，加处罚款的数额不得超出罚款的数额； （二）根据法律规定，将查封、扣押的财物拍卖、依法处理或者将冻结的存款、汇款划拨抵缴罚款； （三）根据法律规定，采取其他行政强制执行方式； （四）依照《中华人民共和国行政强制法》的规定申请人民法院强制执行。 行政机关批准延期、分期缴纳罚款的，自暂缓或者分期缴纳罚款的期限结束之日起计算。	**第五十一条** 当事人逾期不履行行政处罚决定的，作出行政处罚决定的行政机关可以采取下列措施： （一）到期不缴纳罚款的，每日按罚款数额的百分之三加处罚款； （二）根据法律规定，将查封、扣押的财物拍卖或者将冻结的存款划拨抵缴罚款； （三）申请人民法院强制执行。	【修改】第（一）项增加"加处罚款的数额不得超出罚款的数额"的规定。 【新增】第（三）项。 【修改】第（四）项。 【新增】第二款，明确延期、分期缴纳罚款，申请法院强制执行的期限计算。

(续表)

新	旧	修订说明
第七十三条 当事人对行政处罚决定不服,申请行政复议或者提起行政诉讼的,行政处罚不停止执行,法律另有规定的除外。 当事人对限制人身自由的行政处罚决定不服,申请行政复议或者提起行政诉讼的,可以向作出决定的机关提出暂缓执行申请。符合法定规定情形的,应当暂缓执行。 当事人申请行政复议或者提起行政诉讼的,加处罚款的数额在行政复议或者行政诉讼期间不予计算。	**第四十五条** 当事人对行政处罚决定不服申请行政复议或者提起行政诉讼的,行政处罚不停止执行,法律另有规定的除外。	【新增】新增第二款,明确暂缓执行的申请,和第三款关于加处罚款数额计算期间的规定。
第七十四条 除依法应当予以销毁的物品外,依法没收的非法财物必须按照国家规定公开拍卖或者按照国家有关规定处理。 没收违法所得或者没收非法财物拍卖的款项,必须全部上缴国库,任何行政机关及其工作人员不得以任何形式截留、私分或者变相私分。 没收违法所得或者没收非法财物拍卖的款项,不得以任何形式返还罚款、考评直接或者变相挂钩。除依法应当退还、退赔的外,财政部门不得以任何形式向作出行政处罚决定的行政机关返还没收违法所得或者没收非法财物拍卖的款项。	**第五十三条** 除依法应当予以销毁的物品外,依法没收的非法财物必须按照国家规定公开拍卖或者按照国家有关规定处理。 罚款、没收违法所得或者没收非法财物拍卖的款项,必须全部上缴国库,任何行政机关或者个人不得以任何形式截留、私分或者变相私分。	【修改】增加"罚款、没收的违法所得或者没收非法财物拍卖的款项,不得同作出行政处罚决定的行政机关及其工作人员的考核、考评直接或者变相挂钩"的规定;增加"除依法应当退还、退赔的外"。

(续表)

新	旧	修订说明
第七十五条 行政机关应当建立健全对行政处罚的监督制度。县级以上人民政府应当定期组织开展行政执法评议、考核，加强对行政处罚的监督检查，规范和保障行政处罚的实施。公民、法人或者其他组织对行政机关实施行政处罚享有申诉或者检举，行政机关应当认真审查；发现有错误的，应当主动改正。	**第五十四条** 行政机关应当建立健全对行政处罚的监督制度。县级以上人民政府应当加强对行政处罚的监督检查。公民、法人或者其他组织对行政机关作出的行政处罚，有权申诉或者检举；行政机关应当认真审查，发现行政处罚有错误的，应当主动改正。	【修改】新增"定期组织开展行政执法评议、考核"的要求，和"实施行政处罚应当接受社会监督"的规定。
第七章 法律责任	**第七章 法律责任**	
第七十六条 行政机关实施行政处罚，有下列情形之一的，由上级行政机关或者有关部门责令改正，对直接负责的主管人员和其他直接责任人员依法给予处分： （一）没有法定的行政处罚依据的； （二）擅自改变行政处罚种类、幅度的； （三）违反法定的行政处罚程序的； （四）违反本法第二十条关于委托处罚的规定的； （五）执法人员未取得执法证件的。 行政机关对应当符合立案标准的案件不及时立案的，依照前款规定予以处理。	**第五十五条** 行政机关实施行政处罚，有下列情形之一的，由上级行政机关或者有关部门责令改正，可以对直接负责的主管人员和其他直接责任人员依法给予行政处分： （一）没有法定的行政处罚依据的； （二）擅自改变行政处罚种类、幅度的； （三）违反法定的行政处罚程序的； （四）违反本法第十八条关于委托处罚的规定的。	【新增】第一款第（五）项和第二款。

(续表)

新	旧	修订说明
第七十七条 行政机关对当事人进行处罚不使用罚款、没收财物单据或者使用非法定部门制发的罚款、没收财物单据的,当事人有权拒绝,并有权予以检举。上级行政机关对使用的非法单据予以收缴销毁,对直接负责的主管人员和其他直接责任人员依法给予处分。	**第五十六条** 行政机关对当事人进行处罚不使用罚款、没收财物单据或者使用非法定部门制发的罚款、没收财物单据的,当事人有权拒绝处罚,并有权予以检举。上级行政机关或者有关部门对使用的非法单据予以收缴销毁,对直接负责的主管人员和其他直接责任人员依法给予行政处分。	【优化】删除有权拒绝后的"处罚",增加"由",删除"行政"。
第七十八条 行政机关违反本法第六十条第七十四条的规定自行收缴罚款的,财政部门违反本法第七十四条的规定向行政机关返还罚款,没收的违法所得或者拍卖款项的,由上级行政机关或者有关机关责令改正,对直接负责的主管人员和其他直接责任人员依法给予处分。	**第五十七条** 行政机关违反本法第四十六条的规定自行收缴罚款的,财政部门违反本法第五十三条规定向行政机关返还罚款或者拍卖款项的,由上级行政机关或者有关部门责令改正,对直接负责的主管人员和其他直接责任人员依法给予行政处分。	【修改】增加"没收的违法所得"。
第七十九条 行政机关截留、私分或者变相私分罚款、没收的违法所得或者没收的财物的,由财政部门或者有关机关追缴,对直接负责的主管人员和其他直接责任人员依法给予处分;情节严重构成犯罪的,依法追究刑事责任。执法人员利用职务上的便利,索取或者收受他人财物,收缴罚款据为己有,构成犯罪的,依法追究刑事责任;情节轻微不构成犯罪的,依法给予处分。	**第五十八条** 行政机关截留、私分或者变相私分罚款、没收财物的,由财政部门或者有关机关追缴,对直接负责的主管人员和其他直接责任人员依法追究刑事责任。执法人员利用职务上的便利,索取或者收受他人财物,构成犯罪的,依法追究刑事责任;情节轻微不构成犯罪的,依法给予行政处分。	【优化】优化了表达方式。

（续表）

新	旧	修订说明
第八十条 行政机关使用或者损毁查封、扣押的财物，对当事人造成损失的，应当依法予以赔偿，对直接负责的主管人员和其他直接责任人员依法给予处分。	**第五十九条** 行政机关使用或者损毁扣押的财物，对当事人造成损失的，应当依法予以赔偿，对直接负责的主管人员和其他直接责任人员依法给予行政处分。	【修改】增加"查封"。
第八十一条 行政机关违法实施检查措施或者执行措施，给公民人身或者财产造成损害，给法人或者其他组织造成损失的，应当依法予以赔偿，对直接负责的主管人员和其他直接责任人员依法给予处分；情节严重构成犯罪的，依法追究刑事责任。	**第六十条** 行政机关违法实行检查措施或者执行措施，给公民人身或者财产造成损害，给法人或者其他组织造成损失的，应当依法予以赔偿，对直接负责的主管人员和其他直接责任人员依法给予行政处分；情节严重构成犯罪的，依法追究刑事责任。	【修改】删除了处分前的"行政"。
第八十二条 行政机关对应当依法移交司法机关追究刑事责任的案件不移交，以行政处罚代替刑事处罚，由上级行政机关或者有关主管部门责令纠正；拒不纠正的，对直接负责的主管人员和其他直接责任人员依法给予处分；情节严重构成犯罪的，依法追究刑事责任。	**第六十一条** 行政机关为牟取本单位私利，对应当依法移交司法机关追究刑事责任的案件不移交，以行政处罚代替刑事处罚，由上级行政机关或者有关部门责令纠正；拒不纠正的，对直接负责的主管人员给予行政处分；包庇纵容违法行为的，依照刑法有关规定追究刑事责任。	【修改】删除"为牟取本单位私利"，优化文字表述。

348

（续表）

新	旧	修订说明
第八十三条　行政机关对应当予以制止和处罚的违法行为不予制止、处罚，致使公民、法人或者其他组织的合法权益，公共利益和社会秩序遭受损害的，对直接负责的主管人员和其他直接责任人员依法给予处分；情节严重构成犯罪的，依法追究刑事责任。	第六十二条　执法人员玩忽职守，对应当予以制止和处罚的违法行为不予制止、处罚，致使公民、法人或者其他组织的合法权益，公共利益和社会秩序遭受损害的，对直接负责的主管人员和其他直接责任人员依法给予行政处分；情节严重构成犯罪的，依法追究刑事责任。	【修改】删除了"玩忽职守"和"行政"。
第八章　附　则	**第八章　附　则**	
第八十四条　外国人、无国籍人、外国组织在中华人民共和国领域内有违法行为，应当给予行政处罚的，适用本法，法律另有规定的除外。		【新增】明确了"外国人、无国籍人、外国组织"的处罚。
	第六十三条　本法第四十六条罚款决定与罚款收缴分离的规定，由国务院制定具体实施办法。	【删除】删除本条。
第八十五条　本法中"二日""三日""五日""七日"的规定是指工作日，不含法定节假日。		【新增】明确了"日"不含法定节假日。
第八十六条　本法自2021年7月15日起施行。	第六十四条　本法自1996年10月1日起施行。本法公布前制定的法规和规章关于行政处罚的规定与本法不符合的，应当自本法公布之日起，依照本法规定予以修订，在1997年12月31日前修订完毕。	【删除】删除第二款。

关于《中华人民共和国行政处罚法(修订草案)》的说明

——2020年6月28日在第十三届全国人民
代表大会常务委员会第二十次会议上

全国人大常委会法制工作委员会副主任　许安标

委员长、各位副委员长、秘书长、各位委员：

我受委员长会议的委托，作关于《中华人民共和国行政处罚法(修订草案)》的说明。

一、修改的必要性和起草过程

行政处罚是行政机关有效实施行政管理，保障法律、法规贯彻施行的重要手段。现行行政处罚法于1996年由第八届全国人大第四次会议通过，2009年和2017年先后两次作了个别条文修改，对行政处罚的种类、设定和实施作了基本规定。该法颁布施行以来，对增强行政机关及其工作人员依法行政理念，依法惩处各类行政违法行为，推动解决乱处罚问题，保护公民、法人和其他组织合法权益发挥了重要作用，积累了宝贵经验，同时，执法实践中也提出了一些新问题。党的十八大以来，以习近平同志为核心的党中央推进全面依法治国，深化行政执法体制改革，建立权责统一、权威高效的行政执法体制；完善行政执法程序，坚持严格规范公正文明执法。为贯彻落实党中央重大改革决策部署，推进国家治理体系和治理能力现代化，加强法治政府建设，完善行政处罚制度，解决执法实践中遇到的突出问题，有必要修改行政处罚法。

党的十八大以来，先后有近两百名全国人大代表、政协委员提出修改行政处罚法的议案、建议和提案，有关方面也陆续提出修改行政处罚法的意见和建议。行政处罚法修改列入十三届全国人大常委会立法规划。法制工作委员会于2018年启动行政处罚法的修改工作，先后到北京、江西、广东、内蒙古、天津、河南等地进行调研，多次召开国务院部门、地方人大、政府法制机构、专家学者、律师和企业座谈会，听取各方面的意见和建议。通过上海虹桥街道基层立法联系点走访基层执法部门了解实际情况,委托部分国务院部门、地方人大、基层立法联系点收集法律实施过程中存在的突出问题。通过课题委托、专题研究等方式,认真研究相关问题。在广泛征求意见和深入研究的基础上,2019年10月形成修改草案征求意见稿,书面征求国务院部门、31个省(区、市)和部分设区的市人大常委会法制工作机构,以及基层立法联系点、部分高等院校、科研单位的意见。召开座谈会,专门听取部分省、直辖市人大常委会法制工作机构主要负责同志意见。2020年1月,分别召开中央政法委、中央改革办、中央依法治国办、中央编办以及部分国务院部门、法院系统同志参加的座谈会,再次征求意见。根据各方面意见,对征求意见稿进一步修改完善,形成了行政处罚法修订草案。

二、修改的指导思想和主要考虑

修改工作坚持以习近平新时代中国特色社会主义思想为指导,深入贯彻党的十九大和十九届二中、三中、四中全会精神,全面贯彻习近平总书记全面依法治国新理念新思想新战略,适应推进全面依法治国的需要,落实完善行政执法体制、严格规范公正文明执法的改革要求,推进国家治理体系和治理能力现代化。

根据各方面意见,修改工作把握以下几点:一是贯彻落实党中央重大决策部署,立法主动适应改革需要,体现和巩固行政执法领域中取得的重大改革成果。二是坚持问题导向,适应实践需要,扩大地方的行政处罚设定权限,加大重点领域行政处罚力度。三是坚持权由法定的法治原则,增加综合行政执法,赋予乡镇街道行政处罚权,完善行政处罚程序,严格行政执法责任,更好地保障严格规范公正文明执法。四是把握通用性,从行政处罚法是行政处罚领域的通用规范出发,认真总结实践经验,发展和完善行政处罚的实体和程序规则,为单行法律、法规设定行政处罚和行政机关实施行政处罚提供基本遵循。

三、修改的主要内容

(一) 关于行政处罚的定义和种类

现行行政处罚法第八条列举了七项行政处罚种类。一些意见反映,行政处罚法未对行政处罚进行界定,所列举的处罚种类较少,不利于行政执法实践和法律的实施。据此,作以下修改:一是增加行政处罚的定义,明确行政处罚是指行政机关在行政管理过程中,对违反行政管理秩序的公民、法人或者其他组织,以依法减损权利或者增加义务的方式予以惩戒的行为。二是将现行单行法律、法规中已经明确规定,行政执法实践中常用的行政处罚种类纳入本法,增加规定通报批评、降低资质等级、不得申请行政许可、限制开展生产经营活动、限制从业、责令停止行为、责令作出行为等行政处罚种类。

(二) 关于地方性法规设定行政处罚的权限

现行行政处罚法第十一条规定:"地方性法规可以设定除限制人身自由、吊销企业营业执照以外的行政处罚。""法律、行政法规对违法行为已经作出行政处罚规定,地方性法规需要作出具体规定的,必须在法律、行政法规规定的给予行政处罚的行为、种类和幅度的范围内规定。"多年来,一些地方人大同志反映,现行行政处罚法中有关地方性法规设定行政处罚的规定限制过严,地方保障法律法规实施的手段受限,建议扩大地方性法规的行政处罚设定权限。为充分发挥地方性法规在地方治理中的作用,增加规定:地方性法规为实施法律、行政法规,对法律、行政法规未规定的违法行为可以补充设定行政处罚。地方性法规拟补充设定行政处罚的,应当通过听证会、论证会等形式听取意见,并向制定机关作出说明。

(三) 关于行政处罚实施主体

根据党和国家机构改革和行政执法体制改革要求,明确综合行政执法的法律地位,增加规定:国家在城市管理、市场监管、生态环境、文化市场、交通运输、农业等领域实行综合行政执法,相对集中行政处罚权,由一个行政机关统一实施相关领域的行政处罚。同时,根据基层整合审批服务执法力量改革要求,推进行政执法权限和力量向基层延伸和下沉,增加规定:省、自治区、直辖市根据当地实际情况,可以决定符合条件的乡镇人民政府、街道办事处对其管辖区域内的违法行为行使有关县级人民政府部门的部分行政处罚权。

(四) 关于行政处罚的适用

经过多年的执法实践,行政处罚的适用规则不断发展完善,在总结实践经验基础上,作以下补充完善:一是明确行政机关实施行政处罚时,有违法所得的,应当予以没收。二是规范行政处罚自由裁量权行使,完善从轻、减轻的法定情形,增加规定当事人有证据证明没有主观过错的,不予行政处罚,法律、行政法规有特别规定的,依照其规定;行政机关可以依法制定行政处罚裁量基准。三是加大重点领域执法力度,涉及公民生命健康安全的违法行为的追责期限由两年延长至五年。四是增加"从旧兼从轻"适用规则,行政处罚的依据适用违法行为发生时的法律、法规和规章的规定,但是新的法律、法规和规章的规定更有利于当事人的,适用新的法律、法规和规章的规定。五是完善行政处罚决定无效制度,行政处罚没有法定依据或者实施主体不具有行政主体资格的,行政处罚无效;不遵守法定程序构成重大且明显违法的,行政处罚无效。六是明确行政处罚证据种类和适用规则,规定证据必须经查证属实,方可作为认定案件事实的根据;以非法手段取得的证据,不得作为认定案件事实的根据。七是进一步明确适用范围,外国人、无国籍人、外国组织在中华人民共和国领域内有违法行为,应当给予行政处罚的,适用本法,法律另有规定的除外。

(五)关于行政处罚的程序

为推进严格规范公正文明执法,巩固行政执法公示制度、行政执法全过程记录制度、重大执法决定法制审核制度"三项制度"改革成果,进一步完善行政处罚程序,作以下修改:一是明确公示要求,增加规定行政处罚的实施机关、立案依据、实施程序和救济渠道等信息应当公示;行政处罚决定应当依法公开。二是体现全程记录,增加规定行政机关应当依法以文字、音像等形式,对行政处罚的启动、调查取证、审核、决定、送达、执行等进行全过程记录,归档保存。三是细化法制审核程序,列明适用情形,明确未经法制审核或者审核未通过的不得作出行政处罚决定。四是规范非现场执法,增加规定行政机关依照法律、行政法规规定利用电子技术监控设备收集、固定违法事实的,应当经过法制和技术审核,确保设置合理、标准合格、标志明显,设置地点应当向社会公布,并对记录内容和方便当事人查询作出相应规定。五是进一步完善回避制度,细化回避情形,明确对回避申请应当依法审查,但不停止调查或者实施行政处罚。六是增加规定发生重大传染病疫情等突发事件,为了控制、减轻和消除突发事件引起的社会危害,行政机关对违反突发事件应对措施的行为,依法从重处罚,并可以简化程序。七是适应行政执法实际需要,将适用简易程序的罚款数额由五十元以下和一千元以下，分别提高至二百元以下和三千元以下。八是增加立案程序，除当场作出的行政处罚外，行政机关认为符合立案标准的，应当立案。九是完善听证程序，扩大适用范围，适当延长申请期限，明确行政机关应当结合听证笔录作出决定。

（六）关于行政处罚的执行

为保障行政处罚决定的依法履行，补充完善执行制度，作以下修改：一是适应行政执法实际需要，将行政机关当场收缴的罚款数额由二十元以下提高至一百元以下。二是与行政强制法相衔接，完善行政处罚的强制执行程序，规定当事人逾期不履行行政处罚决定的，行政机关可以根据法律规定实施行政强制执行。三是明确行政机关批准延期、分期缴纳罚款的，申请人民法院强制执行的期限，自暂缓或者分期缴纳罚款期限结束之日起计算。四是明确当事人申请行政复议或者提起行政诉讼的，加处罚款的数额在行政复议或者行政诉讼期间不予计算。

（七）关于执法监督

为贯彻落实行政执法责任制和责任追究制度，强化对行政处罚行为的监督，作以下修改：一是增加规定罚款、没收违法所得或者没收非法财物拍卖的款项，不得同作出行政处罚决定的行政机关及其工作人员的考核、考评直接或者变相挂钩。二是增加规定县级以上人民政府应当定期组织开展行政执法评议、考核，加强对行政处罚的监督检查，规范和保障行政处罚的实施。

此外，修订草案对管辖、行政执法协助、行政执法资格等规定也作了补充完善。

行政处罚法修订草案和以上说明是否妥当，请审议。

国务院关于进一步贯彻实施
《中华人民共和国行政处罚法》的通知

国发〔2021〕26号

各省、自治区、直辖市人民政府,国务院各部委、各直属机构:

《中华人民共和国行政处罚法》(以下简称行政处罚法)已经十三届全国人大常委会第二十五次会议修订通过。为进一步贯彻实施行政处罚法,现就有关事项通知如下:

一、充分认识贯彻实施行政处罚法的重要意义

行政处罚法是规范政府行为的一部重要法律。贯彻实施好新修订的行政处罚法,对推进严格规范公正文明执法,保障和监督行政机关有效实施行政管理,优化法治化营商环境,保护公民、法人或者其他组织的合法权益,加快法治政府建设,推进国家治理体系和治理能力现代化,具有重要意义。新修订的行政处罚法体现和巩固了近年来行政执法领域取得的重大改革成果,回应了当前的执法实践需要,明确了行政处罚的定义,扩充了行政处罚种类,完善了行政处罚程序,强化了行政执法责任。各地区、各部门要从深入学习贯彻习近平法治思想,加快建设法治国家、法治政府、法治社会的高度,充分认识新修订的行政处罚法施行的重要意义,采取有效措施,作出具体部署,扎实做好贯彻实施工作。

二、加强学习、培训和宣传工作

(一)**开展制度化规范化常态化培训**。行政机关工作人员特别是领导干部要带头认真学习行政处罚法,深刻领会精神实质和内在要求,做到依法行政并自觉接受监督。各地区、各部门要将行政处罚法纳入行政执法培训内容,作为行政执法人员的必修课,使行政执法人员全面理解和准确掌握行政处罚法的规定,依法全面正确履行行政处罚职能。各地区、各部门要于2022年6月前通过多种形式完成对现有行政执法人员的教育培训,并持续做好新上岗行政执法人员培训

工作。

（二）加大宣传力度。各地区、各部门要将行政处罚法宣传纳入本地区、本部门的"八五"普法规划，面向社会广泛开展宣传，增强全民法治观念，提高全民守法意识，引导各方面监督行政处罚行为、维护自身合法权益。要按照"谁执法谁普法"普法责任制的要求，落实有关属地管理责任和部门主体责任，深入开展行政执法人员、行政复议人员等以案释法活动。

三、依法规范行政处罚的设定

（三）加强立法释法有关工作。起草法律、法规、规章草案时，对违反行政管理秩序的公民、法人或者其他组织，以减损权益或者增加义务的方式实施惩戒的，要依法设定行政处罚，不得以其他行政管理措施的名义变相设定，规避行政处罚设定的要求。对上位法设定的行政处罚作出具体规定的，不得通过增减违反行政管理秩序的行为和行政处罚种类、在法定幅度之外调整罚款上下限等方式层层加码或者"立法放水"。对现行法律、法规、规章中的行政管理措施是否属于行政处罚有争议的，要依法及时予以解释答复或者提请有权机关解释答复。

（四）依法合理设定罚款数额。根据行政处罚法规定，尚未制定法律、行政法规的，国务院部门规章对违反行政管理秩序的行为，可以按照国务院规定的限额设定一定数额的罚款。部门规章设定罚款，要坚持过罚相当，罚款数额要与违法行为的事实、性质、情节以及社会危害程度相当，该严的要严，该轻的要轻。法律、行政法规对违法行为已经作出罚款规定的，部门规章必须在法律、行政法规规定的给予行政处罚的行为、种类和幅度的范围内规定。尚未制定法律、行政法规，因行政管理迫切需要依法先以部门规章设定罚款的，设定的罚款数额最高不得超过10万元，且不得超过法律、行政法规对相似违法行为的罚款数额，涉及公民生命健康安全、金融安全且有危害后果的，设定的罚款数额最高不得超过20万元；超过上述限额的，要报国务院批准。上述情况下，部门规章实施一定时间后，需要继续实施其所设定的罚款且需要上升为法律、行政法规的，有关部门要及时报请国务院提请全国人大及其常委会制定法律，或者提请国务院制定行政法规。本通知印发后，修改部门规章时，要结合实际研究调整罚款数额的必要性，该降低的要降低，确需提高的要严格依照法定程序在限额范围内提高。地方政府规章设定罚款的限额,依法由省、自治区、直辖市人大常委会规定。

(五)**强化定期评估和合法性审核**。国务院部门和省、自治区、直辖市人民政府及其有关部门要认真落实行政处罚定期评估制度,结合立法计划规划每5年分类、分批组织一次评估。对评估发现有不符合上位法规定、不适应经济社会发展需要、明显过罚不当、缺乏针对性和实用性等情形的行政处罚规定,要及时按照立法权限和程序自行或者建议有权机关予以修改、废止。要加强行政规范性文件合法性审核,行政规范性文件不得设定行政处罚;违法规定行政处罚的,相关规定一律无效,不得作为行政处罚依据。

四、进一步规范行政处罚的实施

(六)**依法全面正确履行行政处罚职能**。行政机关要坚持执法为民,通过行政处罚预防、纠正和惩戒违反行政管理秩序的行为,维护公共利益和社会秩序,保护公民、法人或者其他组织的合法权益,不得违法实施行政处罚,不得为了处罚而处罚,坚决杜绝逐利执法,严禁下达罚没指标。财政部门要加强对罚缴分离、收支两条线等制度实施情况的监督,会同司法行政等部门按规定开展专项监督检查。要持续规范行政处罚行为,推进事中事后监管法治化、制度化、规范化,坚决避免运动式执法等执法乱象。

(七)**细化管辖、立案、听证、执行等程序制度**。各地区、各部门要严格遵守法定程序,结合实际制定、修改行政处罚配套制度,确保行政处罚法的有关程序要求落到实处。要进一步完善地域管辖、职能管辖等规定,建立健全管辖争议解决机制。两个以上行政机关属于同一主管部门,发生行政处罚管辖争议、协商不成的,由共同的上一级主管部门指定管辖;两个以上行政机关属于不同主管部门,发生行政处罚管辖争议、协商不成的,司法行政部门要会同有关单位进行协调,在本级人民政府领导下做好指定管辖工作。要建立健全立案制度、完善立案标准,对违反行政管理秩序的行为,按规定及时立案并严格遵守办案时限要求,确保案件得到及时有效查处。确需通过立法对办案期限作出特别规定的,要符合有利于及时查清案件事实、尽快纠正违法行为、迅速恢复正常行政管理秩序的要求。要建立健全行政处罚听证程序规则,细化听证范围和流程,严格落实根据听证笔录作出行政处罚决定的规定。要逐步提高送达地址确认书的利用率,细化电子送达工作流程,大力推进通过电子支付系统缴纳罚款,加强信息安全保障和技术支撑。

(八)规范电子技术监控设备的设置和使用。行政机关设置电子技术监控设备要确保符合标准、设置合理、标志明显,严禁违法要求当事人承担或者分摊设置电子技术监控设备的费用,严禁交由市场主体设置电子技术监控设备并由市场主体直接或者间接收取罚款。除有证据证明当事人存在破坏或者恶意干扰电子技术监控设备、伪造或者篡改数据等过错的,不得因设备不正常运行给予其行政处罚。要定期对利用电子技术监控设备取证的行政处罚决定进行数据分析;对同一区域内的高频违法行为,要综合分析研判原因,推动源头治理,需要改进行政管理行为的,及时采取相应措施,杜绝以罚代管。要严格限制电子技术监控设备收集信息的使用范围,不得泄露或者向他人非法提供。

(九)坚持行政处罚宽严相济。各地区、各部门要全面推行行政裁量基准制度,规范行政处罚裁量权,确保过罚相当,防止畸轻畸重。行政机关不得在未查明违法事实的情况下,对一定区域、领域的公民、法人或者其他组织"一刀切"实施责令停产停业、责令关闭等行政处罚。各地区、各部门要按照国务院关于复制推广自由贸易试验区改革试点经验的要求,全面落实"初次违法且危害后果轻微并及时改正的,可以不予行政处罚"的规定,根据实际制定发布多个领域的包容免罚清单;对当事人违法行为依法免予行政处罚的,采取签订承诺书等方式教育、引导、督促其自觉守法。要加大食品药品、公共卫生、自然资源、生态环境、安全生产、劳动保障等关系群众切身利益的重点领域执法力度。发生重大传染病疫情等突发事件,行政机关对违反突发事件应对措施的行为依法快速、从重处罚时,也要依法合理保护当事人的合法权益。

(十)健全法律责任衔接机制。各地区、各部门要细化责令退赔违法所得制度,依法合理保护利害关系人的合法权益;当事人主动退赔,消除或者减轻违法行为危害后果的,依法予以从轻或者减轻行政处罚。要全面贯彻落实《行政执法机关移送涉嫌犯罪案件的规定》,加强行政机关和司法机关协调配合,按规定畅通案件移送渠道,完善案件移送标准和证据认定保全、信息共享、工作协助等机制,统筹解决涉案物品归口处置和检验鉴定等问题。积极推进行政执法与刑事司法衔接信息平台建设。对有案不移等,情节严重构成犯罪的,依法追究刑事责任。

五、持续改革行政处罚体制机制

（十一）纵深推进综合行政执法体制改革。省、自治区、直辖市人民政府要统筹协调推进综合行政执法改革工作，建立健全配套制度，组织编制并公开本地区综合行政执法事项清单。有条件的地区可以在统筹考虑综合性、专业性以及防范风险的基础上，积极稳妥探索开展更大范围、更多领域集中行使行政处罚权以及与之相关的行政检查权、行政强制权。建立健全综合行政执法机关与业务主管部门、其他行政机关行政执法信息互联互通共享、协作配合工作机制。同时实施相对集中行政许可权和行政处罚权的，要建立健全相关制度机制，确保有序衔接，防止出现监管真空。

（十二）积极稳妥赋权乡镇街道实施行政处罚。省、自治区、直辖市根据当地实际情况，采取授权、委托、相对集中行政处罚权等方式向能够有效承接的乡镇人民政府、街道办事处赋权，要注重听取基层意见，关注基层需求，积极稳妥、科学合理下放行政处罚权，成熟一批、下放一批，确保放得下、接得住、管得好、有监督；要定期组织评估，需要调整的及时调整。有关市、县级人民政府及其部门要加强对乡镇人民政府、街道办事处行政处罚工作的组织协调、业务指导、执法监督，建立健全评议考核等配套制度，持续开展业务培训，研究解决实际问题。乡镇人民政府、街道办事处要不断加强执法能力建设，依法实施行政处罚。

（十三）规范委托行政处罚。委托行政处罚要有法律、法规、规章依据，严格依法采用书面委托形式，委托行政机关和受委托组织要将委托书向社会公布。对已经委托行政处罚，但是不符合行政处罚法要求的，要及时清理；不符合书面委托规定、确需继续实施的，要依法及时完善相关手续。委托行政机关要向本级人民政府或者实行垂直管理的上级行政机关备案委托书，司法行政等部门要加强指导、监督。

（十四）提升行政执法合力。逐步完善联合执法机制，复制推广"综合查一次"经验，探索推行多个行政机关同一时间、针对同一执法对象开展联合检查、调查，防止执法扰民。要健全行政处罚协助制度，明确协助的实施主体、时限要求、工作程序等内容。对其他行政机关请求协助、属于自身职权范围内的事项，要积极履行协助职责，不得无故拒绝、拖延；无正当理由拒绝、拖延的，由上级行政机关责令改正,对相关责任人员依法依规予以处理。要综合运用大数据、物联网、云计算、区块链、人工智能等技术,先行推进高频行政处罚事项协助,实现违法线索互联、监管标准互通、处理结果互认。有关地区可积极探索跨区域执法一体化合作的制度机制,建立健全行政处罚预警通报机制,完善管辖、调查、执行等方面的制度机制,为全国提供可复制推广的经验。

六、加强对实施行政处罚的监督

(十五)强化行政执法监督。要加快建设省市县乡四级全覆盖的行政执法协调监督工作体系,创新监督方式,强化全方位、全流程监督,提升行政执法质量。要完善执法人员资格管理、执法行为动态监测、行政处罚案卷评查、重大问题调查督办、责任追究等制度机制,更新行政处罚文书格式文本,完善办案信息系统,加大对行政处罚的层级监督力度,切实整治有案不立、有案不移、久查不结、过罚不当、怠于执行等顽瘴痼疾,发现问题及时整改;对行政处罚实施过程中出现的同类问题,及时研究规范。要完善评议考核、统计分析制度,不得以处罚数量、罚没数额等指标作为主要考核依据。要综合评估行政处罚对维护经济社会秩序,保护公民、法人或者其他组织合法权益,提高政府管理效能的作用,探索建立行政处罚绩效评估制度。各级人民政府要不断加强行政执法协调监督队伍建设,确保力量配备、工作条件、能力水平与工作任务相适应。

各地区、各部门要把贯彻实施好新修订的行政处罚法作为当前和今后一段时期加快建设法治政府的重要抓手,切实加强和改进相关行政立法,规范行政执法,强化行政执法监督,不断提高依法行政的能力和水平。要梳理总结贯彻实施行政处罚法的经验做法,及时将重要情况和问题报送司法部。司法部要加强统筹协调监督,指导各地区、各部门抓好贯彻实施工作,组织开展行政处罚法贯彻实施情况检查,重大情况及时报国务院。此前发布的国务院文件有关规定与本通知不一致的,以本通知为准。

国务院
2021 年 11 月 15 日

(此件公开发布)